■2025年度高等学校受験用

東京家政大学附属女子高等学校
収録内容一覧

★この問題集は以下の収録内容となっています。また、編集の都合上、解説、解答用紙を省略させていただいている場合もございますのでご了承ください。

（〇印は収録、一印は未収録）

入試問題の収録内容			解説	解答	解答用紙
2024年度	推薦	英語・数学・国語	一	〇	〇
	一般	英語・数学・国語	〇	〇	〇
2023年度	推薦	英語・数学・国語	一	〇	〇
	一般	英語・数学・国語	〇	〇	〇
2022年度	推薦	英語・数学・国語	一	〇	〇
	一般	英語・数学・国語	〇	〇	〇
2021年度	推薦	英語・数学・国語	一	〇	〇
	一般	英語・数学・国語	〇	〇	〇

★当問題集のバックナンバーは在庫がございません。あらかじめご了承ください。

JN007186

●凡例●

【英語】
≪解答≫
〔 〕 ①別解
②置き換え可能な語句（なお下線は
置き換える箇所が２語以上の場合）
(例) I am 〔I'm〕 glad 〔happy〕 to～
( ) 省略可能な言葉
≪解説≫
1, **2**… 本文の段落（ただし本文が会話文の
場合は話者の１つの発言）
〔 〕 置き換え可能な語句（なお〔 〕の
前の下線は置き換える箇所が２語以
上の場合）
( ) ①省略が可能な言葉
(例) 「(数が) いくつかの」
②単語・代名詞の意味
(例) 「彼 (＝警察官) が叫んだ」
③言い換え可能な言葉
(例) 「いやなにおいがするなべに
はふたをするべきだ (＝くさ
いものにはふたをしろ)」
// 訳文と解説の区切り
cf. 比較・参照
≒ ほぼ同じ意味

【数学】
≪解答≫
〔 〕 別解
≪解説≫
( ) 補足的指示
(例) (右図１参照) など
〔 〕 ①公式の文字部分
(例) 〔長方形の面積〕＝〔縦〕×〔横〕
②面積・体積を表す場合
(例) 〔立方体ABCDEFGH〕
∴ ゆえに
≒ 約、およそ

【社会】
≪解答≫
〔 〕 別解
( ) 省略可能な語
＿＿＿ 使用を指示された語句
≪解説≫
〔 〕 別称・略称
(例) 政府開発援助〔ODA〕
( ) ①年号
(例) 壬申の乱が起きた (672年)。
②意味・補足的説明
(例) 資本収支 (海外への投資など)

【理科】
≪解答≫
〔 〕 別解
( ) 省略可能な語
＿＿＿ 使用を指示された語句
≪解説≫
〔 〕 公式の文字部分
( ) ①単位
②補足的説明
③同義・言い換え可能な言葉
(例) カエルの子 (オタマジャクシ)
≒ 約、およそ

【国語】
≪解答≫
〔 〕 別解
( ) 省略してもよい言葉
＿＿＿ 使用を指示された語句
≪解説≫
〈 〉 課題文中の空所部分（現代語訳・通
釈・書き下し文）
( ) ①引用文の指示語の内容
(例) 「それ (＝過去の経験) が ～」
②選択肢の正誤を示す場合
(例) (ア, ウ…×)
③現代語訳で主語などを補った部分
(例) (女は) 出てきた。
／ 漢詩の書き下し文・現代語訳の改行
部分

東京家政大学附属女子高等学校

所在地	〒173-8602 東京都板橋区加賀1-18-1
電　話	03-3961-0748（入試広報部）
ホームページ	https://www.tokyo-kasei.ed.jp
交通案内	JR埼京線 十条駅より徒歩5分，都営三田線 新板橋駅より徒歩12分，JR京浜東北線 東十条駅より徒歩13分，東武東上線 下板橋駅より徒歩15分

普通科
女子

くわしい情報はホームページへ

■ 応募状況

年度		募集数		受験数	合格数	倍率
2024	推薦	特進（E）	30名	93名	93名	1.0倍
		進学（i）	70名	121名	121名	1.0倍
	一般	特進（E）	30名	89名	89名	1.0倍
		進学（i）	70名	62名	61名	1.0倍
2023	推薦	特進（E）	30名	129名	129名	1.0倍
		進学（i）	70名	130名	130名	1.0倍
	一般	特進（E）	30名	100名	100名	1.0倍
		進学（i）	70名	81名	75名	1.1倍
2022	推薦	特進（E）	30名	111名	111名	1.0倍
		進学（i）	70名	141名	141名	1.0倍
	一般	特進（E）	30名	102名	102名	1.0倍
		進学（i）	70名	118名	110名	1.1倍

※スライド合格含む。

■ 試験科目　（参考用：2024年度入試）

推薦：適性検査（国語・数学・英語）
一般：国語・数学・英語（リスニングあり）

■ 沿革

明治14年	本郷湯島に和洋裁縫伝習所を創立。
明治25年	東京裁縫女学校と改称。
昭和6年	東京裁縫女学校を渡辺女学校と改称。
昭和16年	渡辺高等女学校となる。
昭和22年	学制改革に伴い，新制の渡辺女子中学校を併置。
昭和23年	同じく新制の渡辺学園女子高等学校を設立して，渡辺高等女学校を廃止。
昭和24年	東京女子専門学校が東京家政大学に昇格したのに伴い，中学校は東京家政大学附属女子中学校，高校は東京家政大学附属女子高等学校と改称。
昭和56年	創立100周年記念式典を挙行。
令和3年	創立140周年

■ 教育方針

　建学の精神「自主自律」のもと，「愛情」「勤勉」「聡明」を生活信条として，未来を創造し，世界で輝く女性を育成する。

■ 特色

　探究学習を導入し，インターナショナルスタンダードに基づく幅広い教養と高度な英語力，自己実現に前向きに取り組む資質・能力を育む。全ての教科でアクティブ・ラーニングを導入している。また，IB（国際バカロレア）教育MYP候補校としての取り組みを行っている。

・2クラス制
　難関大学合格を目指す特進（E）CLASSは，英語力強化をはじめ，高い学力を養う。進学（i）CLASSは，基礎学力を充実させて，東京家政大学への内部進学や他の上位大学への進学に対応する。高大連携授業なども行う。

・英語教育
　ネイティブ教員による授業や，イマージョン教育，オンライン英会話，English Camp，海外語学研修プログラムなどを行い，聞く・読む・話す・書くの4技能を高める。

・ヴァンサンカン・プラン
　社会の中で活躍しはじめる「25歳」という年齢を目標に，具体的に将来を考え，希望進路を実現していくための総合的な力をつけるプログラム。自分自身を知るための体験型学習と進路を実現させるための知識を深めるキャリア講演会などを行い，「なりたい自分」に近づくための人間力を磨く。

編集部注―本書の内容は2024年5月現在のものであり，変更されている場合があります。正確な情報は，学校のホームページ等で必ずご確認ください。

出題傾向と今後への対策　英語

出題内容

	2024	2023	2022
大問数	6	6	6
小問数	32	32	37
リスニング	○	○	○

◎大問数6題，小問数は35問前後である。構成は，放送問題1題，書き換え1題，対話文完成1題，整序結合1題，長文読解2題で，条件作文が含まれる。

2024年度の出題状況

1. 放送問題
2. 書き換え―適語補充
3. 対話文完成―適文選択
4. 整序結合
5. 長文読解総合―説明文
6. 長文読解総合―対話文・Eメール

解答形式

2024年度	記　述／マーク／併　用

出題傾向

　長文読解は説明文，物語，対話文形式のものが多く出題されている。語彙や構文で難解なものは少なく読みやすいものが選ばれている。設問は内容真偽など内容理解に関するものから文法知識を問うものまでさまざまである。放送問題は放送された英文の内容に関する質問に答える形式。書き換えや整序結合は標準的な問題である。

今後への対策

　中学校で学習すべきことの定着度を見ることに重点が置かれているので，教科書を使って基本事項を徹底的に復習しよう。教科書の基本単語，文法，構文，慣用表現は暗記しておくこと。長文読解は問題集を解き，放送問題はラジオ講座などを活用するとよい。仕上げに過去問で問題形式と時間配分を確認しておこう。

◆◆◆◆ 英語出題分野一覧表 ◆◆◆◆

分野		年度	2022	2023	2024	2025 予想※
音声	放送問題		■	■	■	◎
	単語の発音・アクセント					
	文の区切り・強勢・抑揚					
語彙・文法	単語の意味・綴り・関連知識					
	適語(句)選択・補充					
	書き換え・同意文完成		●	●	●	◎
	語形変化					
	用法選択					
	正誤問題・誤文訂正		●			△
	その他					
作文	整序結合		●	●	●	◎
	日本語英訳	適語(句)・適文選択				
		部分・完全記述				
	条件作文		●	●	●	◎
	テーマ作文					
会話文	適文選択		●	●	●	◎
	適語(句)選択・補充					
	その他					
長文読解	内容把握	主題・表題	●			◎
		内容真偽				
		内容一致・要約完成	●			△
		文脈・要旨把握		●	●	◎
		英問英答		●	●	◎
	適語(句)選択・補充		●	●	●	◎
	適文選択・補充		●	●	●	◎
	文(章)整序					
	英文・語句解釈(指示語など)		●	●	●	◎
	その他					

●印：1～5問出題，■印：6～10問出題，★印：11問以上出題。
※予想欄 ◎印：出題されると思われるもの。　△印：出題されるかもしれないもの。

出題傾向と今後への対策 数学

出題内容

2024年度 ※※※

大問8題，20問の出題。①は計算問題4問。②は小問集合で，数と式や確率，データの活用，方程式の応用問題など，計6問。③は関数で，一次関数のグラフを利用した問題。④は関数で，放物線と直線，双曲線に関するもの。⑤，⑥，⑦は平面図形で，⑤は角度問題2問，⑥は平行線の性質や相似を利用して，三角形の面積を求める問題，⑦は正三角形と円を利用したもの。回転体の体積を求める問題も見られた。⑧は特殊・新傾向問題で，タイルの並べ方の規則性に関する問題。

2023年度 ※※※

大問8題，20問の出題。①は計算問題4問。②は小問集合で，数と式，確率，データの活用，方程式など，計6問。③は関数で，一次関数のグラフを利用した問題。④は関数で，放物線と直線に関するもの。⑤は平面図形の角度問題2問。⑥は平面図形で，2つの半円の弧の長さの和を求める問題。⑦は空間図形で，立方体を利用したもの。⑧は方程式の応用問題。

作 …作図問題　証 …証明問題　グ …グラフ作成問題

解答形式

2024年度　記　述／マーク／併　用

出題傾向

大問8題，設問20問の出題が続いている。①は計算問題。②は各分野からの出題。③以降は，関数が2題，図形が3題で，他に，文字式を利用した問題や方程式の応用などが出題される。全体的に基本的な知識や計算力を見るものが中心。少しレベルの高い問題も数問見られるが，頻出パターンのもの。教科書の内容の理解を問うものである。

今後への対策

まずは教科書や基本問題集で基礎固め。確実に基礎を定着させるために繰り返し演習をし，公式や定理はしっかり覚え使えるようにすること。併せて，計算練習も。時間や問題数を決めて毎日欠かさず行うこと。間違えた問題は教科書で確認しながら必ず解き直しをするようにしよう。

◆◆◆◆◆ 数学出題分野一覧表 ◆◆◆◆◆

分野	年度	2022	2023	2024	2025予想※
数と式	計算，因数分解	★	★	★	◎
	数の性質，数の表し方	●		●	△
	文字式の利用，等式変形	●	●	●	◎
	方程式の解法，解の利用				
	方程式の応用	●	■	●	◎
関数	比例・反比例，一次関数	■	■	■	◎
	関数 $y=ax^2$ とその他の関数	■	■	■	◎
	関数の利用，図形の移動と関数				
図形	（平面）計量	★	★	★	◎
	（平面）証明，作図				
	（平面）その他				
	（空間）計量	■	■	●	◎
	（空間）頂点・辺・面，展開図				
	（空間）その他				
データの活用	場合の数，確率	●	●	●	◎
	データの分析・活用，標本調査	●	●	●	◎
その他	不等式				
	特殊・新傾向問題など			●	△
	融合問題				

●印：1問出題，■印：2問出題，★印：3問以上出題。
※予想欄　◎印：出題されると思われるもの。　△印：出題されるかもしれないもの。

出題傾向と今後への対策 国語

出題内容

2024年度
| 論説文 | 説明文 |

課題文
一 斉藤 淳『アメリカの大学生が学んでいる本物の教養』
二 林 望『リンボウ先生のなるほど古典はおもしろい！』／谷川俊太郎『沈黙のまわり』

2023年度
| 論説文 | 論説文 |

課題文
一 西林克彦『わかったつもり』
二 谷 知子『古典のすすめ』

2022年度
| 論説文 | 説明文 |

課題文
一 永田和宏『知の体力』
二 鈴木健一『知ってる古文の知らない魅力』

解答形式

2024年度　　記 述／マーク／併 用

出題傾向

設問は，合計で20問前後付されている。そのうち8割程度が内容理解に関するものである。また，二つの現代文のうちの一つには，和歌や古文が含まれており，それらに関しても問われる。全体として，記述する解答が多くで，例年20〜40字程度の記述式解答を求める設問が出されている。

今後への対策

まずは論説的文章をきちんと読む読解力と，読んだ内容を的確に表す表現力を養う必要がある。こうした力は，問題集で練習を積むことで養われる。また，現代文の中に古文や和歌が含まれるので，古典に関する勉強もしておかなくてはならない。国語の知識については，漢字や語句関連を中心に復習しておくとよい。

◆◆◆◆◆ 国語出題分野一覧表 ◆◆◆◆◆

分野			2022	2023	2024	2025予想※
現代文	論説文 説明文	主 題 ・ 要 旨	●	●	●	◎
		文脈・接続語・指示語・段落関係	●	●	●	◎
		文章内容	●	●	●	◎
		表 現	●			△
	随 筆 日 記 手 紙	主 題 ・ 要 旨				
		文脈・接続語・指示語・段落関係				
		文章内容				
		表 現				
		心 情				
	小 説	主 題 ・ 要 旨				
		文脈・接続語・指示語・段落関係				
		文章内容				
		表 現				
		心 情				
		状 況 ・ 情 景				
韻文	詩	内容理解				
		形 式 ・ 技 法				
	俳 句 和 歌 短 歌	内容理解			●	△
		技 法				
古典	古 文	古 語 ・ 内容理解 ・ 現代語訳	●	●	●	◎
		古典の知識 ・ 古典文法	●	●	●	◎
	漢 文	(漢詩を含む)				
国語の知識	漢 字 語 句	漢 字	●	●	●	◎
		語 句 ・ 四字熟語				
		慣用句 ・ ことわざ ・ 故事成語	●			△
		熟語の構成 ・ 漢字の知識				
	文 法	品 詞				
		ことばの単位・文の組み立て				
		敬 語 ・ 表現技法				
		文 学 史	●	●		◎
作 文 ・ 文章の構成 ・ 資 料			●			△
そ の 他						

※予想欄 ◎印：出題されると思われるもの。 △印：出題されるかもしれないもの。

本書の使い方

　本書に掲載されている過去問をご覧になって,「難しそう」と感じたかもしれません。でも,大丈夫。ほとんどの受験生が同じように感じるのです。高校入試の出題範囲は中学校の定期テストに比べて広いですし,残りの中学校生活で学ぶはずの,まだ習っていない内容からも出題されているかもしれません。

　ですから,初めて本書に取り組む際には,点数を気にする必要はありません。点数は本番で取れればいいのです。

　過去問で重要なのは「間違えること」です。自分の弱点を知るために,過去問に取り組むのです。当然,間違った問題をそのままにしておいては意味がありません。

　本書には,長年にわたって高校受験に関わってきたベテランスタッフによる詳細な解説がついています。間違えた問題は重点的に解説を読み,何度も解きなおしてください。時にはもう一度,教科書で復習するのもよいでしょう。

　別冊として,抜き取って使える解答用紙を収録しました。表示してあるように拡大コピーをとれば,実際の入試と同じ条件で,何度でも過去問に取り組むことができます。特に記述問題では解答欄の大きさがヒントになる場合があります。そうした,本番で使える受験テクニックの練習ができるのも,本書の強みです。

　前のページにある「出題傾向と今後への対策」もよく読んで,本校の出題傾向に慣れておきましょう。

【英　語】　　　　　　　　　　　　　英語・数学・国語　合わせて60分，各20点

1　次の各問いに答えなさい。

問1　次の（　　）に入る最も適切な語を**ア～エ**からそれぞれ1つずつ選び、記号で答えなさい。

(1) Bob is Canadian, but he grew (　　) in Japan, so he speaks Japanese very well.

ア　off　　　　　イ　on　　　　　ウ　at　　　　　エ　up

(2) It is important for us (　　) breakfast every day to stay healthy.

ア　have　　　　イ　having　　　ウ　had　　　　エ　to have

問2　次の（1）から（3）までの会話について、（　　）に入るのに最も適切なものを**ア～エ**からそれぞれ1つずつ選び、記号で答えなさい。

(1) *Student*：Ms. Green, may I use that English dictionary for my essay?

　　Teacher：(　　) Here you are.

ア　No, thanks.　　　　イ　Sounds good.

ウ　Certainly.　　　　　エ　Let it go.

(2) *A*：(　　) have you known each other?

　　B：We've known each other for about five years.

ア　How many　　　　イ　How long

ウ　How far　　　　　エ　How much

(3) *A*：Hello? This is Tom. Can I speak to Ken?

　　B：(　　) on a minute.

ア　Get　　　　　　　イ　Call

ウ　Hold　　　　　　エ　Look

2 次の英文を読んで、後の問いに答えなさい。

Hi, my name is Sara. Last year, I traveled to *Thailand with my family. There, I enjoyed a fun festival called *Songkran. I think that seeing another country's festivals is a great way to learn about their culture.

Songkran is a traditional New Year festival in Thailand, but it starts on April 13th. For a long time, Thailand used a traditional *Buddhist calendar. On this calendar, the year started in April, so people celebrated the New Year then. Now, Thailand celebrates the New Year in January like other countries, but people also enjoy this traditional New Year festival in April to remember their culture and history. I was surprised to learn that some countries celebrate the New Year twice!

Songkran is often called ①"the Water Festival." Water has a special meaning for this festival. People want to get ready for the new year by cleaning and washing everything. So, water has a meaning of starting something new. Many families clean their homes on the first day of the festival. People also pour water on the hands of older people in their families, because ②they want to show their *respect for older people.

People also have fun outside during the Songkran festival. They have street parties with music and exciting activities. April is the hottest time of the year in Thailand. So, people like to play with water outside to feel cool. People use *buckets, *garden hoses, *bowls, or *water guns and enjoy *splashing each other with water. If you visit Thailand during Songkran, maybe you will be splashed with water too.

③What do they eat for New Year? In Japan, there are many traditional foods such as *osechi* or *mochi*. However, there aren't any traditional New Year foods in Thailand. People eat their favorite foods. So, I enjoyed a Thai dessert called *mango sticky rice. Thailand has a lot of delicious food.

I really enjoyed the Songkran festival. It was a great experience because I could have fun and learn about another country's culture. I hope I can visit Thailand again.

(注) *Thailand タイ王国　*Songkran ソンクーラン　*Buddhist 仏教の　*respect 敬意
　　　*bucket バケツ　*garden hose 水まき用ホース　*bowl ボウル　*water gun 水鉄砲
　　　*splash 水の掛け合い　*mango sticky rice マンゴースティッキーライス（マンゴーの餅菓子）

問1　次の質問の答えとして最も適切なものを次の中から1つ選び、記号で答えなさい。

Why was Sara surprised when she traveled to Thailand?

ア　Because people liked the Water Festival.
イ　Because people enjoyed the Songkran festival twice.
ウ　Because people celebrated the New Year Festival on April 13th.
エ　Because people celebrated the New Year twice.

問2　下線部①について本文で**述べられていない**ものを次の中から1つ選び、記号で答えなさい。

ア　They like to play with water outside.
イ　They have street parties with music.
ウ　They enjoy swimming in the pool.
エ　They enjoy splashing each other.

問3　下線部②の具体的な方法として最も適切なものを次の中から1つ選び、記号で答えなさい。

ア　People clean and wash their houses.
イ　People pour water on the hands of older people.
ウ　People celebrate the Water Festival.
エ　People wash the hands and feet of older people.

問4　下線部③の答えとして最も適切なものを次の中から1つ選び、記号で答えなさい。

ア　They eat traditional New Year foods like *osechi* in Thailand.
イ　They have only mango sticky rice on New Year's Day in Thailand.
ウ　They eat their favorite foods during New Year holidays in Thailand.
エ　They have traditional New Year desserts in Thailand.

問5　この本文のタイトルとして最も適切なものを次の中から1つ選び、記号で答えなさい。

ア　Traditional Foods in Japan
イ　Street Parties in Thailand
ウ　Exciting Activities in Japan
エ　A Traditional New Year in Thailand

【数 学】

1 次の問いについて，**ア〜オ**の記号で答えなさい。

問1 $(-2)^3 \times (1 - 0.4^2) \div \left(-\dfrac{14}{5}\right)$ を計算しなさい。

 ア -3 **イ** $-\dfrac{12}{5}$ **ウ** $\dfrac{36}{35}$ **エ** $\dfrac{12}{5}$ **オ** 3

問2 $\dfrac{7x - 3y}{3} - 2x + y$ を計算しなさい。

 ア $\dfrac{x - 6y}{3}$ **イ** $\dfrac{x}{3}$ **ウ** x **エ** $x - 2y$ **オ** $5x - 2y$

問3 次の2次方程式で，解の1つが1であるものを選びなさい。

 ア $(x+1)(x-1) = 2$ **イ** $(x-2)^2 = 9$ **ウ** $x^2 - 2x = 1$

 エ $x^2 - 4x - 5 = 0$ **オ** $\dfrac{1}{2}x^2 - 3 = -\dfrac{5}{2}x$

問4 $x = \dfrac{\sqrt{5} + \sqrt{2}}{2}$，$y = \dfrac{\sqrt{5} - \sqrt{2}}{2}$ のとき，$x^2 - y^2$ の値を求めなさい。

 ア $-\sqrt{10}$ **イ** $\dfrac{\sqrt{10}}{4}$ **ウ** 1 **エ** $\dfrac{\sqrt{10}}{2}$ **オ** $\sqrt{10}$

問5 1，2，3，4の数字を1つずつ書いた4枚のカードがある。これらのカードをよくきってから1枚ずつ2回続けてひき，1回目にひいた数字を十の位，2回目にひいた数字を一の位として2けたの整数をつくる。このとき，できた2けたの整数が素数になる確率を求めなさい。

 ア $\dfrac{1}{4}$ **イ** $\dfrac{5}{16}$ **ウ** $\dfrac{1}{3}$ **エ** $\dfrac{5}{12}$ **オ** $\dfrac{1}{2}$

問6 あるクラスの生徒 40 人に実施したテスト
の得点をヒストグラムに表すと，右の図の
ようになった。このとき，平均値，中央値，
最頻値の大小関係を正しく表したものを
選びなさい。

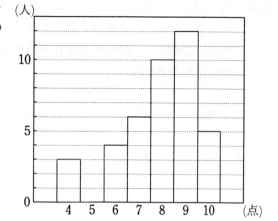

ア （平均値）<（中央値）<（最頻値）
イ （平均値）<（最頻値）<（中央値）
ウ （中央値）<（平均値）<（最頻値）
エ （最頻値）<（平均値）<（中央値）
オ （最頻値）<（中央値）<（平均値）

問7 関数 $y=-\dfrac{2}{3}x^2$ のグラフを，右の放物線
から選びなさい。ただし，点 A，B の座標
はそれぞれ $(3,\ 3)$，$(3,\ -3)$ である。

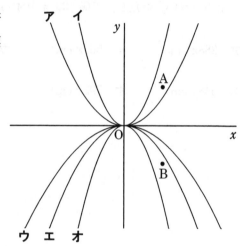

問8 右の図は，円と五角形 ABCDE を組み合わせた
もので，頂点 A，B，C，D，E は円周上にある。
BC＝BE，∠CDE＝108° のとき，∠BAE の
大きさを求めなさい。

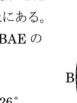

ア 108°　　　イ 120°　　　ウ 126°

エ 128°　　　オ 130°

問9 右の図は，△ABC において，辺 AB を 3 等分する点を
P と Q，辺 AC を 3 等分する点を R と S としたもので
ある。このとき，四角形 PBCR の面積は△APR の面積
の何倍か求めなさい。

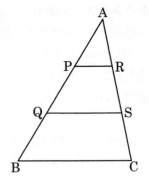

ア 4倍　　　イ 5倍　　　ウ 8倍

エ 9倍　　　オ 10倍

問10 右の図は，半径 6 cm，高さ 14 cm の円柱と半径 6 cm
の半球を組み合わせた立体である。この立体の体積を
求めなさい。ただし，円周率は π とする。

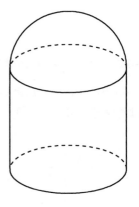

ア 288π cm³　　　イ 504π cm³　　　ウ 552π cm³

エ 648π cm³　　　オ 792π cm³

【国語】

①

次の文章を読んで、後の問いに答えなさい。

　<u>エジソンが語ったという「天才とは、一パーセントの閃きと九十九パーセントの努力である」</u>という有名な言葉がある。天才が一瞬で発想をしても、それを役に立つレベルまで成熟させるためは、その九十九倍の努力が必要だ、という意味だろう。つまり、エジソンが言いたかったのは、閃きだけでは成功しない、アイデアを思いついたって、それを試し、実用化するまでは、多くの労力と時間が必要なのだ、ということだろう。

　だが、この「努力」の部分は、天才自身ではなく、周囲の凡人の労働でも充分である。たとえば、なにかを開発して商品化する企業なら、努力をする人材は大勢揃っているはずだ。それに比べて、発想ができる人は多くない。

　時間的には一瞬であって、傍から見ていると労力もかかっていないように見えるのが、「発想」である。なにしろ、無から生じるようなものだから、予期せぬときに突然訪れる。しかし、この一パーセントがなければ、その後の努力もできない。また、努力ばかり重ねていても、一パーセントの発想が生まれなければ、平凡な結果に終わってしまい、大きな成功は望めない。

　今でいえば、一パーセントは、人間が担当し、残りの九十九パーセントは、機械やコンピュータがしてくれる、といったところだろうか。

　それくらい、<u>人間にとって大事な才能が、この「発想」する力なのだ</u>。

　この発想力は、何度も述べたように、数学の応用問題で必要とされる学力である。　Ａ　どうすればその力がつくのか、指導はしてもらえない。もちろん、数学の教科書にも、発想のし方については一言も書かれていない。参考書では、「ヒント」として書かれていることがあるけれど、その「ヒント」を自分で思いつけるかどうかが、　Ｂ　発想力なのである。

　こんなに大事なものなのに、どう勉強すれば良いのかわからない。勉強のしようがない。　Ｃ　発想ができない大多数の人に嫌われているのが「数学」なのだ。

　僕は、研究室の学生や大学院生たちに、研究には発想が必要だ、とは教えたけれど、もちろんその具体的な方法は教えられなかった。そんな方法は存在しないからだ。せいぜい「考え続けることが必要だ」というくらいしか言えない。僕が学生のときに指導を受けた先生も、ほぼ同じことをおっしゃっていた。

　考え続けるだけでは発想はできないけれど、考え続けることは、たしかにベースとなっている。考え続けて、ふと別のことをしているときなど、思いつくことが多かった。四六時中考えて、考えて、考え抜いたあと、リラックスする機会に発想するのだ。この方法は非常

に③キュウショク的だが、まさにそういった感覚なので、正直に書いている。

これは、算数や数学でも、きっと同じことだろう。

算数や数学の応用問題が難しい、と感じるのは、すぐに計算ができないという点にある。そのとき、子供たちは、何をして良いのかわからなくなる。

このように、どうしよう、と迷っている子供を、今の大人たちは放っておかない。「どうしたの？」「何がわからないの？」と④寄り添ってしまうはずだ。だが実は、この「わからない」「迷っている」という状態をいかに長く体験させるかが、「勉強」なのである。僕の経験では、とにかく考え続けているうちに、ふと思いつくものがあったからだ。

なにか思いついたら、それを試してみる。もちろん、思いつきが間違っていることも多いから、「やっぱり駄目か」となることがほとんどだが、そのうちに、⑤なんとなく正解に行き着くことがある。そのときは「ラッキー」と嬉しくなる。

幸運というのは、自分の実力ではない。やろうと思ってできたわけではない。なんだか神様が導いてくれたように感じる。人によっては、お守りのおかげだと感じるかもしれない。

しかし、「わからない」と悶々としている間に、頭は考えている。必死になって、探しているのだ。それは、言葉にはならない活動だから、当然ながら説明ができない。問題を解いたときにも、ただ幸運だった、と感じてしまう。

だが、これが人の能力であることはまちがいない。神様が助けたわけでもなく、また幸運でもない。なにしろ、数学ができる子供は、だいたいいつも良い点を取る。つまり、何度も幸運を呼び寄せる能力を持っているのだ。

そして、この「わからない」という時間を経験すること以外に、その能力を高める方法はない。いろいろテクニック的なことを教える向きもあるけれど、それは一部のお決まりの型に嵌まった問題に限られる。未知のものを解決する能力は「 X 」ではない。人間の「 Y 」なのである。

（　森　博嗣『勉強の価値』による。一部改訂。　）

問一 ――線部1「エジソンが語った」とありますが、エジソンの話を通して筆者が説明したかったことは何ですか。最も適切なものを次の中から一つ選び、記号で答えなさい。

　ア　物事の成功には、一パーセントの閃きが必要だということ。

　イ　天才には凡人にはない一パーセントの閃きがあるということ。

　ウ　凡人は天才のような閃きはないが、努力はできるということ。

　エ　天才であったとしても多くの努力や労力を必要とするということ。

問二 ――線部2「人間にとって大事な才能が、この『発想』する力なのだ」とありますが、なぜ「発想」する力が大事なのですか。最も適切なものを次の中から一つ選び、記号で答えなさい。

　ア　発想がある人は、いくねかで珍しいから。

　イ　発想は何もないところから生み出せるから。

　ウ　発想はその後の努力の基盤となっているから。

　エ　発想が豊かであれば努力をする必要がないから。

問三 空欄 Ａ 　 Ｂ 　 Ｃ に入る言葉の組み合わせとして、最も適切なものを次の中から一つ選び、記号で答えなさい。

　ア　【　Ａ　では　　　　Ｂ　すなわち　　　Ｃ　しかし　　】

　イ　【　Ａ　ところが　　Ｂ　だから　　　　Ｃ　なぜなら　】

　ウ　【　Ａ　しかし　　　Ｂ　つまり　　　　Ｃ　だから　　】

　エ　【　Ａ　ところで　　Ｂ　あるいは　　　Ｃ　よって　　】

問四 ──線部3「チュウショウ」と同じ漢字を含むものを次の中から一つ選び、記号で答えなさい。

ア チュウジツに再現する。

イ データをチュウシュツする。

ウ 市場の拡大にチュウモクする。

エ 暑さのため、大会をチュウシする。

問五 ──線部4「寄り添ってしまうはずだ」とありますが、なぜ「しまう」と表現したと考えられますか。最も適切なものを次の中から一つ選び、記号で答えなさい。

ア 筆者は、「わからない」ということを体験させるのが「勉強」であると考えているから。

イ 筆者は、算数や数学ができない子が多いのは大人の対応が悪いと考えているから。

ウ 筆者は、子供には手を差し伸べるべきだというのが現代の常識であると考えているから。

エ 筆者は、本来は困っている子供に寄り添わないことが望ましいと考えているから。

問六 ──線部5「なんとなく正解に行き着くことがある。そのときは『ラッキー!』と嬉しくなる」とありますが、筆者はこのことをどのように考えていますか。最も適切なものを次の中から一つ選び、記号で答えなさい。

ア 正解を出そうと思って行き着いたわけではないので、幸運である。

イ 発想力のおかげで正解にたどり着いたので、人間の能力であると言える。

ウ 「わからない」ことを考えるのは、「ラッキー」というような言葉にしかならない。

エ 数学ができる子供は、いつもこういう点を取ることのできる幸運な子供である。

問七　空欄　X　　Y　に入る言葉の組み合わせとして、最も適切なものを次の中から一つ選び、記号で答えなさい。

ア　【　X　感覚　　Y　想像力　】

イ　【　X　幸運　　Y　努力　】

ウ　【　X　閃き　　Y　実力　】

エ　【　X　技術　　Y　発想力　】

問八　「発想」について、本文から読み取れる内容を次の中から二つ選び、記号で答えなさい。（順不同）

ア　誰しもが「発想」できるわけではないので、機械やコンピュータに任せるのがよい。

イ　「発想」することができないのは、発想の仕方を学ぼうとしないからだ。

ウ　「発想」できるようになるための具体的な方法はないが、考え続けることが元になっている。

エ　筆者にとっても「発想」することは難しく、一度も「発想」できたことはない。

オ　何か「発想」が浮かんできたら、まずは試してみることが大切である。

カ　数学ができる人のみが「発想」するという幸運を呼び寄せることが可能である。

問九　この後の本文で、筆者は「子供のときから、　　　癖をつけることが良い教育のように、僕は考えている」と述べています。本文の内容を踏まえ、空欄に入る言葉として正しいものを次の中から一つ選び、記号で答えなさい。

ア　考える　　イ　勉強する　　ウ　努力する　　エ　閃く

英語解答

1 問1 (1)…エ (2)…エ
問2 (1)…ウ (2)…イ (3)…ウ

2 問1 エ 問2 ウ 問3 イ
問4 ウ 問5 エ

数学解答

問1 エ 問2 イ 問3 オ
問4 オ 問5 エ 問6 ア

問7 オ 問8 ウ 問9 ウ
問10 エ

国語解答

問一 ア 問二 ウ 問三 ウ
問四 イ 問五 エ 問六 イ

問七 エ 問八 ウ，オ 問九 ア

【英　語】　(50分)　〈満点：100点〉

1 ［リスニング問題］

これから問題 A と問題 B の２つの種類のリスニング問題を行います。放送をよく聞き、答えはすべて記号で答えなさい。

［問題 A］　問題 A は No. 1〜No. 3まであります。それぞれ英文と、その内容についての英語の質問を２回ずつ読みます。質問に対する答えとして最も適切なものをア〜エの中から１つずつ選び、その記号を解答欄に書きなさい。

No. 1　　ア　　　　　　イ　　　　　　ウ　　　　　　エ

No. 2　ア　A science teacher.　　　　イ　A doctor or an artist.
　　　　ウ　A scientist.　　　　　　　エ　An art teacher.

No. 3　ア　Baseball.　　　　　　　　イ　Basketball.
　　　　ウ　Soccer.　　　　　　　　　エ　Volleyball.

No. 1　ア　She feels happy.　　　イ　She feels sad.
　　　　ウ　She feels angry.　　　エ　She feels hungry.

No. 2　ア　At home.　　　　　　イ　On the train.
　　　　ウ　On the bus.　　　　　エ　In the library.

No. 3　ア　　　　　　イ　　　　　　ウ　　　　　　エ

※　リスニング問題放送文は，英語の問題の終わりに付けてあります。

2　次の各組の英文がほぼ同じ意味になるように、（　　）内に適切な語を入れなさい。

問 1　Playing tennis is fun.
　　　It is fun（　　）（　　）tennis.

問 2　It rained a lot last week.
　　　We（　　）a lot of（　　）last week.

問 3　I've become interested in history, because the class is very interesting.
　　　The class is（　　）interesting（　　）I've become interested in history.

問 4　My father didn't lend me his car.
　　　My father didn't lend his car（　　）（　　）.

3 次の対話文が完成するように、最も適切なものを**ア〜エ**の中からそれぞれ1つずつ選び、記号で答えなさい。

問1　Lisa: I'll walk to the city hall from here. It's near here, right?

　　　Toru: No. (　　　) It's far from here.

　ア　Many people visit it every day.

　イ　You should take a train.

　ウ　This bus doesn't go to the city hall.

　エ　I'm sure you can do it in ten minutes.

問2　Ted: (　　　)

　　　Maria: I'll go to Kyoto and visit some temples with my friends.

　　　Ted: Sounds like fun! I like Japanese temples.

　ア　When will you go to Kyoto to visit your grandmother?

　イ　What are your plans for the holidays?

　ウ　Where did you go during your winter vacation?

　エ　How will you get to Kyoto with your family?

問3　Nancy: I have to carry these boxes. They are heavy. (　　　)

　　　Bob: Sure.

　　　Nancy: Thank you.

　ア　May I carry them for you?

　イ　Do you know where my bag is?

　ウ　Shall I buy one for you?

　エ　Can you help me?

問4　Man: This T-shirt looks nice. I like the color. (　　　)

　　　Clerk: It's twenty dollars.

　ア　Shall I show you a smaller one?

　イ　Do you have this in another color?

　ウ　How much is it?

　エ　I'm just looking. Thank you.

4 次の（　　）内の語句を日本語の意味に合うように並べかえなさい。

ただし、文頭の語も小文字にしてあります。

問1　先生は彼に、放課後部屋を掃除するように頼んだ。

（ asked / clean / the teacher / to / after / him / the room) school.

問2　コンピューターを使うことは、私にとって面白い。

(interesting / use / me / to / a computer / is / to).

問3　英語を学ぶには多くの時間がかかる。

It (of / learn / time / lot / to / takes / a) English.

問4　私は何か温かい飲み物をいただきたいです。

(to / would / hot / like / something / I) drink.

5 次の英文を読んで、あとの問いに答えなさい。

*Invasive species are a big problem not only in Japan but also around the world. Here are two examples of invasive species in Japan.

We can see *bullfrogs in many ponds in Japan. They were brought from the U.S. to Japan as a kind of food in 1918, but people did not eat them. Then, the bullfrogs escaped from their *aquaculture pond, and after that, they spread all over Japan. They eat many different kinds of things, for example, *insects, little fish, and little birds. [①], bullfrogs became an invasive species in Japan.

One type of the ②bullfrog's food is also an invasive species now. It is the *red swamp crayfish. We can see red swamp crayfish in many rivers in Japan. Crayfish were brought from the U.S. in 1927, and there were only about twenty crayfish at first. However, they escaped from their aquaculture pond, and the number of them *increased. Some of them became ③pets, but then people let them go because they could not keep them. [①], the red swamp crayfish spread around Japan.

④So why are invasive species a big problem? Let's look at two reasons.

Invasive species *break down *ecosystems. For example, bullfrogs eat many different kinds of things, and they sometimes eat *indigenous animals in Japan. Keeping ecosystems balanced is very important for people and animals, so this is one reason.

Some invasive animals are dangerous for people. This is another reason. In 2017, *fire ants were found in Japan. When people *are bitten by the ants, they *get a fever, and some of them may die. So, people try to find and kill fire ants. Because of these risks, people have to keep some invasive animals away from their living places.

We have to think about invasive species now for the future of our planet.

(注) *invasive species 外来生物　　*bullfrog ウシガエル　　*aquaculture pond 養殖池
　　　*insect 昆虫　　*red swamp crayfish アメリカザリガニ　　*increase 増加する
　　　*break down 破壊する　　*ecosystem 生態系　　*indigenous 固有種
　　　*fire ant ヒアリ　　*be bitten 噛まれる　　*get a fever 発熱する

問1　[　①　]に入る共通の語句として最も適切なものを次の中から1つ選び、記号で答えなさい。

ア　By the way

イ　However

ウ　As a result

エ　On the other hand

問2　下線部②の具体例として最も適切なものを次の中から1つ選び、記号で答えなさい。

ア　dangerous species

イ　bullfrogs

ウ　red swamp crayfish

エ　fire ants

問3　下線部③について正しいものを次の中から1つ選び、記号で答えなさい。

ア　養殖池から逃げ出したアメリカザリガニがペットとして飼われた。

イ　養殖池から逃げ出したペットの数が急激に減少した。

ウ　養殖池から逃げ出したウシガエルがペットとして飼われた。

エ　養殖池から逃げ出したペットの数はわずか20匹だった。

問4　下線部④の理由として<u>正しくない</u>ものを次の中から1つ選び、記号で答えなさい。

ア　Invasive species break down ecosystems.

イ　Bullfrogs sometimes eat indigenous animals.

ウ　People bitten by fire ants get a fever and might even die.

エ　People have to keep some invasive animals.

問5　この本文のタイトルとして最も適切なものを次の中から1つ選び、記号で答えなさい。

ア　Invasive Species Problems in the World

イ　Invasive Species Problems in Japan

ウ　How to Solve Invasive Species Problems Today

エ　How to Solve Invasive Species Problems for the Future

6 次の対話文と資料を読んで、あとの問いに答えなさい。

【Part 1】

Kota: Look at this *flyer. A new *coffee shop will open near our school next week!

Lucy: Oh, I saw the coffee shop when I was on my way to school.

Kota: How does it look?

Lucy: It looks nice. (A)

Kota: Sounds nice! That's a good place for *teatime!

Lucy: I want to go to the coffee shop on the opening day. Shall we go there then?

Kota: Oh, sorry. I have to go to my club activity on that day until 7 p.m., so I can't go.

Lucy: I see. Then, can you go the next day? I can go there at 3 p.m.

Kota: OK, I'm free on that day so we can go at teatime. What will you have at the coffee shop?

Lucy: I can't decide. I'd like to eat *parfait, but it will be a little expensive.

Kota: Look at the flyer. It says if you visit and *order food and coffee or tea before February 15th, it'll be cheaper. (B)

Lucy: Oh, sounds good! Then I'll order parfait and a *café latte, so it'll be 770 yen. How about you, Kota?

Kota: I can't decide now, but I want to drink something hot.

(注) *flyer チラシ *coffee shop カフェ、喫茶店 *teatime お茶の時間
*parfait パフェ *order 注文する *café latte カフェラテ

Wakagi Coffee Shop

Open: 10 a.m.　　Closed: 7 p.m.

MENU

【Coffee】		【Tea】	
*Americano	¥400	*Plain	¥400
*Cappuccino	¥450	With milk	¥450
Café latte	¥500		
*Espresso	¥550		

You can choose hot or iced.

OPEN
February 10th
(Saturday)

【Food】	
Spaghetti	¥550
*Sandwich	¥500
Parfait	¥600
Cake (every kind)	¥400
Toast (two pieces)	¥300

Closed: Wednesday

《Opening Sale》 Until February 15th, if you order food and drink together, the price will be *discounted by 30 %.

Enjoy your visit!

（注）　*Americano アメリカーノ　　*cappuccino カプチーノ　　*Espresso エスプレッソ
*plain 無糖　　*sandwich サンドウィッチ　　*discount 割引する

問1　（　A　）,（　B　）に入る文を次の中から1つ選び、記号で答えなさい。

（A）
　ア　It is in a quiet location and easy to visit.
　イ　It is a coffee shop and I like chocolate cake.
　ウ　I have never been to the coffee shop.
　エ　I will show you the menu from the coffee shop.

（B）
　ア　So why don't you go to the coffee shop?
　イ　Why do you like parfait?
　ウ　So why don't you order parfait and something to drink?
　エ　Why do you want to come to this coffee shop?

問2 次の質問の答えとして正しいものを1つ選び、記号で答えなさい。

1 If you order spaghetti and a cappuccino on February 16th, how much does it cost?
ア 700 yen.　　　イ 300 yen.　　　ウ 1,000 yen.　　　エ 1,500 yen.

2 When is the coffee shop closed?
ア On Wednesday.　　　イ On Saturday.
ウ On February 15th.　　　エ On February 10th.

3 Which is true about the coffee shop?
ア They open for 7 hours.　　　イ Café latte is cheaper than Espresso.
ウ You cannot choose hot or cold for coffee.　　　エ You have to order food and drink.

【Part 2】

問1 次の英文は、Lucy から Kota に宛てたメールです。（ 1 ）〜（ 3 ）に入る1語を
Part 1 の対話文の中から抜き出しなさい。

Hi Kota

Thank you for coming to the coffee shop with me today. The toast you ordered was the cheapest （ 1 ） in the shop, but did you enjoy it? I enjoyed my food and drink. However, it was very crowded today, wasn't it? We didn't go to the shop on the （ 2 ） day, but I heard it was busier on that day. I thought it was in a quiet place, but actually it wasn't! People still enjoyed their teatime, didn't they? What did you think of the coffee shop? Did you see their new flyer? They said they would introduce a new menu in spring.   They will make strawberry parfait and cakes! Why don't we visit it again in spring? The shop is near our （ 3 ）, so let's invite some of our friends.

Best wishes,
Lucy

問2 Lucy への返信メールを答案用紙の □ の中に作成しなさい。ただし、Lucy のメールの下線部の質問に対する答えと理由を可能な限り書きなさい。

Hi Lucy

Thank you for visiting the coffee shop with me today.

Best wishes,

Kota

これから問題 A と問題 B の 2 つの種類のリスニング問題を行います。

放送をよく聞き、答えはすべて記号で答えなさい。

[問題 A]

問題 A は No.1 ～ No.3 まであります。それぞれ英文と、その内容についての英語の質問を 2 回ずつ読みます。質問に対する答えとして最も適切なものをア～エの中から 1 つずつ選び、その記号を解答欄に書きなさい。では、はじめます。

No. 1　>Takeshi walks his dog every morning.　Yesterday, he got up at six, but he didn't walk his dog because it was raining.　He finished his breakfast at six thirty and then read a newspaper for forty-five minutes.　He left his house to go to school at seven fifteen. （3秒）

Question　（1秒）　What was Takeshi doing at seven yesterday?　<

（3秒）くり返します。（>～<）（3秒）

No. 2　>Yuka is a science teacher now.　However, when she was an elementary school student, she wanted to be a doctor or an artist.　When she was a high school student, she liked science.　She decided her future job then.　（3秒）

Question　（1秒）　What did Yuka want to be when she was an elementary school student? <

（3秒）くり返します。（>～<）（3秒）

No. 3　>Hiroshi likes sports.　He's a member of a baseball club and he plays baseball every Monday and Wednesday.　He sometimes plays basketball or soccer with his friends on weekends.　He doesn't play volleyball but he watches it on TV. （3秒）

Question　（1秒）　What sport does Hiroshi play on Wednesdays?　<

（3秒）くり返します。（>～<）（5秒）

問題 B は 2 人の生徒の対話文です。その内容についての英語の質問を 2 回ずつ読みます。質問に対する答えとして最も適切なものをア～エの中から 1 つずつ選び、その記号を解答欄に書きなさい。では、はじめます。

Fred: Hi, Aya. What are you listening to?

Aya: Hi, Fred. I'm listening to *Good Friend* by Tom Brown.

Fred: Oh, I like that song. When I listen to it, I feel good.

Aya: Me, too! When I'm sad or angry, I listen to it. Then I feel happy.

Fred: I understand. Aya, do you often listen to English songs?

Aya: Yes. I usually listen to Japanese songs and English songs at home and on the train.

Fred: That's good. I usually listen to music on the bus.

Aya: Listening to English songs is sometimes difficult for me, so I check the words in a dictionary. It takes me some time but I enjoy it because I can study and learn more English words.

Fred: That's great! Do you sing English songs, too?

Aya: Yes. I like singing songs. How about you?

Fred: No. I can't sing well. It's too difficult. Aya, do you like piano music? I play the piano well. It's easy.

Aya: That's nice! I can't play the piano, but I like piano music!

Question No. 1 How does Aya feel when she listens to *Good Friend*? （3秒）

Question No. 2 Where does Fred usually listen to music? （3秒）

Question No. 3 What is Fred good at? （3秒）
　＜

くり返します。（＞～＜）（3秒）

これでリスニング問題を終わります。②の問題に進みなさい。

【数 学】 (50分) 〈満点：100点〉

1 次の計算をしなさい。

(1) $-3^2 \div \dfrac{27}{2} \times (-0.75)^2$

(2) $9xy^2 \div \left(-\dfrac{3}{2}xy\right)^2 \times 5x^2y$

(3) $\dfrac{5x-4y}{7} - \dfrac{3x+13y}{14}$

(4) $\dfrac{6}{\sqrt{27}} - (\sqrt{3}+1)(\sqrt{3}-3)$

2 次の問いに答えなさい。

(1) 等式 $\dfrac{1}{3}(x+y-3) = \dfrac{1}{2}x+y-1$ を y について解きなさい。

(2) $3a^2c - 27b^2c$ を因数分解しなさい。

(3) $\sqrt{120n}$ が自然数となるような整数 n のうち，最小のものを求めなさい。

(4) 4人の生徒 A，B，C，D がリレーをする。走る順番を決めるとき，C がアンカーになる確率を求めなさい。

(5) 下のデータは，あるクラスの生徒10人の握力調査の結果である。このデータの四分位範囲を求めなさい。

$$34 \quad 26 \quad 30 \quad 38 \quad 29 \quad 35 \quad 23 \quad 31 \quad 25 \quad 29 \quad \text{(kg)}$$

(6) ある文房具店では，鉛筆6本とノート3冊を定価で買うと，代金は840円である。ある日，同じ鉛筆が定価の2割引，同じノートが定価の3割引になっていたので，鉛筆10本とノート5冊を買ったところ，代金は定価で買うときよりも340円安くなった。このとき，鉛筆1本の定価を求めなさい。

3 下の図において，3点 A，B，C の座標はそれぞれ $(0, 6)$，$(2, 0)$，$(7, 2)$ である。このとき，次の問いに答えなさい。

(1) 直線 AC の式を求めなさい。

(2) △ABC の面積を求めなさい。

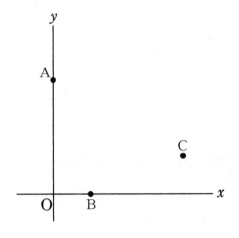

4 下の図において，直線 l は $y = x + 4$，曲線 m は $y = -\dfrac{3}{x}$ $(x > 0)$，放物線 n は $y = \dfrac{1}{2}x^2$ のグラフである。放物線 n と直線 l の交点で，x 座標が負である点を A，x 座標が正である点を B とする。このとき，次の問いに答えなさい。

(1) 点 A の座標を求めなさい。

(2) 曲線 m 上に点 P をとる。△APB の面積が △AOB の面積の 2 倍になるとき，点 P の x 座標をすべて求めなさい。

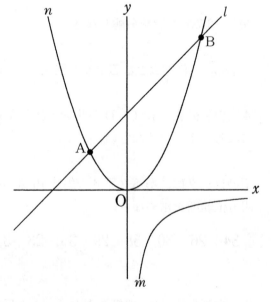

5 次の問いに答えなさい。

(1) 下の図は，正五角形 ABCDE である。∠x の大きさを求めなさい。

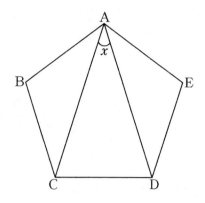

(2) 下の図は，線分 AB を直径とする円 O である。円 O の周上に 2 点 C，D をとり，線分 AB と線分 CD の交点を E とする。BD＝CD，∠ABD＝24°のとき，∠x の大きさを求めなさい。

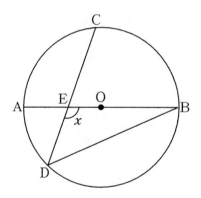

6 下の図は，△ABC の辺 AB，AC，BC 上にそれぞれ点 D，E，F を DE∥BC，EF∥AB となるようにとったものである。△ADE の面積が 4 cm²，△EFC の面積が 16 cm² のとき，四角形 DBFE の面積を求めなさい。

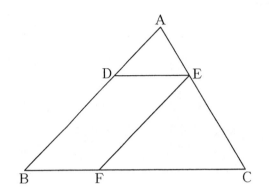

7 下の図は，正三角形 ABC と半径が 3 cm の円 O を組み合わせたものである。正三角形 ABC のすべての辺に円 O が接しているとき，次の問いに答えなさい。ただし，円周率は π とする。

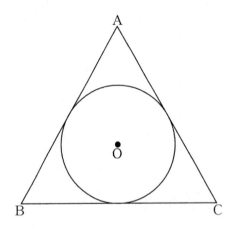

(1) 辺 BC の中点を M とするとき，AM の長さを求めなさい。

(2) 正三角形 ABC から円 O をくり抜いた図形を，AM を軸として 1 回転させてできる立体の体積を求めなさい。

8 1辺 2 cm の正方形のタイルがある。
下の図のように，ルールに沿ってタイルを敷き詰めていくことを考える。

【ルール】
作業 1 回目：タイルを 1 個置く。
作業 2 回目：作業 1 回目のタイルの外側を囲むように，隙間なくタイルを敷き
　　　　　　詰める。
作業 3 回目：作業 2 回目のタイルの外側を囲むように，隙間なくタイルを敷き
　　　　　　詰める。
・・・以後，同じ作業を繰り返していく。

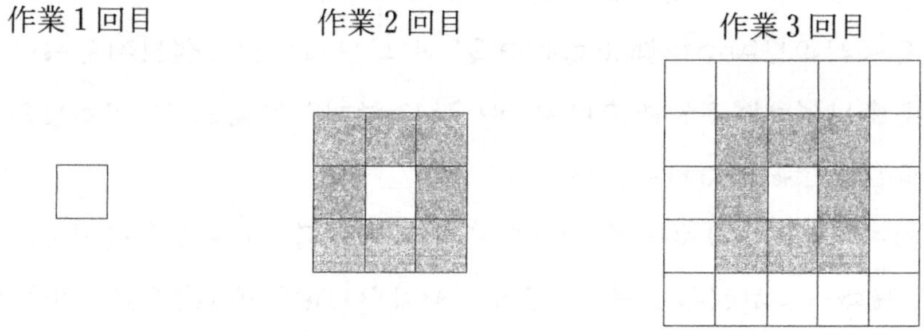

作業 1 回目　　　　　作業 2 回目　　　　　　　作業 3 回目

次の ア から オ に当てはまる数をそれぞれ求めなさい。

作業を行っていくと，作業 3 回目でタイルは全部で ア 個になり，作業 4 回目
でタイルは全部で イ 個になる。よって，作業 3 回目から作業 4 回目にかけて
タイルは ウ 個増えたことになる。

また，タイルの個数が初めて 120 個を超えるのは，作業 エ 回目のときで
ある。

さらに，タイルの総面積が 1764 cm² になるのは，作業 オ 回目のときである。

【国語】（五〇分）〈満点：一〇〇点〉

注意　句読点、記号等はすべて字数に数えます。

一　次の文章を読んで、後の問いに答えなさい。

　人間は社会的な動物です。そして社会的動物は、周囲に受容され、サポートされるほどに、社会の一員としての1目的意識に適った人生を送ることが可能になるのです。

　では、どうすればいいか。

　そこでまず重要なのが「学びを注1独りよがりにしない」という意識と実践なのです。学んだ。考えた。意見をもった。

　そのうえで、自分の学びなり思考なり意見なりを自分だけのものとして満足するのではなく、周りの人たちにどう受容されうるか、それによって社会にどのような価値を与えうるかと冷静に振り返ってみること。そして、意見を言語化し、周りに説明できる自分であるために準備をすることです。

　自分が学んだこと、考えたことを人と共有し、議論を重ねることで、人生の目的を叶えていく。共に、よりよい社会を構築していく。それこそ学ぶ価値、考える価値があるというものでしょう。

　教養を身につけるというのは、「一人で学んで考える」というプロセスなしには成立しません。

　そういう意味で、独学は非常に重要だというのが私の考えですが、反面、独学「だけ」では得られないものがあることも、あわせてお伝えしておかなくてはいけません。

　はたして、2他者と共に学ぶことには、どのようなメリットがあるのか。

　たとえばソクラテスやプラトン、アリストテレスに代表されるギリシャ哲学の〈一〉ースは対話です。ところ変わってインドのブッダの教授法も対話、日本の禅問答も対話と、みな対話を通じて考え、互いの理解を確認し合っていました。

　こうした先人たちの足跡に倣うならば、やはり対話の能力は必要でしょう。

　学びを独りよがりにすることの危険性については、前項でお話ししました。

　自分の意見を説明できるようになることが、人生の目的を叶えていくためには不可欠です。何かを学んで考えたこと、あるいは経験して考えたことを、まず自分のなかで言語化して注2腹落ちする。では、それが他者にとっても納得できるものであるかどうかは、実際に対話をしてみないと検証できません。

　自分だけが納得できる「3俺様理論」で突っ走るのは、学びを独りよがりにしている

身勝手な態度です。

　繰り返しになりますが、そのために暴力や恫喝（どうかつ）によって他者を誘導するというのは、とても教養人のやることではありません。第一、周囲のサポートを得られず、できることの幅が狭くなってしまう。

　人生の目的を叶えるために必要なこと——たとえば社会に向けてメッセージを発信したり、新しい価値を①デイキョウする事業を起こしたりするには、「俺様理論」から抜け出し、自分の考えを他者に説明する、議論するというプロセスが不可欠です。

　そのなかで、[4]合意形成の努力をするなり、合意形成できない部分を見極め、調整を②試みるなり、さまざまな対話の練習を積み重ねていく。このプロセス自体が、本書でいうところの「他者と共に学ぶ」ということです。

　それも場数を踏めば踏むほどいい。自分が正しいと思っていることを話したら、思ってもみない観点から反論されて納得し、考え直すこともあるでしょう。自分では持ちえなかった発想によって、自分の意見がサポートされることもあるでしょう。

　こうして合意形成の力が培われることが、他者と共に学ぶ意義なのです。

　他者は予測不可能な存在です。議論のシミュレーションならば自分一人でも可能ですが、たとえどれほどAIが進化しても、生身の人間の反応はシミュレーションどおりにはいきません。

　いってみれば、テニスの練習と似たようなものです。

　たくさん壁打ち練習をすれば、ある程度までは上達するでしょうが、限界があります。当然ながら、壁には意志がありません。打ったボールがどう返ってくるかは物理法則に則（のっと）っているため、おのずと瞬時にパターンを読む力がつきます。

　しかし、生身の人間は勝つという意志のもとで思考し、戦略を立てます。相手が不意にスライスを打ってきたり、からうじて打ち返したボールにボレーを決めてきたりと、予想外の動きをする試合で勝てるようになるには、生身の人間を相手とした実戦練習を積むしかありません。

　これと同じく、議論し、[5]合意形成する練習は、どうしても他者の存在がなくてはできないのです。

　自分のなかで③スジミチを立てる内的整合性をもつことは自分一人でも検証可能ですが、それが他者にとって理解可能か。整合的であると納得してもらうには、どう言葉を尽くして話したらいいか。

　しっかり伝わるようにするための言葉の選択力やコミュニケーション能力も、やは

り実際に他者と話してみるなかで④引力かれるものです。

ですから、一人で学べることと一人では学べないことがあると自覚し、「独学のギア」と「他者と共に学ぶギア」を適宜、切り替えられるようになることが重要です。

独学は独学として自分一人で学びを深めつつ、その限界もきちんと認識して、他者と共に学ぶ機会を積極的に求めていく。

6 そういう状況をあえて設けてもしなければ、自分が考えていることの外的整合性を、自分で振り返って検証するなどという努力は、なかなかできないのではないでしょうか。

そこで、もっとも重要なのは「粘り強さ」です。

笑いの絶えない⑤和やかな場をつくりたいとか、相手と仲よくなりたいといった場合は、楽しく明らかなコミュニケーションができるに越したことはありません。ディベートのように相手を言い負かすことが目的の場では、相手のロジックの穴をことごとく突いて追い込む能力が求められます。

この2つの例からもわかるように、どのようなコミュニケーションが求められるのかは、その場の性質や目的によって異なります。

7 合意形成に向けて議論を重ねる場は、歓談の場ともディベートの場とも違うと思ってください。最初の注3アイスブレークはともかく、楽しく明らかなだけでは踏み込んだ議論ができません。相手を言い負かそうとするような態度では議論のテーブル自体を壊し、合意形成の可能性をみずから断ってしまいかねません。

合意形成を目的とする場で求められるのは、言葉を尽くして自分の意見を伝え、相手の意見にも真摯に耳を傾けることです。

なかなか自分の意見を理解してもらえないなら、粘り強く説明を重ねる。相手の真意が瞬時につかめないなら、粘り強く質問を重ねる。こうした粘り強さが、相互理解、共感、支援、協力——つまりは合意形成を導くカギとなるわけです。

（　斉藤　淳『アメリカの大学生が学んでいる本物の教養』による。一部改訂。　）

注1　独りよがり　　　他人の意見などは聞かずに、自分だけでよいと思い込んでいること。

注2　腹落ちする　　　納得する。

注3　アイスブレーク　場を和ませるためのコミュニケーション方法。

問一 ——線部1「目的意識に適った人生」を送るための手順を次のようにまとめました。次の表の空欄 A ～ D に入る言葉を、本文中から漢字二字でそれぞれ抜き出して答えなさい。（ C ・ D 順不同）

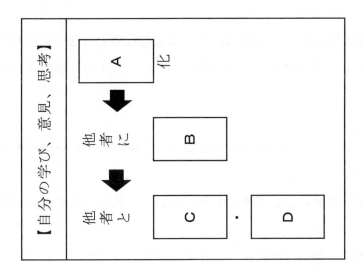

【自分の学び、意見、思考】

A 化

↓

他者に B

↓

他者と C ・ D

問二 ——線部2「他者と共に学ぶこと」を説明する具体例として、最も適切なものを次の中から一つ選び、記号で答えなさい。

ア 日本の禅問答
イ 議論のシミュレーション
ウ テニスの壁打ち練習
エ 笑いの絶えない和やかな場

問三 ——線部3「俺様理論」に当てはまらない行動を次の中から二つ選び、記号で答えなさい。（順不同）

ア 自分の意見が他者から受け入れられないと思いつつも、説明を尽くすこと。
イ 説明してもわかってもらえないので、反抗的な態度で相手を誘導すること。
ウ 自分の意見は正しいと思っていたが、反論されて納得すること。
エ 提案内容に賛同してもらえる人にだけ説明をして、意見を求めること。
オ 自分は正しいので、反論されたくないという気持ちで丁寧に説明すること。

問四 ——線部4「合意形成の努力」をすることでどのような力が身につきますか。これより後の本文から十八字で探し、初めの五字を抜き出して答えなさい。

問五 ——線部5「合意形成する」とありますが、そのために必要だと述べているのはどのようなことですか。最も適切なものを次の中から一つ選び、記号で答えなさい。

ア 自分自身の考えを一生懸命伝えることを優先し、相手にとって意見を言うのが難しい状況を作ること。

イ 合意形成の議論中は楽しい雰囲気を一切作らずに、お互いの意見を戦わせる状況を作ること。

ウ すぐに自分の意見を受け入れてもらえなくてもいつかは理解してもらえると信じて、説明を続けること。

エ 双方の意見を伝え合い、質問し合ったり、調整したりしながらコミュニケーションを取ること。

問六 ——線部6「そういう状況」とありますが、それはどのような状況ですか。「検証」という言葉を用いて四十字以内で説明しなさい。

問七 ――線部7「合意形成」とありますが、その例として適切でないものを次の中から一つ選び、記号で答えなさい。

ア　スムーズに搭乗手続きを行うために、航空会社が定めた時間までに集合することを乗客たちは心掛けている。

イ　Ａ社では、社員全員が複数の部署を必ず経験するシステムを導入したことで、部門間での連携が円滑に行われている。

ウ　開発途上国の子ども教育の重要性を伝え続けた結果、学校を創立するための資金や人材が増えてきた。

エ　地域でゴミ拾いイベントを行った際、その地域に住んでいる人は全員参加することが一方的に義務づけられた。

問八 本文の内容として最も適切なものを次の中から一つ選び、記号で答えなさい。

ア　合意形成を目的にする場では、歓談の和やかさだけではなく、相手を納得させる踏み込んだ議論が求められる。

イ　他者と対話することは、それまで正しいと思っていた自分の意見を考え直すきっかけになることもある。

ウ　独学は教養を身につけるために大切ではあるが、他者と共に学ぶ機会のほうが現代の社会ではより重要である。

エ　他者は予測不可能な存在であるので、理解してもらうためのシミュレーションを繰り返し行う粘り強さが必要となる。

問九 ――線部①③④のカタカナに当たる漢字を楷書で書き、②⑤の漢字の読みをひらがなで答えなさい。

次の文章を読んで、後の問いに答えなさい。

　和歌といえば、誰の目にもいちばん親しいものは『百人一首』であろうか。

　そこで、この『百人一首』のなかから、いくつかの歌を例として、和歌を読む秘儀を伝授したいと思う。

　いま、なにげなく「和歌を読む」と書いたが、この「よむ」という動詞は、ほんらい「声に出して唱える」というほどの意味であった。昔の日本人の習慣は黙読というやりかたはふつう意識になく、「よむ」といったら必ず声に出して読んだのである。そういう古い日本語の名残は、たとえば「お経を読む」というような言い方のなかにすかに残っている。または「サバを読む」などという言い方も、魚売りが、早口に数えあげるなかで適当に数をごまかすことを言うのであって、そこには「声」がなくてはならぬ。

　だから、和歌を作ることを「和歌をよむ」といって、この場合は「詠む」という漢字を宛てているけれど、それも朗々と詠唱するスタイルが、この「よむ」ということばのなかに含意されているためである。

　思い出してみれば、私どもが子供であった時代までは、「百人一首といえば、これはもうお正月の「かるた取り」の道具であった。私どもは、なにも古典文学の勉強として百人一首の和歌を読んだのではない。いわば楽しい遊びのメディアとして、意味などなにも考えずに、ただこれを暗記してカルタ取りに備えたのであった。

　お正月の団欒のひととき、一座の長老のような人が、「読み札」(これには歌人の絵が描いてあって、その余白に和歌が書き入れてある)の和歌を、独特の節回しで、朗々と読み上げる。私たちは、二手に分かれて、各歌の「下の句」だけが文字で書かれている「取り札」を睨んで、我先にとこれを取って遊ぶのであった。そのうちに、歌の朗詠の節回しなど、おのずから覚えてしまって、和歌といえば、そういう調子で朗々と読み上げるものだという感覚が血肉の間に染み入ってきたのである。

　そうして、この遊びのなかで、私どもは自然自然と、古典的な名歌を心の底にまうちのと記録するところとなったのである。思えば、楽しい遊びであった。

　そこで、声に出して朗誦することと、目だけで黙読することとの、いちばんの違いはなんであろうか。

　それは、「時間」の違いだ、と端的には言うことができましょうか。

　一つ例をあげる。

2 浅茅生の小野の篠原しのぶれど
　　あまりてなどか人の恋しき　　参議等

　『百人一首』の名高い歌であるが、もともとは『後撰和歌集』巻第九、恋一に出ている歌である。作者は「参議源等朝臣」という人だが、歌人としてはそれほど著名ではない。

　さて、これを黙読すると、ほんの二、三秒で読めてしまう。

　これにいま、受験参考書式の「解釈」を加えてみるとすると、3「浅茅生の小野の篠原」までは、その次の「忍ぶれど」を導くための序詞という部分で、いわば飾りのようなものにすぎず、歌の本旨は「忍ぶれどあまりてなどか人の恋しき」というところにある。つまり「人に知られないようにと我慢して恋いわたっているのだけれど、いまはもう忍ぶことができなくなるほど、どうしてあの人がこんなにも恋しいのだろう」という意味だ、と説明するであろう。では、そのどこが『百人一首』に選ばれるほど良かったのであるか、となると、4この説明では首を傾げざるを得ない。

　ところが、これを、先に示した八拍子に引き当てて、君が代と同じように歌ってみるとどうだろうか。いまふうに朗々と『君が代』を歌って時間を計測してみると、ちょうど一分ほど、雅楽の人たちによるゆったりとしたテンポの演奏の動画で、一分二十秒ほどで歌い終わるという結果が得られた。

　つまり、黙読で読んでしまえば二、三秒の和歌を、一分ないし一分半ほどもの長い時間をかけてゆったりと歌う、というのが声に出して朗誦するという行為であることがわかる。

　こうしたゆるゆるとした音読または詠唱を前提として考えると、5この歌がどのように、それを「聞いている人」に伝わっていくかが想像される。

　つまりそれは、こういうことである。

　まず「あさぢうのーーーおののーーー」というところを十秒くらいかけてゆっくりと歌ってみる。するとその十秒のあいだ、この歌の聴き手の脳裏には「浅く雑草の生えた、人里離れた野の景色」が思い浮かぶことだろう。「浅茅生」は、昔の歌語で、背丈の低い雑草の生えているところというほどの意味である。また「小野」というのは、「野」ということにちょっとした飾りを付けた表現だ。そうして「野」というのは里と山のあいだにある、里でも山でもない空間をさすことばであった。

この場合、「里」というのは人間の住む通俗な生活空間であるが、「山」は本来神のすむ聖域で、同時に鬼や天狗のようなものも潜んでいる恐ろしい場所でもあった。そうして、その中間にあるのが「野」で、野には、山から神や鬼も降りてくるし、里からも人が入っていくこともできる。だから本質的に「浅茅生の小野」には人気がないのである。

だから、ここまでのところで想像されるのは、まさにその浅い草の生えた人里離れた野の寂しい風景である。京都の人だったら、嵯峨野、鳥辺野、化野、大原野などというところを思い浮かべるだろう。そうして「しのはら〜〜〜」と歌われるときは、その野に篠竹が生えていて、おそらく風にサササと鳴るところなどが想像されるかもしれぬ。そのイメージによって、さらに寂しい風情が強調されるのである。

こうしてゆっくりとした時間の経過のなかで、その一語一語の寂しさを味わいながら「しのぶれど」という肝心のことばが出てくるのだから、その忍ぶ恋をしている人の思いが、どれほど寂しく苦しく孤独なものかが、ひとつの具体的イメージとともに伝わってくる。つまり、「しのはら」までは序詞だからあまり意味がないなどと考えてはいけない。そして「しのはらしのぶれど」と、「しの」の音が重なって、忍びやかな思いはその音の重なりによって強調される。これも音声で聞くとよくわかる技巧であろう。

と、ここまで来たときに、定家の時代の人だったら、すぐ思い浮かぶことがある。じつはこの歌は「本歌取り」という技巧が使われていて、

　　浅茅生の小野の篠原しのぶとも

　　人知らぬやいふ人なしに

（浅い草の生えている野の、その篠笹の原ではないが、俺がこっそりと恋しているからとて、そのことをあの人は知ってくれるだろうか、[6]誰もそのことを伝えてくれる人もないのではなあ……）

という『古今和歌集』（巻第十一、恋歌一）に収められている恋の歌が下敷きになっているのである。そこで、「あさじうの、おののしのはら、しのぶ」まで聞いた人は、その先が「しのぶとも（こっそりと恋しているからとて）」と行くかと思っているところ、そうではなくて「しのぶれど（ぐっと我慢して秘めているけれど）」というふうに展開していく。そうして、心のなかで我慢してもしても、私の恋しい思いはこうしてつい顔が我慢しきれないほどにつのってしまい、どうしてこんなにも恋しいのだろう、と自問自答する形で、一首を締めくくっていくのである。この「ひとの恋しき」に行き着くまで、寂しい野の情景から始まって、苦しくも忍んできた恋心の来し方を思い、最後に「もう心も

うちに秘めておけないほどに俺は恋しくなってしまったぞ、あの人に対する恋しさが」という恋の表白に至るために、ぐっと心に沁みるという寸法なのである。

こうして、朗々と歌い上げられるあいだに、聞き手の心のなかには、つぎつぎと走馬灯のように、寂しく孤独な情景、風物、情調が交錯し、それらのしんみりと寂しいセンチメントを充分に味わったところで、「ああ、どうしてこんなに恋しいのだろうか」と言うからこそ、その孤独な空気感によって増幅された恋しさが生きてくるというものである。

本歌取りの技巧を用いて、ほとんど元の歌と同じことばを連ねながら、最後にきて、本歌よりももっとずっと切実な思いを詠じてみせたところが、この歌の味わいで、それゆえにおそらく『百人一首』に選ばれたものでもあろう。

（　林　望『世界をカエル　１０代からの羅針盤　リンボウ先生のなるほど古典はおもしろい』による。一部改訂。　）

問一　百人一首に出てくる次の歌の──線部①②を、現代仮名遣いに直し、全てひらがなで答えなさい。

いにしへの奈良の都の八重桜①けふ九重に②匂ひぬるかな

問二　──線部1「百人一首といえば、これはもうお正月の『かるた取り』の道具であった」について、後の各問いに答えなさい。

(1)　筆者の子ども時代には、「百人一首」はどのようなものとして存在していましたか。本文中から十字で抜き出して答えなさい。

(2)　「お正月の『かるた取り』」は、どのようなことを伝えるための具体例ですか。最も適切なものを次の中から一つ選び、記号で答えなさい。

ア　昔は遊びを通して、古典的な名歌に触れることがあったということ。
イ　「和歌をつくる」ことを表すときには「詠む」の漢字を用いるということ。
ウ　もともと和歌は声に出して読み上げるものであったということ。
エ　和歌を読む秘儀は、百人一首の遊びの中にあるということ。

問三　──線部2「浅茅生の小野の篠原しのぶれど」を朗誦することで伝わる思いは何ですか。二十五字以内で答えなさい。

問四 ——線部3『浅茅生の小野の篠原』までは、その次の『忍ぶれど』を導くための序詞という部分で、いわば飾りのようなものにすぎず」とありますが、これに対する筆者の考えとして最も適切なものを次の中から一つ選び、記号で答えなさい。

ア 序詞に含まれる一語一語から情景が想像され、和歌に込められた思いを強める働きをしている。

イ 序詞はあくまで前置きでしかないため、和歌の本旨を読み解くうえで何の意味もなしていない。

ウ 序詞の中に描かれた情景は聞き手の想像を膨らませ、空想の世界に現実味を与える役割がある。

エ 序詞は飾りではなく、むしろ和歌の本旨を表しているといってもいいほど中心を担っている。

問五 ——線部4「この説明では首を傾げざるを得ない」とありますが、このあとで筆者はこの歌が選ばれた理由をどのように説明していますか。
次の文の空欄 A ・ B に入る言葉を、 A は四字、 B は五字で本文中から抜き出して答えなさい。

A の技巧を用いることでほとんど元の歌と同じことばを連ねつつも、元の歌よりも B を詠じることができたから。

問六 ――線部5「この歌がどのように、それを『聞いている人』に伝わっていくか」についての説明として、適切でないものを次の中から一つ選び、記号で答えなさい。

ア 朗誦することで「浅く雑草の生えた、人里離れた野の景色」が脳裏に思い浮かぶ。

イ ゆっくりと歌い上げられる時間の経過の中で、一語一語のイメージが伝わる。

ウ 「しのはら」と「しのぶれど」に「しの」の音が重なり、忍びやかな思いが強調される。

エ 音声で聞くことによって、歌の中に本歌取りが用いられていることに気が付く。

問七 ――線部6「誰もそのことを伝えてくれる人もないのではあ……」という現代語訳になっている部分を和歌から抜き出して答えなさい。

問八 本文の内容として適切でないものを次の中から一つ選び、記号で答えなさい。

ア 筆者は歌の味わいは音読してこそ深まるもので、音読することで時間をかけて聞き手に伝わっていく過程が大切だと述べている。

イ 本歌取りは、ほぼ元の歌の言葉を用いるため、元の歌を超えることはできないと考えられがちだが、今回の歌は例外であると述べている。

ウ 歌は黙読ではなく、昔から声に出して読むのが一般的だったため、歌の中での音の重なりについても大事にされていたといえる。

エ 「浅茅生」の歌では、音読されることによって、ゆっくりと歌の空気感が伝わり、黙読よりも増した恋しさが引き立たされている。

問九　次の文章は詩人谷川俊太郎のエッセイの一部分です。本文の内容と、次の文章の共通点を説明しようと試みました。これについて後の各問に答えなさい。

　リズムは秩序である。我々に秩序を感じさせぬリズムは、悪いリズムだと云えよう。

　我々はこの新しいリズムによって、作者の感動を、ひとつの秩序として知ることが出来るのである。感動はリズミカルなものだ。感動するということ、リズムに貫かれるということ、秩序を知るということは、同時にして一なるものなのだ。

　影像に感動しただけなら、我々は絵か写真を見ればいい。リズムだけに感動しただけなら、我々は音楽を聞けばいい。意味に感動しただけなら、我々は哲学書を読めばいい。だが、それらのすべての綜合されたものに感動出来るのが、詩なのである。

　感動しなければ、我々は詩を書くことはおろか生きることさえ出来ないのだ。我々が感動する時、我々の中には秩序が生まれ、同時にそれが我々にリズムを呼びおこす。リズムはそれ故、作者の感動と読者との間の最も必要で、最も明確なかけ橋なのである。イメージだけでは読者を考えさせることは出来るが、全身的に感動させることは出来ない。言葉はイメージだけでは写真にすら負けるだろう。感動は一時的なものだからりではない。それは詩人の心と体の奥深くかくされている生の証なのだ。

（谷川俊太郎『沈黙のまわり　谷川俊太郎エッセイ選』による。一部改訂。）

(1) 次の空欄　X　に入る言葉を、右のエッセイから二字で抜き出して答えなさい。

(2) 次の空欄　Y　に入る内容を、本文の言葉を用いて八字以内で答えなさい。

　人は自分の　X　を伝えるために、言葉やリズム、音に意識して詩や和歌を作っている。だから、詩や和歌は　Y　ことで一語一語のもつ意味が増してくるのである。

英語解答

1 問題A　No.1　ウ　No.2　イ
　　　　　No.3　ア
　　問題B　No.1　ア　No.2　ウ
　　　　　No.3　ウ

2 問1　to play　　問2　had, rain
　　問3　so, that　　問4　to me

3 問1　イ　問2　イ　問3　エ
　　問4　ウ

4 問1　The teacher asked him to
　　　　clean the room after
　　問2　To use a computer is
　　　　interesting to me
　　問3　takes a lot of time to learn
　　問4　I would like something hot to

5 問1　ウ　　問2　ウ　　問3　ア
　　問4　エ　　問5　イ

6【Part 1】
　　問1　(A)…ア　(B)…ウ
　　問2　1…ウ　2…ア　3…イ
【Part 2】
　　問1　(1)　food　(2)　opening
　　　　(3)　school
　　問2　(例) The toast I ate was great.
　　　　I enjoyed the toast and
　　　　Cappuccino.　Yes, it was
　　　　crowded, but I liked the cafe
　　　　very much.　The shop was
　　　　very clean and nicely
　　　　decorated.　Let's visit it again
　　　　in spring !　I am looking
　　　　forward to having strawberry
　　　　parfait !

1〔放送問題〕解説省略
2〔書き換え─適語補充〕
問1．「テニスをすることはおもしろい」　'It is ～ to …'「…することは～だ」を用いる。
問2．「先週はたくさん雨が降った」　天気は動詞 have と天気を表す名詞を用いて, 'We have＋rain/snow' などの形で表せる。1つ目の文の動詞が rained と過去形なので, 2つ目の文でも have を had とする。
問3．「授業がとてもおもしろいので, 私は歴史に興味を持った」　'so ～ that …'「とても～なので…」を用いる。
問4．「父は私に車を貸してくれなかった」　'lend＋人＋物'「〈人〉に〈物〉を貸す」は 'lend＋物＋to＋人' で書き換えられる。

3〔対話文完成─適文選択〕
問1．リサ：ここから市役所まで歩いていこうと思うの。この近くだよね？／トオル：ううん。電車に乗った方がいいよ。ここからは遠いんだ。／／市役所まで歩いていけると思っているリサに対し, 空所の後でトオルは, 市役所は遠いと答えているので, 電車で行くことをすすめたと考えられる。
問2．テッド（T）：休暇はどんな予定があるの？／マリア：京都に行って, 友達とお寺を訪ねるつもりよ。／T：楽しそうだね！　僕は日本の寺が好きなんだ。／／I'll ～「私は～するつもりだ」と未来の予定を答えているので, 休暇の予定を尋ねたと判断できる。
問3．ナンシー（N）：これらの箱を運ばないといけないの。重たいんだ。手伝ってくれる？／ボブ：

いいよ。／Ｎ：ありがとう。／ボブが「いいよ」と答え，ナンシーが「ありがとう」と返事をしているので，箱を運ぶのを手伝ってほしいと頼んだと考えられる。Can you ～? で「～してくれますか」という‘依頼’を表せる。

問４．男性：このＴシャツはいいですね。色が気に入りました。<u>いくらですか？</u>／店員：20ドルです。／店員が金額を答えているので，男性は How much「いくら」を使って金額を尋ねたのだとわかる。

4 〔整序結合〕

問１．「先生は彼に，掃除するように頼んだ」は，‘ask＋人＋to ～’「〈人〉に～するよう頼む」の形を用いて表せる。「放課後」は after school。

問２．「コンピューターを使うこと」は，to不定詞の名詞的用法で To use a computer と表し，これを主語とする。「～は面白い」を is interesting とし，to me「私にとって」を最後に置く。

問３．「英語を学ぶには時間がかかる」は，‘It takes＋時間＋to ～’「～するのに(時間が)…かかる」を用いて表せる。「多くの時間」は a lot of を time の前に置いて表す。

問４．「私は～をいただきたい」は I would like ～ で表せる。「何か温かい飲み物」は，「飲むための何か温かいもの」と読み換え，to不定詞の形容詞的用法を用いて‘名詞＋to不定詞’の形にする。something のように -thing の形の語を修飾する場合，形容詞を後ろに置き，その後に to不定詞を続ける。

5 〔長文読解総合―説明文〕

≪全訳≫■1外来生物は日本だけでなく世界中で大きな問題となっている。日本における外来生物の例を２つ挙げよう。■2日本では多くの池でウシガエルが見られる。ウシガエルは1918年にアメリカから食用として日本に持ち込まれたが，人々はそれらを食べなかった。そして，ウシガエルは養殖池から逃げ出し，その後日本中に広がった。ウシガエルは，例えば昆虫や小魚，小鳥などさまざまなものを食べる。その結果，ウシガエルは日本の外来生物になった。■3ウシガエルの餌の一種も，現在では外来生物となっている。それはアメリカザリガニだ。日本では多くの川でアメリカザリガニが見られる。ザリガニは1927年にアメリカから持ち込まれ，最初は20匹ほどしかいなかった。しかし，養殖池から逃げ出し，その数が増加した。その一部はペットになったが，その後人々はそれらを飼いきれなくなったので逃がした。その結果，アメリカザリガニは日本中に広まった。■4では，なぜ外来生物が大きな問題となるのか。２つの理由を見てみよう。■5外来生物は生態系を破壊する。例えば，ウシガエルはさまざまなものを食べ，日本の固有種の動物を食べることもある。生態系のバランスを保つことは，人間にとっても動物にとっても非常に重要なことなので，これが理由の１つである。■6外来生物の中には，人間にとって危険なものもいる。これがもう１つの理由である。2017年，ヒアリが日本で発見された。人間がこのアリに噛まれると発熱し，命を落とす人もいる。そのため，人々はヒアリを見つけて退治しようとする。このような危険性があるため，人々はいくつかの外来生物を自分たちの生活場所から遠ざけなければならないのだ。■7地球の未来のために，私たちは今，外来生物について考えなければならない。

問１＜適語(句)選択＞１つ目の空所の前では，ウシガエルが日本の外来生物になった原因について，２つ目の空所の前では，アメリカザリガニが日本中に広まった原因について述べられており，どちらも空所の後でそれらが原因となって起こった結果が示されているので，ウ．As a result「その

結果」が適切。

問2＜語句解釈＞下線部は「ウシガエルの餌」という意味。続く文で，「それはアメリカザリガニだ」と具体的に述べられているので，ウ．red swamp crayfish「アメリカザリガニ」が適切。

問3＜語句解釈＞下線部を含む文の前半は，「その一部はペットになった」という意味。「その」とは，前の2文で述べられている，アメリカから持ち込まれた後，養殖池から逃げ出して数を増やしたアメリカザリガニのことである。

問4＜文脈把握＞下線部を含む文の直後に「2つの理由を見てみよう」とあるので，続く2つの段落で下線部の理由が述べられているとわかる。第6段落最終文に，人々はいくつかの外来生物を自分たちの生活場所から遠ざけなければならないとあるので，エ．「人々は外来種の動物のいくつかを飼わなければならない」が正しくない。

問5＜表題選択＞文章全体を通して，日本における外来生物の問題が具体的に述べられているので，イ．「日本における外来生物の問題」が適切。

6 〔長文読解総合〕

【Part1】＜対話文＞≪全訳≫■コウタ（K）：このチラシを見てよ。来週，学校の近くに新しいカフェがオープンするんだって！■ルーシー（L）：ああ，学校に行く途中でそのカフェを見たわ。■K：どんな感じ？■L：すてきよ。A静かな場所にあるし，行きやすいの。■K：いいね！　お茶の時間にぴったりの場所だ！■L：オープンの日にそのカフェに行きたいな。そのときに行かない？■K：ああ，ごめん。その日は午後7時まで部活に行かなきゃいけないからだめなんだ。■L：そうなんだ。じゃあ，次の日に行ける？　私は午後3時には行けるわ。■K：いいよ，その日は予定がないから，お茶の時間に行けるよ。カフェでは何を注文するの？■L：決められないな。パフェが食べたいけど，ちょっと高いもの。■K：チラシを見てよ。2月15日までに来店して，食べ物とコーヒーか紅茶を注文すると安くなるって書いてある。Bだから，パフェと飲み物を注文したらどうかな？■L：あら，よさそうね！　じゃあ，パフェとカフェラテを注文すると770円ね。あなたはどうするの，コウタ？■K：今は決められないけど，温かいものが飲みたいな。

ワカギカフェ／午前10時開店，午後7時閉店／メニュー／【コーヒー】アメリカーノ400円／カプチーノ450円／カフェラテ500円／エスプレッソ550円／【紅茶】無糖400円／ミルク入り450円／ホットかアイスをお選びいただけます。／【食べ物】スパゲティ550円／サンドウィッチ500円／パフェ600円／ケーキ（全種類）400円／トースト（2切れ）300円／2月10日（土）開店／定休日：水曜日／≪オープニングセール≫2月15日まで，食べ物と飲み物を一緒にご注文いただくと，料金が30％割引されます。／ご来店いただきお楽しみください！

問1＜適文選択＞(A)第2段落でルーシーが新しくできたカフェを通学途中に見たと述べ，コウタはどんな感じの店であるかを尋ねている。よって，「静かな場所で行きやすい」と店の特徴を述べているアが適切。　　(B)直前の段落でルーシーは，パフェが食べたいけれど高いのでためらっているが，コウタは，食べ物と飲み物を一緒に注文すると安くなるというチラシの割引情報を教えてあげている。さらに，直後の段落でルーシーはパフェとカフェラテを注文すると述べていることから，コウタはパフェと一緒に飲み物を注文したらどうかと提案したと判断できる。

問2＜英問英答＞1．「2月16日にスパゲティとカプチーノを注文したら，いくらになるか」─ウ．

「1000円」　チラシのメニューより，スパゲティは550円，カプチーノは450円なので，合計1000円。食べ物と飲み物を一緒に注文した際の割引は2月15日までなので，2月16日は適用されない。2．「カフェの定休日はいつか」―ア．「水曜日」　チラシの右下を参照。　3．「カフェについて正しいのはどれか」―イ．「カフェラテはエスプレッソより安い」　チラシのメニューより，カフェラテは500円，エスプレッソは550円。

【Part2】＜Eメール＞≪全訳≫こんにちは，コウタ／今日はカフェに一緒に来てくれてありがとう。あなたが注文したトーストはお店で一番安い食べ物だったけど，おいしく食べた？　私は食べ物も飲み物もおいしくいただいたわ。でも，今日はとても混んでいたわよね。私たちはお店のオープンの日に行ったわけではないけれど，その日の方が混んでいたんだって。静かな場所にあると思っていたけれど，実際にはそうでもなかったね！　それでもみんなお茶の時間を楽しんでいたんじゃないかな。あなたはカフェについてどう思った？　新しいチラシは見た？　春から新メニューが登場するそうよ。いちごパフェとケーキをつくるんだって！　春になったら，もう一度行ってみない？　お店は学校の近くだから，友達も何人か誘おうよ。／よろしく／ルーシー

　問1＜適語補充＞(1)メニューを見るとトーストは300円で，food「食べ物」の中で最も安い。

　(2)対話文の第6，7段落より，2人がカフェに行かなかった日が the opening day「オープンの日」だとわかる。　　(3)対話文の第1段落より，カフェは school「学校」の近くにある。

　問2＜条件作文＞≪全訳≫こんにちは，ルーシー／今日は僕と一緒にカフェに行ってくれてありがとう。(例)僕が食べたトーストは最高だった。トーストとカプチーノをおいしくいただいたよ。確かに混んでたけど，僕はあのカフェがとても気に入ったな。お店はとても清潔で，装飾がすてきだった。春になったらまた行こう！　いちごパフェが楽しみだよ！／よろしく／コウタより

　　＜解説＞ルーシーのメール中の下線部の質問は，「トーストをおいしく食べた？」「今日はとても混んでいたわよね」「あなたはカフェについてどう思った？」「春になったら，もう一度行ってみない？」の4つ。1つ目の質問には「楽しく食べたよ」「パンがとてもおいしかった」など，2つ目の質問には，「そうだね」「人が多くて驚いた」など，3つ目の質問には「気に入ったよ」「学校から近くて行きやすいね」など，4つ目の質問には，「また行こう」「新メニューを試してみたい」などの回答が考えられる。理由がわかるように書くこと。

数学解答

$\boxed{1}$ (1) $-\dfrac{3}{8}$ (2) $20xy$ (3) $\dfrac{x-3y}{2}$

(4) $\dfrac{8\sqrt{3}}{3}$

$\boxed{2}$ (1) $y=-\dfrac{x}{4}$ (2) $3c(a+3b)(a-3b)$

(3) 30 (4) $\dfrac{1}{4}$ (5) $8\,\mathrm{kg}$

(6) 80円

$\boxed{3}$ (1) $y=-\dfrac{4}{7}x+6$ (2) 17

$\boxed{4}$ (1) $(-2,\ 2)$ (2) $1,\ 3$

$\boxed{5}$ (1) $36°$ (2) $108°$

$\boxed{6}$ $16\mathrm{cm}^2$

$\boxed{7}$ (1) $9\,\mathrm{cm}$ (2) $45\pi\,\mathrm{cm}^3$

$\boxed{8}$ ア…25 イ…49 ウ…24 エ…6
　　オ…11

$\boxed{1}$〔独立小問集合題〕

(1)<数の計算>与式 $=-9\times\dfrac{2}{27}\times\left(-\dfrac{3}{4}\right)^2=-9\times\dfrac{2}{27}\times\dfrac{9}{16}=-\dfrac{3}{8}$

(2)<式の計算>与式 $=9xy^2\div\dfrac{9}{4}x^2y^2\times5x^2y=9xy^2\times\dfrac{4}{9x^2y^2}\times5x^2y=\dfrac{9xy^2\times4\times5x^2y}{9x^2y^2}=20xy$

(3)<式の計算>与式 $=\dfrac{2(5x-4y)-(3x+13y)}{14}=\dfrac{10x-8y-3x-13y}{14}=\dfrac{7x-21y}{14}=\dfrac{x-3y}{2}$

(4)<数の計算>与式 $=\dfrac{6}{\sqrt{3^2\times3}}-(3-2\sqrt{3}-3)=\dfrac{6}{3\sqrt{3}}-(-2\sqrt{3})=\dfrac{2\times\sqrt{3}}{\sqrt{3}\times\sqrt{3}}+2\sqrt{3}=\dfrac{2\sqrt{3}}{3}+\dfrac{6\sqrt{3}}{3}=\dfrac{8\sqrt{3}}{3}$

$\boxed{2}$〔独立小問集合題〕

(1)<等式変形>両辺に 6 をかけて，$2(x+y-3)=3x+6y-6$，$2x+2y-6=3x+6y-6$，$2y-6y=3x-$
$6-2x+6$，$-4y=x$　$\therefore y=-\dfrac{x}{4}$

(2)<式の計算—因数分解>与式 $=3c(a^2-9b^2)=3c(a+3b)(a-3b)$

(3)<数の性質>$\sqrt{120n}=\sqrt{2^3\times3\times5\times n}=2\sqrt{2\times3\times5\times n}$ より，$\sqrt{120n}$ が自然数となるような最小の整
数 n の値は，$n=2\times3\times5=30$ である。

(4)<確率—順番>A，B，C，Dの4人がリレーをするとき，第一走者の選び方は4通り，第二走者
は残りの3人からの3通り，第三走者は残りの2人からの2通り，アンカーは残りの1人の1通り
の選び方があるので，全部で $4\times3\times2\times1=24$（通り）の順番がある。このうち，Cがアンカーにな
るのは，第一走者がC以外の3通り，第二走者が残りの2通り，第三走者は残りの1通りあるので，
$3\times2\times1=6$（通り）の順番がある。よって，求める確率は $\dfrac{6}{24}=\dfrac{1}{4}$ である。

(5)<データの活用—四分位範囲>与えられた生徒10人の握力を小さい順に並べると，23，25，26，29，
29，30，31，34，35，38となり，第1四分位数は下位5人の23，25，26，29，29の中央値の26kg
であり，第3四分位数は上位5人の30，31，34，35，38の中央値34kgである。よって，このデー
タの四分位範囲は，$34-26=8$（kg）である。

(6)<連立方程式の応用>鉛筆1本の定価を x 円，ノート1冊の定価を y 円とする。定価で，鉛筆6本
とノート3冊を買うと，代金が840円であることから，$6x+3y=840$……①が成り立つ。また，鉛筆
を定価の2割引，ノートと定価の3割引きで，鉛筆10本とノート5冊を買うと，鉛筆10本を定価で
買うときより，$10x\times\dfrac{2}{10}=2x$（円）安くなり，ノート5冊を定価で買うときより，$5y\times\dfrac{3}{10}=\dfrac{3}{2}y$（円）

安くなり，代金は定価で買うときよりも340円安くなったことから，$2x+\dfrac{3}{2}y=340$ が成り立ち，両辺を2倍すると，$4x+3y=680\cdots\cdots$②となる。①－②より，$6x-4x=840-680$，$2x=160$，$x=80$ となる。よって，鉛筆1本の定価は80円である。

3 〔関数―一次関数〕

(1)**＜直線の式＞** 右図で，直線ACはA(0, 6)を通るので，切片は6となり，その式は $y=ax+6$ とおける。C(7, 2)を通るので，$y=ax+6$ に $x=7$，$y=2$ を代入すると，$2=7a+6$，$7a=-4$，$a=-\dfrac{4}{7}$ となる。よって，求める直線の式は $y=-\dfrac{4}{7}x+6$ である。

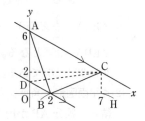

(2)**＜面積＞** 右上図のように，点Bを通り直線ACと平行な直線を引き，y軸との交点をDとすると，直線DBの傾きは，直線ACの傾き $-\dfrac{4}{7}$ と等しいので，その式は $y=-\dfrac{4}{7}x+b$ とおける。直線DBはB(2, 0)を通るので，$y=-\dfrac{4}{7}x+b$ に $x=2$，$y=0$ を代入すると，$0=-\dfrac{4}{7}\times2+b$，$0=-\dfrac{8}{7}+b$，$b=\dfrac{8}{7}$ となるから，D$\left(0,\ \dfrac{8}{7}\right)$である。AC∥DBより，△ABC＝△ADCであり，△ADCは辺ADを底辺と見れば高さは点Cの x 座標より7となるので，AD＝$6-\dfrac{8}{7}=\dfrac{34}{7}$ より，△ADC＝$\dfrac{1}{2}\times\dfrac{34}{7}\times7=17$ となる。よって，△ABC＝17である。

≪別解≫ 図のように，点Cから x 軸に垂線CHを引くと，△ABC＝〔台形AOHC〕－(△AOB＋△BCH)で求められる。〔台形AOHC〕＝$\dfrac{1}{2}\times(\text{CH}+\text{AO})\times\text{OH}=\dfrac{1}{2}\times(6+2)\times7=28$，△AOB＝$\dfrac{1}{2}\times\text{OB}\times\text{AO}=\dfrac{1}{2}\times2\times6=6$，△BCH＝$\dfrac{1}{2}\times\text{BH}\times\text{CH}=\dfrac{1}{2}\times(7-2)\times2=5$ となる。よって，△ABC＝$28-(6+5)=17$ である。

4 〔関数―関数 $y=ax^2$ と一次関数，比例・反比例のグラフ〕

(1)**＜座標＞** 右図で，点Aは，放物線 $y=\dfrac{1}{2}x^2$ と直線 $y=x+4$ の交点だから，2式から y を消去して，$\dfrac{1}{2}x^2=x+4$，$x^2=2x+8$，$x^2-2x-8=0$，$(x+2)(x-4)=0$ より，$x=-2$，4となり，点Aの x 座標は負であるから，$x=-2$ となる。点Aは直線 $y=x+4$ 上にあり，x 座標が -2 だから，$y=-2+4=2$ より，A(-2, 2)である。

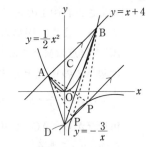

(2)**＜x座標＞** 右上図のように，直線 $y=x+4$ と y 軸の交点をCとすると，C(0, 4)である。また，y軸の負の部分にOC＝ODとなる点Dをとると，D(0, -4)となり，CD＝2COより，△ADC＝2△AOC，△BDC＝2△BOCだから，△ADC＋△BDC＝2△AOC＋2△BOC＝2(△AOC＋△BOC)より，△ADB＝2△AOBである。ここで，点Dを通り直線 l と平行な直線 $y=x-4$ と曲線 $y=-\dfrac{3}{x}$ の交点をPとすると，AB∥DPより，△APB＝△ADBだから，△APB＝2△AOBとなる。よって，求める点Pの x 座標は，2式から y を消去して，$x-4=-\dfrac{3}{x}$ より，両辺に x をかけて，$x^2-4x=-3$，$x^2-4x+3=0$，$(x-1)(x-3)=0$，$x=1$，3となり，$x>0$ だから，点Pの x 座標は1と3である。

5 〔独立小問集合題〕

(1)<平面図形―角度>右図1のように，辺ABの延長上に点Fをとる。正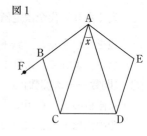
多角形の外角の和は常に360°だから，正五角形の1つの外角は，∠CBF
$=360°÷5=72°$であり，正五角形の1つの内角は，$∠ABC=180°-72°=$
108°である。二等辺三角形BACで内角と外角の関係より，$∠BAC=$
$∠BCA=\frac{1}{2}∠CBF=\frac{1}{2}×72°=36°$であり，△EADでも同様に$∠EAD=$
$∠EDA=36°$となる。よって，$∠x=∠BAE-∠BAC-∠EAD=108°-$
$36°-36°=36°$である。

(2)<平面図形―角度>右図2のように，点Aと点C，点Bと点Cをそれぞれ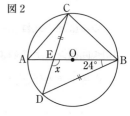
結ぶ。線分ABが円Oの直径だから，$∠ACB=90°$であり，$\overparen{AD}$に対する
円周角より，$∠ACD=∠ABD=24°$である。これより，$∠DCB=∠ACB$
$-∠ACD=90°-24°=66°$となり，△DBCはBD=CDの二等辺三角形だか
ら，$∠DBC=∠DCB=66°$である。よって，$∠CBE=∠DBC-∠ABD=$
$66°-24°=42°$であるから，△BCEで内角と外角の関係より，$∠x=∠BED$
$=∠BCE+∠CBE=66°+42°=108°$である。

6 〔平面図形―三角形―面積〕

右図で，DE∥BCより，△ADE∽△ABCであり，EF∥ABより，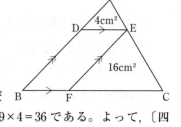
△EFC∽△ABCだから，△ADE∽△EFCとなる。また，△ADE：
△EFC$=4：16=1：4=1^2：2^2$より，△ADEと△EFCの相似比は1：
2だから，AE：EC=1：2となり，AE：AC=AE：(AE+EC)=1：
(1+2)=1：3となる。つまり，△ADEと△ABCの相似比は1：3だ
から，△ADE：△ABC$=1^2：3^2=1：9$となり，△ABC=9△ADE=9×4=36である。よって，〔四
角形DBFE〕=△ABC-△ADE-△EFC=36-4-16=16(cm^2)である。

7 〔平面図形―正三角形と円〕

(1)<長さ>右図1の正三角形ABCで，点Mが辺BCの中点より，AM⊥BC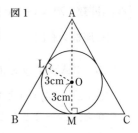
である。また，図形の対称性より，AMは円Oの中心を通り，円Oと辺
BCの接点はMとなる。同様に，円Oと辺ABの接点をLとすると，点L
は辺ABの中点となり，OL⊥ABである。ここで，$∠OAL=∠BAM=$
$\frac{1}{2}∠BAC=\frac{1}{2}×60°×30°$より，△ALOは3辺の比が$1：2：\sqrt{3}$の直角三
角形だから，AO=2OL=2×3=6となる。よって，AM=AO+OM=6+
3=9(cm)である。

(2)<体積>正三角形ABCから円Oをくり抜いた図形を，AMを軸として1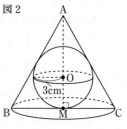
回転させてできる立体は，右図2のような，半径MBの円Mを底面とす
る頂点Aの円錐から球Oを取り除いた立体となる。(1)より，△ABMは3
辺の比が$1：2：\sqrt{3}$の直角三角形で，$MB=\frac{1}{\sqrt{3}}AM=\frac{9}{\sqrt{3}}$だから，図2
の円錐の体積は，$\frac{1}{3}π×MB^2×AM=\frac{1}{3}π×\left(\frac{9}{\sqrt{3}}\right)^2×9=81π$となる。また，
半径3cmの球Oの体積は，$\frac{4}{3}π×3^3=36π$(cm^3)となる。よって，求める立体の体積は，$81π-$
$36π=45π$(cm^3)である。

8 〔特殊・新傾向問題─規則性〕

　右図のように，作業1回目はタイルを1個置き，作業2回目は1辺にタイルが3個並ぶようにタイルを正方形に敷き詰め，作業3回目は2回目より1辺に2個多い5個が並ぶようにタイルを正方形に敷き詰めているので，作業3回目でタイルは全部で，$5^2 = \underline{25}_{ア}$（個）になる。作業4回目は3回目より1辺に2個多い，$5+2=7$（個）が並ぶようにタイルを正方形に敷き詰めているので，作業4回目でタイルは全部で，$7^2 = \underline{49}_{イ}$（個）になる。よって，作業3回目から作業4回目にかけてタイルは，$49-25 = \underline{24}_{ウ}$（個）増えたことになる。また，作業5回目は4回目より1辺に2個多い，$7+2=9$（個）が並ぶようにタイルを正方形に敷き詰めているので，作業5回目は，タイルは全部で，$9^2 = 81$（個）になり，作業6回目は5回目より1辺に2個多い，$9+2=11$（個）が並ぶようにタイルを正方形に敷き詰めているので，作業6回目は，タイルは全部で，$11^2 = 121$（個）である。よって，タイルの個数が初めて120個を超えるのは，作業$\underline{6}_{エ}$回目のときである。さらに，1個のタイルの面積は，$2 \times 2 = 4$（cm²）であるから，タイルの総面積が1764cm²になるのは，タイルの個数が全部で，$1764 \div 4 = 441$（個）のときであり，$441 = 21^2$より，1辺に21個のタイルが並ぶようにタイルを正方形に敷き詰めたときである。作業回数と1辺に並ぶタイルの個数の規則性は，作業1回目は，$2 \times 1 - 1 = 1$（個），作業2回目は，$2 \times 2 - 1 = 3$（個），作業3回目は，$2 \times 3 - 1 = 5$（個），作業4回目は，$2 \times 4 - 1 = 7$（個），……より，作業n回目は$2n-1$個と表せる。よって，作業n回目に1辺に並ぶタイルが21個の正方形になるとき，$2n-1 = 21$が成り立ち，これを解くと，$2n = 22$，$n = 11$となる。これより，タイルの総面積が1764cm²になるのは，作業$\underline{11}_{オ}$回目のときである。

国語解答

一 問一　A　言語　B　説明

　　　　C・D　共有〔対話〕, 議論

　　問二　ア　問三　ア, ウ

　　問四　言葉の選択　問五　エ

　　問六　自分の意見が他者にとって理解可

　　　　能かを検証するために, 他者と共

　　　　に学ぶ状況。(36字)

　　問七　エ　問八　イ

　　問九　①　提供　②　こころ　③　筋道

　　　　④　磨　⑤　なご

二 問一　①　きょう　②　におい

　　問二　(1)　楽しい遊びのメディア

　　　　(2)…ウ

　　問三　忍ぶ恋をしている人の寂しく苦し

　　　　く孤独な思い。(22字)

　　問四　ア

　　問五　A　本歌取り　B　切実な思い

　　問六　エ　問七　いふ人なしに

　　問八　イ

　　問九　(1)　感動　(2)　声に出して唱える

一 〔論説文の読解─哲学的分野─哲学〕出典：斉藤淳『アメリカの大学生が学んでいる本物の教養』。

　≪**本文の概要**≫社会的な動物である人間が, 社会の一員としての目的意識に合った人生を送るためには, 学びを独りよがりにしないという意識と実践が必要である。自分の学びや考えを他者と共有して議論を重ねることで, 人生の目的は, かなえられるのである。独学は非常に重要だが, その反面, 独学だけでは得られないものがある。自分の考えを他者に説明し, 他者と議論する中で, 人は, 合意形成の努力をしたり, 合意形成できない部分を見極めて調整を試みたりしていくが, このプロセス自体が, 他者と共に学ぶことであり, 合意形成の力が養われることが, 他者と共に学ぶ意義である。だから, 他者と共に学ぶ機会を積極的に持つことが必要であり, そういう場をあえて設けなければ, 自分の考えていることの外的整合性を, 自分で振り返って検証するのは難しいのである。さて, そこで重要になるのが, 粘り強さである。合意形成を目的とする場で求められるのは, 言葉を尽くして自分の意見を伝え, 相手の意見にも真剣に耳を傾けることである。自分の意見を理解してもらい, また相手の考えを理解するためには, 説明や質問を粘り強く重ねなければならない。こうした粘り強さが, 合意形成へと導く相互理解や共感や協力につながっていくのである。

問一＜文章内容＞「目的意識に適った人生を送る」ためには, 「学びを独りよがりにしない」ことが重要であり, そのためには「自分の学びなり思考なり意見なり」を「言語化」して(…A), 周囲に「説明」できるようにしなければならない(…B)。そして, 自分が学んだことや考えたことを, 実際に他者と「対話」をして「共有し, 議論を重ねる」ことで, 「人生の目的」はかなえられるのである(…C・D)。

問二＜文章内容＞「ギリシャ哲学のベースは対話」であり, 「ブッダの教授法」や「日本の禅問答」も「対話」によるものであった。このように, 先人たちは「対話を通じて考え, 互いの理解を確認し合って」学んでいた。

問三＜文章内容＞「俺様理論」は, 「自分だけが納得できる」考えを推し進める「身勝手な態度」である(エ…○)。それは, 自分が正しいと思い込み「暴力や恫喝」によって他者を誘導したり(イ…○), 反論を嫌って「相手を言い負かそうと」したりする態度である(オ…○)。これに対して, 自分の意

見が「他者にとっても納得できるものであるかどうか」がわからなくても「実際に対話」をして「検証」しようとしたり（ア…×），「自分が正しいと思っていることを話したら，思ってもみない観点から反論されて納得」したりするような姿勢は，「他者と共に学ぶ」ことである（ウ…×）。

問四＜文章内容＞自分の考えの内的整合性を，他者に納得してもらうためには，「どう言葉を尽くして話したらいいか」ということについて，さまざまに努力しなければならない。そうして「実際に他者と話してみる」ことを重ねる中で，「言葉の選択力やコミュニケーション能力」が，高められていくのである。

問五＜文章内容＞「合意形成を目的とする場で求められる」のは，「言葉を尽くして自分の意見を伝え，相手の意見にも真摯に耳を傾ける」ことである。そして，「粘り強く」説明や質問を重ねるというコミュニケーションが，求められるのである。

問六＜指示語＞自分の考えが「他者にとって理解可能か」ということを検証するための「他者と共に学ぶ」という状況を，自ら積極的に設けなければ，「自分が考えていることの外的整合性を，〜検証するなどという努力は，なかなかできない」のである。

問七＜文章内容＞合意形成を導くためには，義務などの強制力によって「他者を誘導」するといった方法では成立しない（エ…×）。開発途上国の子どもの教育の重要性を伝え続けるという「粘り強さ」が，「合意形成を導くカギ」となる（ウ…○）。また，合意形成には，航空会社が定めたことを乗客たちが守ろうと心がける「協力」や（ア…○），全社員が複数の部署を経験することで，部門間が円滑に連携するといった「相互理解」などが重要となってくる（イ…○）。

問八＜要旨＞「他者と共に学ぶ」ことを重ねていくと，「自分が正しいと思っていること」に「反論されて納得し，考え直すこと」や，「自分では持ちえなかった発想によって，自分の意見がサポートされること」もある。

問九＜漢字＞①「提供」は，相手の役に立つように差し出すこと。　②他の訓読みは「ため（す）」。音読みは「試作」などの「シ」。　③「筋道」は，物事の道理のこと。　④音読みは「研磨」などの「マ」。　⑤他の訓読みは「やわ（らぐ）」。音読みは「柔和」などの「ワ」。

二 〔説明文の読解―芸術・文学・言語学的分野―文学〕出典：林望『リンボウ先生のなるほど古典はおもしろい！』／谷川俊太郎『沈黙のまわり　谷川俊太郎エッセイ選』。

問一＜歴史的仮名遣い＞①歴史的仮名遣いの「eu」は「you」と読むので，「けふ」は「きょう」になる。　②歴史的仮名遣いの語頭以外のハ行は，原則として現代仮名遣いでは「わいうえお」になるので，「ひ」は「い」になる。

問二＜文章内容＞(1)「私ども」は，百人一首の和歌を「楽しい遊びのメディア」として，意味など考えずに「暗記」し，「『かるた取り』の道具」にして遊んだ。　(2)「私ども」が子どもの頃，百人一首の読み札が「独特の節回しで，朗々と読み上げ」られていたことを，具体的な例として挙げることで，和歌は「朗々と詠唱する」ものであるということが説明されている。

問三＜文章内容＞「浅茅生の小野の篠原しのぶれど」を朗誦すると，「寂しい風景」や「寂しい風情」が思い起こされ，「寂しく苦しく孤独」な「忍ぶ恋をしている人の思い」が，聞き手に伝わってくるのである。

問四＜文章内容＞「浅茅生の〜」の和歌を黙読するだけでは，冒頭から「篠原」までの序詞に，あま

り意味を見出すことができない。しかし，朗誦すると，「浅い草の生えた人里離れた野の寂しい風景」や，篠竹が「風にササササと鳴る」音が想起され，そのイメージによって「寂しい風情」などが強調されてきて，和歌に込められた思いが強く伝わってくるのである。

問五＜文章内容＞参議等の「浅茅生の〜」の和歌は，「本歌取りの技巧」が用いられているために，途中まではもとの歌と「同じことば」が連ねられながらも，「最後にきて，本歌よりももっとずっと切実な思いを詠じて」いることにより，『百人一首』に選ばれたのだと考えられるのである。

問六＜文章内容＞「浅茅生の〜」の和歌を時間をかけて朗誦すると，「浅い草の生えた人里離れた野の寂しい風景」や，風に吹かれた篠竹が「ササササ」と鳴る音などが想像され，「一語一語の寂しさを味わいながら」鑑賞できる（ア・イ…○）。さらに序詞の一部である「しのはら」に「しのぶれど」と続いて，「しの」の音が重なることで，「忍びやかな思い」が強調される（ウ…○）。「本歌取り」が使われていることは，朗誦でも黙読でも気づくことができる（エ…×）。

問七＜和歌の内容理解＞「いふ人なしに」の「に」は，順接確定条件のはたらきを持つ助詞で，原因や理由などを表す。下の句の歌意は，あの人は私の思いを知ってくれるだろうか，いや，知らないだろう，言ってくれる人が誰もいないから，となる。

問八＜要旨＞昔から「和歌をよむ」とは「声に出して朗誦」することであり，「音声で聞く」からこそ，「音の重なり」による味わい深さも鑑賞することができる（ウ…○）。時間をかけて，和歌を「ゆったりと歌う」ことで，一語一語を味わうことができ，作者の思いや和歌によみ込まれた情景などを味わうことができるのである（ア…○）。参議等の「浅茅生の〜」の和歌も，朗誦することで「忍ぶ恋をしている人」の「寂しく苦しく孤独」な思いも伝わってくるのである（エ…○）。本歌取りの歌が「元の歌を超えることはできない」とは書かれていない（イ…×）。

問九＜主題＞(1)詩の作者は，自身の「感動」を伝えるために「リズム」を意識して詩をつくる。和歌の作者も，自分の思いを伝えるために，「音の重なり」などを大切にし，言葉を駆使して和歌をつくる。　(2)詩や短歌は「声に出して」唱えて読むことで，一語一語を味わうことができ，作者の「感動」や「思い」をより深く共有することができる。

＝読者へのメッセージ＝

『古今和歌集』は，平安時代に成立した和歌集で，天皇や上皇の命による勅撰集として最初に編さんされたものです。全二十巻の中に，約千百首の和歌が収められています。撰者は，紀貫之，紀友則，凡河内躬恒，壬生忠岑の四人です。

Memo

Memo

【英　語】

英語・数学・国語　合わせて60分，各20点

1 次の各問いに答えなさい。

問1　次の（　　）に入る最も適切な語を**ア〜エ**からそれぞれ1つずつ選び、記号で答えなさい。

(1) 会場はたくさんの人でいっぱいだった。
The hall was filled (　　) a lot of people.
　ア　in　　　　　**イ**　at　　　　　**ウ**　with　　　　　**エ**　from

(2) 私はあなたに会うのを楽しみにしています。
I am looking forward to (　　) you.
　ア　see　　　　　**イ**　seeing　　　　　**ウ**　saw　　　　　**エ**　seen

問2　次の日本文の意味になるよう**ア〜カ**を並べかえた場合、2番目と4番目にくる語をそれぞれ記号で答えなさい。ただし文頭にくる語も小文字で示してある。

(1) この本は難しすぎて私には読めません。
This book is (**ア** to　**イ** too　**ウ** me　**エ** read　**オ** for　**カ** difficult).

(2) 十条駅へはどうやって行ったらよいか教えていただけますか。
(**ア** to　**イ** me　**ウ** how　**エ** could　**オ** tell　**カ** you) get to Jujo Station?

(3) 私は英語を毎日勉強することが大切だとわかっています。
I know (**ア** important　**イ** to　**ウ** is　**エ** study　**オ** English　**カ** it) every day.

2 次の英文を読んで、後の問いに答えなさい。

Hello! I'm Mia, and I'm from Canada. I came to Japan two years ago, and I have lived in Tokyo since then.

I am interested in history, so I was excited when I visited Kyoto with my Japanese friend last fall. Her name is Yuka and she also lives in Tokyo. I had a great time with her during the trip because Yuka is from Kyoto and knows a lot about the city. ①She told me about Japanese culture and history while we were staying there.

Have you ever been to Kyoto? Kyoto is a very old city and you can find many *historical buildings there. In fact, there are 17 *UNESCO World Heritage Sites there. World Heritage Sites are protected by *The United Nations because they are important to history, nature, and culture.

Kyoto is famous for its temples and gardens. My favorite is Kiyomizu-dera. Yuka told me that the temple was built more than 1,000 years ago, so I understand why the temple is so important to Japanese people. One of the temple's *attractions is the beautiful city view from its stage. It is a popular *tourist spot. Another attraction is the beautiful autumn leaves in and around the temple. I was lucky to enjoy the beautiful colors. In fact, ②I thought I was so lucky because the *omikuji* I got there said *daikichi*.

I also enjoyed the famous rock garden at Ryoan-ji temple. Rock gardens in Kyoto are very unique and give visitors special feelings. If you spend some time at the temple, I'm sure you will feel peaceful.

I had a great time in Kyoto with Yuka and I learned a lot about Japan. If I have a chance to visit Kyoto again, [③   ]

Thank you for listening.

(注) *historical 歴史的な　　*UNESCO World Heritage Sites ユネスコ世界文化遺産

　　　*The United Nations 国際連合　　　*attractions 魅力　　*tourist spot 観光地

問1　次の質問の答えとして最も適切なものを次の中から1つ選び、記号で答えなさい。
　　　Why was Mia excited when she went to Kyoto?

　ア　Because she likes travelling.
　イ　Because she likes Japanese food.
　ウ　Because she likes history.
　エ　Because she likes meeting people.

問2　下線部①について Yuka はどんなことを教えてくれましたか。本文からわかることを
　　　次の中から1つ選び、記号で答えなさい。

　ア　Ryoan-ji temple is famous for its history.
　イ　Kyoto is most beautiful in summer.
　ウ　There are 1,000 World Heritage Sites in Kyoto.
　エ　Kiyomizu-dera is more than 1,000 years old.

問3　下線部②の理由として最も適切なものを次の中から1つ選び、記号で答えなさい。

　ア　友人の Yuka が京都に詳しかったから。
　イ　おみくじが大吉だったから。
　ウ　世界遺産をたくさん楽しめたから。
　エ　紅葉を楽しめる季節だったから。

問4　空所 [　③　] に入る文として文脈から考えて最も適切なものを次の中から1つ
　　　選び、記号で答えなさい。

　ア　I want to experience Japanese cultures such as tea ceremony.
　イ　I want to practice speaking English more.
　ウ　I want to learn different cultures in the world.
　エ　I want to read more books about UNESCO World Heritage Sites.

問5　この本文のタイトルとして最も適切なものを次の中から1つ選び、記号で答えなさい。

　ア　Japanese History
　イ　Tokyo and Kyoto
　ウ　Autumn Leaves
　エ　My Trip to Kyoto

【数　学】

1　次の問いについて，**ア～オ**の記号で答えなさい。

問1　$\dfrac{5}{6} \div \dfrac{10}{27} + (-0.3)^2 \div \left(-\dfrac{9}{25}\right)$ を計算しなさい。

ア　$\dfrac{7}{12}$　　　イ　2　　　ウ　$\dfrac{5}{2}$　　　エ　$\dfrac{47}{12}$　　　オ　5

問2　$3x - 4y - \dfrac{3x - y}{2}$ を計算しなさい。

ア　$\dfrac{3x - 9y}{2}$　　イ　$\dfrac{3x - 7y}{2}$　　ウ　$\dfrac{3x - 3y}{2}$　　エ　$-\dfrac{5}{2}y$　　オ　$3x - 7y$

問3　2次方程式 $(2x - 3)^2 = 7$ を解きなさい。

ア　$x = \dfrac{-3 \pm \sqrt{7}}{2}$　　　イ　$x = -3 \pm \sqrt{7}$　　　ウ　$x = \dfrac{3 \pm \sqrt{2}}{2}$

エ　$x = \dfrac{3 \pm \sqrt{7}}{2}$　　　オ　$x = 3 \pm \sqrt{7}$

問4　$x + y = -2$，$xy = 2$ のとき，$x^2 y + xy^2 + 3xy$ の値を求めなさい。

ア　-12　　　イ　-10　　　ウ　-2　　　エ　2　　　オ　10

問5　袋の中に1から6までの数字が書かれた玉が1つずつ入っている。この袋の中から玉を1個取り出し，取り出した玉に書かれた数字を記録して袋に戻す。この操作を2回行うとき，記録した2つの数字の和が3の倍数になる確率を求めなさい。

ア　$\dfrac{1}{6}$　　　イ　$\dfrac{1}{5}$　　　ウ　$\dfrac{1}{4}$　　　エ　$\dfrac{11}{36}$　　　オ　$\dfrac{1}{3}$

問6　x，yについての連立方程式 $\begin{cases} ax - 2by = -28 \\ 2x + by = 19 \end{cases}$ の解が $x = 2$，$y = -5$ であるとき，a，bの値を求めなさい。

ア　$a = -29$, $b = 3$　　　イ　$a = -1$, $b = -3$　　　ウ　$a = 2$, $b = -5$

エ　$a = 1$, $b = -3$　　　オ　$a = 1$, $b = 3$

問7　関数 $y=ax^2$ において，x の変域が $-3\leqq x\leqq 2$ であるときの y の変域が $-18\leqq y\leqq 0$ である。このとき，a の値を求めなさい。

　ア　$a=-\dfrac{9}{2}$　　　イ　$a=-2$　　　ウ　$a=-1$　　　エ　$a=2$　　　オ　$a=\dfrac{9}{2}$

問8　右の図は，点 O を中心とするおうぎ形 OAB と △ABP を組み合わせたもので，点 P は弧 AB 上にある。∠AOB＝140°，∠PBA＝40° のとき，∠PAB の大きさを求めなさい。

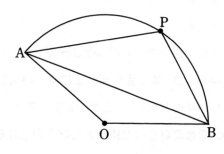

　ア　20°　　　イ　25°　　　ウ　30°

　エ　40°　　　オ　45°

問9　右の図は，平行四辺形 ABCD において，辺 AB の中点を P，CQ：QD＝4：3 となるような点を Q，BD と PQ の交点を R としたものである。このとき，△BPR と △DQR の面積比を最も簡単な整数の比で表しなさい。

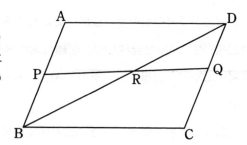

　ア　7：6　　　イ　16：9　　　ウ　25：16

　エ　49：36　　　オ　64：49

問10　右の図は，ある立体の投影図である。立面図は AB＝5 cm，AD＝6 cm の長方形 ABCD で，平面図は円である。この立体の表面積を求めなさい。ただし，円周率は π とする。

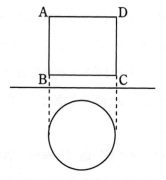

　ア　30π cm²　　　イ　39π cm²　　　ウ　48π cm²

　エ　$(9\pi＋30)$ cm²　　　オ　$(18\pi＋30)$ cm²

【国語】

一　次の文章を読んで、後の問いに答えなさい。

　今の社会は「個を尊重する社会」と言えるでしょうか。私たちが、拘束力が強く閉鎖的な集団を脱し、「一人」になることを求めた理由の奥底には、「集団ではなく個を尊重したい」という願望がありました。

　（中略）

　果たしてそういった社会は実現できたのでしょうか。世の中を見渡してみると、実際に到来したのは、目の前の他者に対して意見や批判をすることを憚り、それぞれが自分の殻に閉じこもる社会、あるいは、検索をつうじて、互いに意見の合致している人のみが結びつき、意見の合わない人は寄せ付けない分断型の社会ではないかと思うこともあります。そこからは、個を尊重する姿勢を読み取ることはできません。

　では、1なぜこのようなことが起きてしまったのでしょうか。この謎を読み解く鍵として、本書では「2人それぞれ」という言葉に着目します。

　個人化と「人それぞれ」に強い親和性があるように、「人それぞれの社会」と「個を尊重する社会」は、じつは非常に近い位置にあります。というのも、3「個を尊重」したからこそ「人それぞれ」に陥ってしまう、ということがたびたびあるからです。詳しくみていきましょう。

　「個を尊重する社会」とは、個々人の選択や決定を尊重する社会です。「一人」の生活の4シント とともに、生活のさまざまな場面で、個人の希望や選択がとりわけ重視されるようになりました。私たちは、集団ではなく自らの意思にしたがって、なんらかの行動を起こすことができるようになったのです。

　このような社会では、いわゆる「べき論」を使って、相手の行為や主義・信条に申し立てをすることはあまりできません。具体的に言うと、「男性ならばこうあるべき」「部下ならばこうあるべき」などといった形で、5なんらかのカテゴリーを持ち出して他者に意見をすることは、こんにちでは容易ではないのです。皆さんも思い当たるのではないでしょうか。他者が表出した意見や行動は、いったん受け止めるというのが、個を尊重する社会の注2流儀なのです。

　このように、個人の希望や選択が重視されるようになると、誰かの希望や選択に対して否定的な意見をなかなか言い出せなくなります。というのも、相手の考えを否定する行為は、

「相手の考えや行動を尊重しない行為」と解釈されかねないからです。だからこそ私たちは、相手の考え方や行動を否定しないよう細心の注意を払います。

このような傾向は、**6**若者の友人関係に顕著に表れています。日本では、一九八〇年代から、友人と深く関わろうとせず、互いに傷つけ合わずに、場を**7**円滑にやり過ごすことに重きをおく友人関係が目立つようになりました。土井隆義（どいたかよし）さんはこのような友人関係を、お互いの感覚のみに**注3**依拠し、相手を傷つけないよう過剰に配慮する「**8**優しい関係」と表現しています。場を円滑にやり過ごすには、相手を否定しない、あるいは、傷つけないコミュニケーションの技法が有効なのです。

とはいえ、**9**「否定しない」というのは、そう簡単にできることではありません。もちろん、明確な否定表現や中傷表現は避ける「べき論」は避けるといった形で、簡単な予防は可能です。しかし、相手を否定したかどうかの判定は、多くのコミュニケーションにおいて曖昧な領域に留め置かれたままです。というのも、なんらかの表現に対する否定判定は、結局のところ、発せられた言葉や行動を受け止める相手の気持ちにゆだねられているからです。

たとえば、友だちから進路についての相談を受けたとしましょう。このとき、友だちの話す進路について「あまりよくない」と思ったとしても、それを伝えるのは容易ではありません。伝え方によっては、相手に「自分のことを否定された」と思われるかもしれないからです。もっと簡単な例で言うと、相手を褒めたつもりだったのに、反対の受け取られ方をするということは珍しくないでしょう。

このような状況は、私たちに非常に厄介な課題を突きつけます。私たちは、コミュニケーションの正解が見えないなか、相手の感情を損なう表現を避けつつ、その場を穏便にやり過ごすよう求められているのです。このような場で重宝されるのが「人それぞれ」という表現または立ち位置です。「人それぞれ」という言葉は、相手の意向を損なわずに受容するという難題に対して、最適解を提供してくれます。

相手の考え方に違和感をもったとしても、「人それぞれ」と言っておけば、ひとまず対立を回避して、その場を取り繕うことができます。「べき論」を使って、規範を押しつけてくる人よりも、「人それぞれ」と言って、相手を受け入れてくれる人のほうが好まれるでしょう。私たちは「人それぞれ」という言葉を使うことで、さまざまな場を穏便にやり過ごしているのです。

（石田光規『「人それぞれ」がさみしい「やさしい・冷たい」人間関係を考える』による。一部改訂。）

注1　憚り　　遠慮して

注2　流儀　　やり方、仕方。

注3　依拠　　よりどころとすること。

問一　──線部1「なぜこのようなことが起きてしまったのでしょうか」とありますが、「このようなこと」とは何ですか。最も適切なものを次の中から一つ選び、記号で答えなさい。

ア　個を尊重できず、拘束力が強く閉鎖的な集団を脱することができない社会になったということ。

イ　個を尊重するために周りの意見をひかえ、自分の殻に閉じこもる社会になったということ。

ウ　個を尊重しようとするあまり、集団を寄せ付けない分断型の社会になったということ。

エ　個を尊重しようとして、意見の合う人との間だけで意見を主張し合う社会になったということ。

問二　──線部2「人それぞれ」とありますが、この言葉に対して筆者はどのように考えていますか。最も適切なものを次の中から一つ選び、記号で答えなさい。

ア　相手の思いを傷つけず、受け止める時に使える都合のよい言葉である。

イ　批判的な他者の言葉に傷ついた時に自分を慰められる言葉である。

ウ　「べき論」を用いてくる相手を納得させるには必要な言葉である。

エ　根本的な解決につながらず、起きている問題を複雑にする言葉である。

問三 ——線部3「『個を尊重』したからといって『人それぞれ』に陥ってしまう」とは、どのようなことですか。最も適切なものを次の中から一つ選び、記号で答えなさい。

ア 個人化と「人それぞれ」は関連性が強いので、ほぼ同じ意味になってしまうということ。

イ 「一人」の生活が世の中に広まったことで、人それぞれの希望が重視されるということ。

ウ 個人の希望を尊重することにより、否定的な意見を言う機会が損なわれてしまうということ。

エ 個人を尊重するために、違和感を持っても人それぞれの意見を受容してやり過ごすということ。

問四 ——線部4「シントウ」と同じ漢字を含むものを次の中から一つ選び、記号で答えなさい。

ア デントウ文化を大切にしましょう。

イ 議題をしっかりカントウしてください。

ウ コップにトウメイな液体が入っている。

エ トウゼンのように彼女はリレーで一位となった。

問五 ——線部5「なんらかのカテゴリーを持ち出して他者に意見をする」とありますが、この具体例として適切でないものを次の中から一つ選び、記号で答えなさい。

ア お母さんなのだから、子どものごはんを手作りするべき。

イ 自分の進路なのだから、自分の頭で考えるべき。

ウ 女の子なのだから、身だしなみに気を付けるべき。

エ 理系なのだから、国語よりも数学を得意にするべき。

問六 ――線部6「若者の友人関係」とはどのような関係だと考えられますか。最も適切なものを次の中から一つ選び、記号で答えなさい。

ア 断定的な表現を使わずに意見を言い合い、結論を先送りにするような関係。

イ 本音を互いに言わないことで、相手からの否定を回避するような関係。

ウ 誰に対しても距離を置き、自分の感覚や考えを優先しているような関係。

エ 対立や否定を生み出さず、場を荒らさないことに気を配るような関係。

問七 ――線部7「円滑」を正しく使っている例文を次の中から一つ選び、記号で答えなさい。

ア 全てのことが円滑に進み、盛大な文化祭を開催できた。

イ 今年の稲は円滑な成長を見せているから、収穫が楽しみだ。

ウ 彼は円滑な人柄で、多くの人から好かれている。

エ クラスのみんなで協力して、円滑に活動しましょう。

問八 ――線部8「優しい関係」とありますが、ここでいう「優しい」とはどのような関係を表現していると考えられますか。最も適切なものを次の中から一つ選び、記号で答えなさい。

ア 意見の合う人がまとまっている小さな集団の関係。

イ 気心の知れた人同士の穏やかな居心地の良い関係。

ウ 傷つくことがなく、安心して意見を伝えあえる関係。

エ 本音を伝えることのない当たりさわりのない関係。

問九 ――線部9「『否定しない』というのは、そう簡単にできることではありません」とありますが、それはなぜですか。最も適切なものを次の中から一つ選び、記号で答えなさい。

ア 個を尊重する社会を目指すためには、相手の意見を尊重するだけでなく、自分自身の意見も尊重する必要があるから。

イ 自分の考えと相手の考えが異なるときは、上手にコミュニケーションをとるのが難しい場合もあるから。

ウ 相手を褒めたつもりで話していても、相手にとっては自分の意見を尊重されなかったと感じてしまうこともあるから。

エ 相手の考えを否定しないように努めることで、自分の意見を言えないままになってしまうこともあるから。

問十 本文の内容として適切でないものを次の中から一つ選び、記号で答えなさい。

ア 個を尊重する社会を求めた結果、自分の意見を言うことをためらい、異なる考えの人がいても人それぞれだとやり過ごす社会になった。

イ 個を尊重する社会になったことによって、個人の希望や選択を重視することのできる「一人」の生活が世に広まっていった。

ウ 一九八〇年代には、お互いを傷つけずにうまくやり過ごすことを大切にするような友人関係が多くなっていった。

エ 穏便なコミュニケーションをとるには、「べき論」を用いて自分の考えを主張することはあまり好ましくない。

英語解答

1 問1 (1)…ウ (2)…イ　　　　　　　　　(3) 2番目…ウ 4番目…イ

問2 (1) 2番目…カ 4番目…ウ　　2 問1 ウ　問2 エ　問3 イ

(2) 2番目…カ 4番目…イ　　　問4 ア　問5 エ

数学解答

問1 イ　問2 イ　問3 エ　　　問7 イ　問8 ウ　問9 エ

問4 エ　問5 オ　問6 エ　　　問10 ウ

国語解答

問一 イ　問二 ア　問三 エ　　　問七 ア　問八 エ　問九 ウ

問四 ウ　問五 イ　問六 エ　　　問十 イ

【英　語】（50分）〈満点：100点〉

1　［リスニング問題］

これから問題 A と問題 B の2つの種類のリスニング問題を行います。放送をよく聞き、答えはすべて記号で答えなさい。

［問題 A］　　問題 A は No. 1〜No. 3まであります。それぞれ英文と、その内容についての英語の質問を2回ずつ読みます。質問に対する答えとして最も適切なものをア〜エの中から1つずつ選び、その記号を解答欄に書きなさい。

No. 1　ア　　　　　　　イ　　　　　　　ウ　　　　　　　エ

No. 2　ア　He went to Yuko's school.　　　イ　He joined the sports festival.
　　　　ウ　He watched a video of Yuko.　　エ　He took a video of Yuko.

No. 3　ア　At a high school in Australia.　　イ　At a high school in Japan.
　　　　ウ　At a language school in Australia.　エ　At a language school in Japan.

[問題 B]　問題 B は 2 人の生徒の対話文と、その内容についての英語の質問を 2 回ずつ
　　　　読みます。質問に対する答えとして最も適切なものを**ア〜エ**の中から 1 つずつ
　　　　選び、その記号を解答欄に書きなさい。

No. 1　**ア**　It was nice.　　　　　**イ**　It was fun.
　　　　ウ　It was difficult.　　　 **エ**　It was simple.

No. 2　**ア** 　　**イ** 　　**ウ**　　**エ**

No. 3　**ア**　They need to call Hikari Elementary School.
　　　　イ　They need to talk to their teacher.
　　　　ウ　They need to send a letter to the children.
　　　　エ　They need to look at the school's website.

※　リスニング問題放送文は，英語の問題の終わりに付けてあります。

2　次の各組の英文がほぼ同じ意味になるように、（　　）内に適切な語を入れなさい。

問 1　We named the dog Shiro.
　　　The dog (　　) (　　) Shiro by us.

問 2　Japanese history is interesting to me.
　　　I am (　　) (　　) Japanese history.

問 3　What is your name?
　　　May I (　　) your name?

問 4　You must not speak Japanese here.
　　　(　　) speak Japanese here.

3 次の英文の応答として、最も適切なものを**ア〜ク**の中からそれぞれ１つずつ選び、記号で答えなさい。

問1　When will you clean your room?
問2　Why do you study English so hard?
問3　Can I have some more juice?
問4　Where did you buy your wallet?

ア　I have some science homework today.
イ　Sure. Here you are.
ウ　I'll do it after dinner.
エ　I want to visit many countries.
オ　I'd like orange juice, please.
カ　I don't like apples.
キ　I like math very much.
ク　I bought it at the department store.

4　次の（　）内の語句を日本語の意味に合うように並べかえなさい。
　　ただし、文頭の語も小文字にしてあります。

問1　この学校で何を学びたいか教えてください。

Please (what / you / tell / learn / want / to / me) at this school.

問2　私は赤い屋根の上で眠っているネコを見ました。

I (a cat / the / sleeping / red / on / saw / roof).

問3　私が昨日会った少年はとても背が高かった。

(I / the / met / was / yesterday / boy) very tall.

問4　私が帰宅したとき、弟はビデオゲームをしていました。

My brother (when / the video game / I / was / came / playing) home.

5 次の英文を読んで、あとの問いに答えなさい。

Each country has its own rules, and some of them may surprise you.

In *Thailand, there is a rule that allows only *soldiers to wear *camouflage clothes. If *general citizens break the rule, they will go to *jail for three months to five years. Why do they have such a rule? If many people take part in a *demonstration in those clothes, it will be difficult for soldiers to control it because they cannot tell who are soldiers. For this reason, they set the rule.

In Singapore, if people throw away *garbage on the street, they have to pay 1,000 Singapore dollars. Do you know how much it is in yen? It's about 80,000 yen! Also, people have to pay 10,000 Singapore dollars to the police if they sell *chewing gum. ①<u>Don't you think it's too strict?</u> However, they think the rule is necessary, because if people throw it away on the streets, cleaning the streets will be a hard work. In Japan, chewing gum is sold in many shops, and we often keep it. Selling it is not a bad thing here, but it is bad in Singapore. So be careful when you visit the country. You may lose ②<u>a lot of money</u>.

In the USA, some cities have some rules that are surprising to us. For example, in one city, if people use their smartphones while they are crossing the street, they will pay 50 dollars to the police. It's about 6,500 yen. Or, they will go to jail for fifteen days *at the most. In the city, from 2000 to 2011, more than 10,000 people were injured while they were using their smartphones on the streets. To solve ③<u>the problem</u>, they decided to set this rule.

In the world, there are many different rules. If we go abroad without knowing about them, we will get in trouble. When you want to visit a foreign country, you must learn its rules before leaving your country to enjoy your stay.

(注) *Thailand　タイ　　　　　*soldiers　軍人　　　　*camouflage clothes　迷彩柄の服

*general citizens　一般市民　　　*jail　刑務所　　　　*demonstration　デモ

*garbage　ゴミ　　　*chewing gum　チューインガム　　　*at the most　最大で

問1 次の英語の質問の答えとして最も適切なものを次の中から1つ選び、記号で答えなさい。
Why can only soldiers wear camouflage clothes in Thailand?

ア Because the clothes are for protecting the natural environment.
イ Because the clothes are too expensive to make.
ウ Because people need some special training to wear the clothes.
エ Because soldiers can tell who are not soldiers.

問2 下線部①について、何が厳しすぎるのか、答えとして最も適切なものを次の中から
　　1つ選び、記号で答えなさい。

ア ゴミの分別をしないと罰金をとられること。
イ ゴミ収集日にゴミを出さなかっただけで罰金をとられること。
ウ ガムを所持しているだけで罰金をとられること。
エ ガムを売っただけで罰金をとられること。

問3 下線部②の金額はおよそいくらか、次の中から1つ選び、記号で答えなさい。

ア 1,000円
イ 10,000円
ウ 180,000円
エ 800,000円

問4 下線部③の内容として正しいものを次の中から1つ選び、記号で答えなさい。

ア 通信障害による事故。
イ ネット詐欺による事故。
ウ 歩きスマホによる事故。
エ 個人情報漏えいによる事故。

問5 読者に対する筆者の助言を次の中から1つ選び、記号で答えなさい。

ア Respect different foods.
イ Learn its rules before going to a foreign country.
ウ Be careful when you are crossing the street.
エ Study foreign languages.

次の対話文とウェブサイトの情報を読んで、あとの問いに答えなさい。

【Part 1 】

Asami: Do you like animals?

Steve: Yes, but why?

Asami: Our city has a nice zoo, Midori Zoo. Why don't we go there next Wednesday?

Steve: Sounds nice, but we have school on weekdays. (　A　)

Asami: No. That day is our school *foundation day, so we don't have school.

Steve: Oh, right! Then, let's go there on that day.

Asami: Good. I will show you the English website of the zoo.

*Asami shows Steve her smartphone *screen.*

Asami: Look at this.

Steve: Oh, I want to try this *feeding experience! Lions are my favorite.

Asami: OK. Then, we have to change the schedule. (　B　)

Steve: Sure. How can we get there?

Asami: By train. We take the train at Wakaba Station and get off at Midori Station. It takes thirty-five minutes.

Steve: I see. What time shall we meet?

Asami: The zoo opens at ten in the morning, so how about at nine twenty at Wakaba Station?

Steve: OK. Oh, I'm so excited!

（注）　*foundation day　創立記念日　　*screen　画面　　*feeding　エサやり

<u>WELCOME TO THE WEBSITE OF MIDORI ZOO!</u>

Visit Midori Zoo and enjoy meeting your favorite animals!

Opening hours
· We are open between 10:00 and 17:00.
· How to visit:
  Get off at Midori Station and you'll see the *entrance in front of the station.

*Fee
· Adults（13 years old and older）　：¥600
· Children（*Aged between 7 and 12）：¥300
※Children under 6 years old are *free of charge.

The hot event: Feeding experience
· I'm the largest lion in this zoo.　Why don't you try to give me some food on Saturdays and Sundays?
· I may look scary to some of you – but don't worry; if you follow a zookeeper, I won't *attack you!
· For more information, click <u>here</u>!

（注）　　*entrance　入口　　　*fee　入場料　　　*aged～　～歳の
　　　　　*free of charge　　無料　　　*attack　襲う、攻撃する

問1　(　A 　),(　B 　) に入る文を次の中から1つ選び、記号で答えなさい。
（A）
ア　Do you think we can go there?　　イ　Do you have any plans?
ウ　Do you know how to get there?　　エ　Do you mean we will go there after school?
（B）
ア　Can we go there next Monday?　　イ　Can we go there next Wednesday?
ウ　Can we go there next Friday?　　エ　Can we go there next Saturday?

問2　次の質問の答えとして正しいものを1つ選び、記号で答えなさい。
1　How long is the zoo open?
ア　Five hours.　　イ　Seven hours.　　ウ　Ten hours.　　エ　Twenty-four hours.

2　Where is the zoo?
ア　Ten-minute walk from Midori Station.
イ　Near Midori Station.
ウ　Near Wakaba Station.
エ　Between Midori Station and Wakaba Station.

3　Who will be with Steve when he feeds the lion?
ア　Asami.　　イ　A koala.　　ウ　Nobody.　　エ　A zookeeper.

【Part 2】

問1 次の英文は、Asami から Steve に宛てたメールです。（ 1 ）～（ 3 ）に入る語を
Part 1 のウェブサイトの情報から抜き出しなさい。

Hi Steve,

　We had a great day, didn't we? <u>How did you feel when you were feeding the lion?</u>
The lion was the（ 1 ）and looked（ 2 ）. I like koalas the best.
　We didn't have much time to enjoy the zoo because I had to go back home to look after
my little sister. I feel sorry for that. If you want to go there again, <u>can I take my sister with</u>
<u>me?</u> She loves animals. She is only five years old, so she can go（ 3 ）of charge.
　Now, I know you like lions best. <u>Why do you like them?</u> <u>Do you have any other animals</u>
<u>you like?</u> I will find a zoo which keeps the animals you like.
　Thank you for coming with me today.

Best wishes,
Asami

問2 以下は、Asami への返信メールです。□の中に、下線部の答えとなる英文を入れた
メールを完成させなさい。

Hi Asami,

Thank you for taking me to the nice zoo. I really enjoyed it.

Thanks,
Steve

　これから問題Ａと問題Ｂの２つの種類のリスニング問題を行います。

　放送をよく聞き、答えはすべて記号で答えなさい。

［問題Ａ］

　問題ＡはNo. 1 ～ No. 3 まであります。それぞれ英文と、その内容についての英語の質問を２回ずつ読みます。質問に対する答えとして最も適切なものをア～エの中から１つずつ選び、その記号を解答欄に書きなさい。では、はじめます。

No. 1　＞Kevin has four pets.　He has a large dog and three small cats.　His dog is white, and his cats are black.　（３秒）

　　Question　（１秒）　**Which picture shows Kevin's pets?**　＜

（３秒）くり返します。（＞～＜）（３秒）

No. 2　＞Yuko is a high school student, and she is a fast runner. A sports festival was held at her school last Saturday. Yuko's father was too busy to come on the day, so her mother took a video of her running. Her father enjoyed it after he came home.

　　（３秒）

　　Question　（１秒）　What did Yuko's father do last Saturday?　＜

（３秒）くり返します。（＞～＜）（３秒）

No. 3　＞Mr. Smith teaches English at a high school in Japan. He is from Australia. He couldn't speak Japanese when he came to Japan, so he went to a Japanese-language school and studied there for three years. He is now a good Japanese speaker.

　　（３秒）

　　Question　（１秒）　**Where did Mr. Smith study Japanese?**　＜

（３秒）くり返します。（＞～＜）（５秒）

問題 B は 2 人の生徒の対話文と、その内容についての英語の質問を 2 回ずつ読みます。質問に対する答えとして最も適切なものをア〜エの中から 1 つずつ選び、その記号を解答欄に書きなさい。では、はじめめます。

>

Kenji: How was today's math test, Anne?

Anne: It was difficult. How about you, Kenji?

Kenji: I think it was difficult, too.

Anne: Oh, you are good at math, aren't you?

Kenji: Yes, I am. But today's test was not easy for me. By the way, are you interested in doing volunteer work?

Anne: Yes, I am, but why?

Kenji: Hikari Elementary School needs some volunteers. Why don't we try?

Anne: What will we do?

Kenji: We will take care of children after school. Someone must be with them until their parents come back from work.

Anne: I see. But I practice volleyball every Tuesday and Thursday.

Kenji: That's no problem. You can do it when you are free.

Anne: Good. I'd like to. What should we do first?

Kenji: We should call the school first.

Anne: OK! I'm really looking forward to seeing them.

Kenji: Me, too!

Question No. 1 How do Kenji and Anne feel about the math test? （3秒）

Question No. 2 What are Kenji and Anne going to do in the volunteer activity? （3秒）

Question No. 3 What do Kenji and Anne need to do? ＜

（3秒）くり返します。（＞〜＜）（3秒）

これでリスニングテストを終わります。

【数　学】（50分）〈満点：100点〉

1 次の計算をしなさい。

(1)　$-3^2+(-5)^2\times0.2$

(2)　$\left(\dfrac{1}{3}xy\right)^2\div\left(-\dfrac{2}{3}x\right)^2\times12y^2$

(3)　$\dfrac{x-3y}{2}-\dfrac{x+3y}{6}$

(4)　$\sqrt{32}-\dfrac{3}{\sqrt{18}}-2\sqrt{2}$

2 次の問いに答えなさい。

(1) 等式 $\frac{1}{3}(2x-3y)+\frac{5}{6}(y-3)=0$ を y について解きなさい。

(2) 2023^2-2022^2 を計算しなさい。

(3) $a=\frac{1}{9}$，$b=28$ のとき，ab^2-64a の値を求めなさい。

(4) 当たりくじ 3 本とはずれくじ 2 本が入った袋の中から，同時に 2 本のくじを引くとき，2 本とも当たりくじである確率を求めなさい。

(5) ある中学校の生徒 15 人が，バスケットボールのフリースローを 10 回ずつ行った。下の資料は，そのときのボールの入った回数を記録したものである。この資料についての説明で正しいものを，次の ア から エ の中から 1 つ選び，記号で答えなさい。

資料 ボールの入った回数 (回)

4	3	8	4	6
2	2	4	3	4
3	2	3	2	4

ア ボールの入った回数の，範囲は 5 回である。
イ ボールの入った回数の，最頻値は 3 回である。
ウ ボールの入った回数の，中央値は 3 回である。
エ ボールの入った回数の，平均値は 5 回である。

(6) ある正の数 x を 2 乗しなければならないところを，間違えて 2 倍したため答えが 24 小さくなった。この正の数 x の値を求めなさい。

3 下の図において，直線 l は $y=x+4$，直線 m は $y=-\dfrac{1}{2}x+7$ のグラフである。

直線 l と直線 m の交点を A，直線 l と y 軸の交点を B とする。また，四角形 BODC が長方形になるように直線 m 上に点 C，x 軸上に点 D をとる。このとき，次の問いに答えなさい。

(1)　点 A の座標を求めなさい。

(2)　△ABC と長方形 BODC の面積比を最も簡単な整数の比で求めなさい。

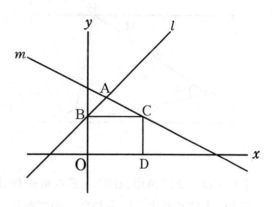

4 下の図において，直線 l は $y=3x+7$，放物線 m は $y=ax^2$ のグラフである。直線 l と放物線 m の交点のうち x 座標が -2 である点を A とする。また，直線 l と y 軸の交点を B とし，放物線 m 上に x 座標が 6 となる点 C をとる。このとき，次の問いに答えなさい。

(1)　a の値を求めなさい。

(2)　四角形 ABCD が平行四辺形になるように点 D をとる。原点 O を通り，四角形 ABCD の面積を 2 等分する直線の式を求めなさい。

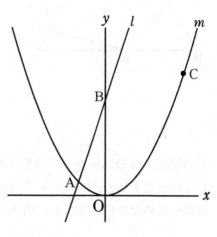

5 次の問いに答えなさい。

(1) 下の図は，$l /\!/ m$ であり，AB＝AC の二等辺三角形 ABC である。頂点 B が l 上，頂点 C が m 上にあるとき，∠x の大きさを求めなさい。

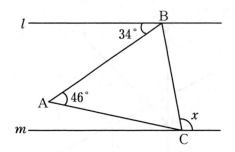

(2) 下の図は，正三角形 ABC と正六角形 DEFGHI を，点 A が辺 DI 上に，点 F が辺 BC 上にくるように重ねたものである。∠BFE＝46° のとき，∠x の大きさを求めなさい。

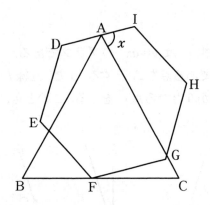

6 下の図は，線分 AB を AC と CB の 2 つの線分に分け，それぞれの線分を直径として作った半円 O_1 と半円 O_2 である。AB＝12 cm のとき，弧 AC と弧 CB の長さの和を求めなさい。ただし，円周率は π とする。

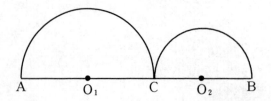

7 下の図1のように，1辺の長さが12 cmの立方体 ABCD−EFGH の容器に，水面が頂点 B，E，G を通る平面となるように水を入れた。次に，この容器を水平な台の上に置いたところ，図2のようになった。このとき，次の問いに答えなさい。

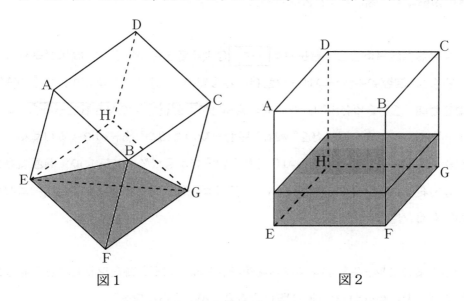

図1　　　　　　　　　図2

(1) 三角錐 F−BEG の体積を求めなさい。

(2) 図2において，容器の底面から水面までの高さを求めなさい。

8 1個 70 円のお菓子 A と，1個 40 円のお菓子 B がある。お菓子 A は 11 個以上買うと 1 個 50 円で買うことができる。お菓子 A，B をそれぞれ何個か買って，代金の合計がちょうど 900 円になるようにすることを考える。

次の ア から オ に当てはまる数をそれぞれ求めなさい。ただし，消費税は考えないものとし，お菓子 A とお菓子 B はそれぞれ 1 個以上買うものとする。

お菓子 A は 10 個以下で，お菓子を全部で 18 個買うとき，お菓子 A は ア 個，お菓子 B は イ 個買える。

お菓子 A を 11 個以上買うとき，お菓子は全部で ウ 個買える。

お菓子の個数が最も多くなるように買うとき，お菓子 A は エ 個，お菓子 B は オ 個買える。

1　次の文章を読んで、後の問いに答えなさい。

　新聞の方が雑誌よりいい。街中より　A　の方が場所としていい。最初は歩くより走る方がいい。何度もトライしなくてはならないだろう。ちょっとしたコツがいるが、つかむのは易しい。小さな子どもでも楽しめる。1一度成功すると面倒は少ない。鳥が近づきすぎることはめったにない。ただ、雨はすぐしみ込む。多すぎる人がこれをいっせいにやると面倒がおきる。ひとつについてがかなりのスペースがいる。面倒がなければ、のどかなものである。石はアンカーがわりに使える。ゆるんでものがとれたりすると、それで終わりである。

　言葉としてはわかるのですが、ちんぷんかんぷんですね。文法や単語でわからないものはありません。でも、わかりません。「何の話」かがわからないからです。

　ここで、この話は「凧を作って揚げる」ことについてなのだ、と言われると、とたんにすべてが氷解しませんか。なぜ「最初は歩くより走る方がいい」のか見当もつきませんでしたが、「ああ、凧を揚げるときに走るあのことなのか」と①ナットクがいきます。揚がるまでが大変ですが、いちど揚がってしまえば後は歩く必要すらありません。また「ひとつについてがかなりのスペースがいる」というのは「他の凧と②ショウトツしたり糸が絡まったりしないように」なのだな、とこれも簡単に了解できます。

　この簡単な実験をもとに考えていきましょう。

　まず、何の話がわからなければ、話はわからない、ということからです。これは、なぜでしょう。この問を逆にすると、わかりやすいかも知れません。何の話かわかると、私たちはなぜわかるようになるのでしょう。

　この文章の場合、私たちに知らされたのは「凧を作って揚げる」ということだけです。「凧を作って揚げる」という言葉に含まれている情報だけで、文章がわかるようになったのでしょうか。そうではありません。凧に関する種々の知識があらかじめ私たちに存在しており、その知識が使われて、わかることができたのです。

　2そのように疑問のある方は、凧に関する知識がない人に「凧」に関する話だと③示唆したただけで、この文章をわかるようになるかどうかを想像してみて下さい。風が弱いときには走って揚げなければならないことを知らなければ「最初は歩くより走る方がいい」というこ

とがわかるわけはないでしょう。上空の方が風が強いせいでしょうか、凧は一度揚がるとあとは比較的楽です。このことを知らないで「一度成功すると面倒は少ない」ということがわかるでしょうか。

何の話かがわかると、私たちは、それまでちんぷんかんぷんだった文章が、わかるようになります。それは、凧に関する知識が文章を処理する際に使われるからです。（中略）凧に関する知識が、「凧を揚げる『最初』の段階」と「　Ｂ　」という部分間に関連をつけるのです。「一度成功する（揚がる）と」という部分と「面倒は少ない」という部分についても同様のことが行われています。

この文章の場合には、「凧に関する知識」ですが、一般的にこのように、あることがらに関する、私たちの中に既に存在しているひとまとまりの知識を、心理学、とくに認知心理学では「③スキーマ」と呼びます。

すなわち、何の話が示唆されると、どの「スキーマ」を使えばよいかがわかるので、それを使って文章を処理していけるというわけです。　Ｃ　「何の話かがわからなければ、話がわからない」のは、どの「スキーマ」を使っていいかがわからないためなのです。

「スキーマ」は「私たちの中に既に存在しているひとまとまりの知識」であると述べました。ここで「凧のスキーマ」は、私たちの中に既に存在しているはずなのに、なぜ、あの訳のわからない文章を読んだときにすぐに使えなかったのか、疑問に思う人がいるかも知れません。使えてもよいではないかというわけです。

それに対しては、そんなものなのだ、というしかないようなところがありますが、ちょっとだけ説明を試みてみましょう。

私たちの頭の中には、④モウレツに大量の知識が存在しています。自然科学のこと、ファッションのこと、文学のこと、家庭電化製品のこと、動物のことなどなどです。

ある心理学者たちは、「４１００を知っているか」と問われて、人はなぜかくも早く「知らない」と答えられるのだろうか、ということに疑問を抱き、一群の面白い研究をしています。頭の中を片っ端からスキャンして、その結果、そのような知識が存在しなかったという意味で、「知らない」と答えるのであれば、一つの間に「知らない」と答えられるまでに、何週間もかかるだろうと考えたからです。

そのくらい私たちの所持している知識は⑤膨大なものです。　Ｃ　それらを一時に全部使うことなど到底できません。一時に意識することなど不可能です。そのため、ある一部のひとまとまりの知識を持ちだしてきては使う、というのが、私たちのやり方なのです。その場に応じてある部分の知識を持ちだしてくること、または、全体の知識の一部分にスポット

ライトを当てて使えるようにすることを「活性化」と呼びます。記憶の、ある領域を事前に活性化しておくと、その部分の反応が早くなるという「プライミング」などと呼ばれる実験の分野が心理学にあったりもします。

「何の話」かといった語の内容に関する指示や示唆は、ある「スキーマ」を「活性化」させます。風の話だと知らされることで、風の「スキーマ」が「活性化」され、その結果、読み手を文章の処理に向かわせることになるのです。

「何の話かわからないと、文章がわからない」というように、ここまで「何の話」という言葉を使ってきましたが、これを認知心理学では「文脈」と呼びます。

文脈を一般的な辞書で引くと「文中での語の意味の続きぐあい。文章の中での文と文との続きぐあい。比喩的に、筋道・背景などの意にも使う」(『広辞苑』第5版)とあります。「文脈」には「文」の字が入っていますが、文や文章の領域を超えて、比喩的にもうすこし広い意味で使われているわけです。

また、辞書の説明には、「文脈」は「文と文との続きぐあい」であるというように、「もの」と「もの」との「続きぐあい」であるとあります。ただ、「続きぐあい」を考えていくには、それらの「もの」が「続く」ための「背景・状況」が必要です。

そこで、こう言い換えた方がいいかも知れません。「もの」と「もの」とが、続くことが可能なのは、前の「もの」と後ろの「もの」とが、同じ「背景・状況」を共有しているからに他なりません。ですから、認知心理学のように、文脈とは「物事・情報などが埋め込まれている背景・状況」なのだと考えた方がよいだろうと思います。その「背景・状況」によって「続きぐあい」が生じると考えた方が、より一般性を持つと思うからです。

　（中略）

先ほどの文章について、訳がわからなかったのは、「文脈」がわからず、 C 「スキーマ」の発動のしようがなかったからです。それに対して、「凧を作って揚げる」という D を示されると、私たちは無意識に、ほぼ自動的に、凧に関する「 E 」を「 F 」して、文章の処理に当たり、その結果、部分間に関連がつき、わかるようになるのです。

（　西林　克彦『わかったつもり　読解力がつかない本当の原因』による。一部改訂。　）

　　　注　アンカー　おもり。

問一　――線部①②④のカタカナに当たる漢字を楷書で書き、③⑤の漢字の読みをひらがなで答えなさい。

問二　空欄　A　に入る語として最も適切なものを次の中から一つ選び、記号で答えなさい。

ア　空中　イ　教室　ウ　海岸　エ　屋上

問三　——線部1「一度成功すると面倒は少ない」とありますが、これはどのようなことですか。「風」という語を用いて、解答欄に合うように二十字以内で答えなさい。

問四　——線部2「そのこと」の内容を、解答欄に合うように三十字以内で答えなさい。

問五　空欄　B　に入る内容を、本文中から六字で抜き出して答えなさい。

問六　——線部3「スキーマ」とありますが、「スキーマ」に関する事例を示すものとして適切でないものを次の中から一つ選び、記号で答えなさい。

ア　友人との会話で流行りのアイドルの話になり、その時は誰のことかわからなかったが、動画でそのアイドルを検索して知識を得たので、後日同じ話題で盛り上がることができた。

イ　数学の授業中は、何の単元かがわかっていて問題を解くため正解に到達するのだが、テストではその問題が何の公式を使えばいいかわからずに解く前に固まってしまう。

ウ　トイレの男女の表示が、国が変わっても説明なく受け入れられるのは、男性は青系で女性は赤系、男性はズボンの形で女性はスカートの形という、世界的な共通認識を持っているためである。

エ　「ふわふわしている」「白い」ということヒントではわからなかったクイズが、「長い耳を持つ」や「小さな動物」ということヒントで「うさぎ」という答えが頭に浮かんだ。

問七　空欄　Ｃ　に共通して入る語として最も適切なものを次の中から一つ選び、記号で答えなさい。

　　ア　したがって　　イ　さて　　ウ　しかし　　エ　つまり　　オ　もし

問八　――線部4「『○○を知っているか』と問われて、人はなぜかくも早く『知らない』と答えられるのだろうか」とありますが、この部分について話している対話文の空欄に当てはまる内容として、最も適切なものを後の選択肢の中から一つ選び、記号で答えなさい。

生徒Ａ　確かにそうだよね。どうしてだろう。
生徒Ｂ　ものすごい量の知識を一つ一つチェックするだけでも、相当時間がかかるはずなのにって書いてあるね。
生徒Ｃ　多分、私たちの意識が知識の宇宙の中で迷子になってしまうからじゃないかな。
生徒Ａ　どういうこと？
生徒Ｃ　もしかすると、「知っている」かもしれないけれど、（　　　）ということじゃないかと思うんだ。
生徒Ｂ　あ、そういうこと、あるよ。
生徒Ａ　どういうこと？
生徒Ｂ　誰かの名前を聞かれて、その時はその人のことを言っているとは思わなかったんだけれど、別の時に別の場面でまた同じ人の名前を聞かれて、その時はなぜかはっきりとその人のことだって分かって名前を答えられたっていうことであるんだ。
生徒Ａ　そうか。考えてみるとそういうこと、私にもあるかも。筆者の考え方で言うと、自分が知っている知識と今目の前で問われていることが、上手く結びつかなかっただけだってことだよね。

　　ア　その時はあえて答えなかった
　　イ　その人には教えたくなかった
　　ウ　とりわけ言うほどの知識がなかった
　　エ　たまたまその時には気づかなかった

問九　——線部5「広い意味」を説明した部分を本文中から二十一字で探し、最初の五字を抜き出して答えなさい。

問十　空欄　D　・　E　・　F　に当てはまる語句を、それぞれ本文中から抜き出して答えなさい。ただし、Dは二字、Eは四字、Fは三字で答えなさい。

一 次の文章を読んで、後の問いに答えなさい。

名前をつけることには、どのような意味があるのでしょうか。他者と区別するためという目的が第一義でしょうが、1名前には番号とは違う文化があります。親が子どもに贈る最初のプレゼントは、名前だと言いますよね。子どもの名前には、お父さま、お母さまたちの夢や願いが込められているのです。名前は愛のことばであると、私はそう思います。

都が近畿にあった頃、2東国は「あづま」と呼ばれていました。『古事記』（中巻・景行天皇）は、「あづま」の語源を「吾（あ）が妻（づま）」だとしています。ヤマトタケルが東国を征服する際、相模の海で妻のオトタチバナヒメを失います。妻は夫の身を救うために自ら海神に身を捧げ、海に沈んでいったのです。ヤマトタケルは使命を果たし、東国を後にするとき、足柄峠に立って、三度ため息をついて「吾妻はや」（私の妻よ、ああ）とつぶやきます。妻の死を悼み、悲しんだのです。そのことばが「あづま」という地名になったと『古事記』は語ります。本当は九州の「さつま」に対応し、東の端（つま）という意味だったというのが、合理的な理解なのかもしれませんが、いつしかこのような語源説が生まれたのです。その背景には、防人などの任務を担って東国を離れる人たちが、このことばをつぶやき、家族や愛する人たちとの別れを悲しんできた歴史があったと言われています。愛する人との別れの歴史がこの語源説を生み、伝えて来たのです。そう考えると、東国の端として「あづま」を認識する人と、愛する人を呼ぶことばと認識する人とでは、人生そのものが違ってきます。語源としてどちらが正しいかよりも、3土地が経てきた歴史としては、後者のほうがむしろ重要なのではないでしょうか。

名前をめぐる物語は、土地だけではありません。秋を代表する花の「藤袴（ふじばかま）」を例にとってみましょう。この花の漢名は「蘭（らん）」です。中国では「蘭」と呼ばれていた花が、日本ではなぜ「藤袴」と呼ばれるようになったのでしょうか？ 4花弁の色とかたちがその合理的な理由を私たちに教えてくれますが、古典文学には5もっと豊かな想像をはたらかせた解釈が存在していたのです。

昔、紫蘭男というもの、夫婦たりき。男女共に、そのかたち優れたりき。夜々枕を並ぶること、年月をおくれども、男いつくしみ来たりといふことを知らず。ある時、この男、女に語りていはく、「6ここに来たること、今宵ばかりなり」と、女7いといたかなしと思へり。男、あしたに帰るとて、前栽のもとに袴をかけ置きていにけり。かの袴の紋に藤を織れりけり。そのひひくしくとどまるを、形見になんしける。袴かけたりける草は、蘭な

2023東京家政大附女子高校(22)

りければ、この同じ縁によりて、この草を藤袴と云々。

『大江広貞注』

（昔、紫蘭男という者が、夫婦で暮らしていた。男女ともに容貌が優れていた。夜な夜な枕を並べて寝て、年月をおくってきたけれども、男がどこから来た人なのか女は知らなかった。ある時、この男が女に語って言うには「ここに来るのも今夜が最後です」と。女はとても悲しんだ。男は朝家を出ていくときに、庭の植え込みに袴を懸けていった。その袴には藤の刺繍を施してあった。その香りが長くとどまっていたのを、夫の形見として妻は愛おしんだ。袴を懸けた草は蘭なので、この縁によって、この草を藤袴と呼ぶようになったという。）

燕（えん）打たれて死す。彼の妻、深く悲しみて、彼の死にたる所の野を尋ねて歩くに、我が織りて着せぬる藤袴の紫に染むるがありけるを見て、男の死ぬる所を見知る。かの袴を取りて、家に帰りて、廟（びょう）を築きて、袴を埋めり。その墓より蘭生ひたり。怪しみて掘りて見れば、埋めたる袴より蘭生ひ通れり。すなはち、藤袴と号す。

『弘安十年本古今集歌注』

（燕王が打たれて殺された。彼の妻は深く悲しんで、彼が死んだという野にでかけて歩いていると、私が織って着せた藤袴が紫色に染まって落ちていたのを見て、夫が死んだ場所を知った。その袴を取って、家に帰って、廟を作り、袴を埋めた。すると、その墓から蘭が生えてきた。不思議に思って掘ってみると、埋めた袴から蘭が生えて貫通していた。それで、蘭を藤袴と呼ぶようになったのだ。）

『古今和歌集』の注釈書からの引用です。藤の刺繍を施したり、藤色に染めてあったりした袴をはいていた愛する男がいなくなり、その袴が形見となってしまいます。そして、その袴が蘭の花の上に懸けられていたり、埋葬した袴から蘭が生えてきたりしたことから、蘭を藤袴と呼ぶようになったという解釈です。愛する人の死や別れと深く関わっていることに注目したいと思います。

『8 源氏物語』には藤袴巻という巻がありますが、その巻名の由来も、やはり大宮の喪中の場面です。

かかることにとや、思ひ寄りけむ。蘭の花のいとおもしろきを持たまくりけるを、注3 御簾（みす）のつまよりさし入れて、「これも御覧ずべきゆゑはありけり」とて、とみにも許さ

で持たまくれば、うつたくに思ひを寄らで取りたまふ御袖を引き動かしたり。

　同じ野の露にやつるる藤袴あはれはかけよかことばかりも

（『源氏物語』藤袴巻）

（夕霧は、このような機会にとでも思ったのであろうか、蘭の花のたいそう美しいのを持っていらっしゃったが、御簾の端から差し入れて、「この花も御覧になる理由のあるものです」といって、すぐには離さず持っていらっしゃったので、急には思いつかずかがんだお袖を引いて動かした。

夕霧　あなたと同じ野の露に濡れて萎れている藤袴です。やさしいことばをかけてください。ほんの申し訳にでも）

　祖母の大宮の［注4］喪に服する玉鬘のもとに夕霧が訪れ、求愛する場面です。夕霧も大宮の孫なので、二人はいとこ同士です。10 夕霧は、バラの花ならぬ、蘭の花を贈ります。なぜ蘭の花なのでしょうか。その理由を知る鍵は和歌にあります。和歌の中では、蘭の花は「藤袴」と表現されています。作者は、地の文と和歌で、同じ花なのに名前を使い分けているのですね。この和歌には、二首の［注5］典拠があります。

　紫のひともとゆゑに武蔵野の草はみながらあはれとぞ見る

（『古今和歌集』雑上・八六七・在原業平）

（愛する紫草の一本が生えているために、武蔵野の草は全て愛おしいと思って見ることよ）

　　　父が思ひにて詠める（父の死を悼む歌）
　藤衣はつるる糸はわび人の涙の玉の緒とぞなりける

（『古今和歌集』哀傷・八四一・壬生忠岑）

（喪服のほつれた糸は、悲しんでいる私の涙の玉をつなぐ組となったことだ）

　「紫のひともとゆゑに」の歌以来、紫草は血縁を表す草となりました。藤袴も紫（藤）色の花なので、あの紫草のように、あなたと私は血縁なのだから、仲良くしましょうと言い寄っているのです。また、藤衣は喪服という意味です。「藤衣はつるる糸は」の歌は、喪服のほつれた糸がこぼれる涙の玉をつなぐ組に見えるという意味で、藤色とは喪服の色を意味しているのです。夕霧は、ともに祖母の死を悲しむ孫同士であることを手がかりに、玉鬘に近づこ

うとしたのです。

ここで、先の藤袴の古今注を思い出してください。どちらも愛する人の死や別れを悲しむ物語でした。藤袴の花の藤色が、喪服を表す色であることから、愛と死の物語が生まれたのです。

藤袴を蘭と呼ぶ人生と、愛する人の死を悼む物語を想起しつつ、藤袴と名付けて愛おしむ人生と、どちらを選ぶかと聞かれたら、11私は迷うことなく、後者を選びます。死は恐怖であり、悲しい出来事です。ただ、古典文学を読むと、多くの先人たちが死に向き合い、苦しみや悲しみと格闘し、乗り越えてきたことに気づかされます。悲しいのは、私だけではないのです。

（谷 知子 『古典のすすめ』による。一部改訂。 ）

注1 悼む　　　　　人の死を悲しみなげく。
注2 廟　　　　　　死者や霊をまつる建物。
注3 御簾　　　　　すだれ。
注4 喪に服す　　　亡くなった方の死を悼み、つつましく過ごすこと。
注5 典拠　　　　　出典。
注6 先の藤袴の古今注　　7～8ページの『大江広真注』と『弘安十年本古今集歌注』のこと。
注7 先人　　　　　昔の人。

問一 ──線部1「名前には番号とは違う、文化があります」とありますが、その説明として適切でないものを次の中から一つ選び、記号で答えなさい。

　ア　その名前には、記録に残らない数多くの人々の人生を読み取ることができる。

　イ　その名前には、いくつかの時代の多くの人々の生活が反映している。

　ウ　その名前には、長い期間にわたってたくさんの人たちの思いが込められている。

　エ　その名前には、数え切れない人々の一つ一つの顔が記録されている。

問二 ——線部2「東国は『あづま』と呼ばれていました」とありますが、その語源は二通りあると筆者は述べています。それぞれどのようなことか、解答欄に合うように二十字以上三十字以内で答えなさい。

問三 ——線部3「土地が経てきた歴史としては、後者のほうがむしろ重要なのではないでしょうか」とありますが、その理由として最も適切なものを次の中から一つ選び、記号で答えなさい。

ア 言葉の意味をきちんと解説したことになるから。
イ その土地に関わった人の思いに触れたことになるから。
ウ その土地の自然を正しく把握したことになるから。
エ 言葉の源となった事実を整理したことになるから。

問四 ——線部4「花弁の色とかたちがその合理的な理由を私たちに教えてくれます」とありますが、その説明として最も適切なものを次の中から一つ選び、記号で答えなさい。

ア 花は紫色をしていて、形は袴の両脚を入れる部分に似ている。
イ 花は富士山の色をしていて、形はお墓の飾りに似ている。
ウ 花は藤色をしていて、形は喪服の袖の部分に似ている。
エ 花は藍の花の色をしていて、形はくりぬいた星に似ている。

問五 ——線部5「もっと豊かな想像をはばたかせた解釈」とありますが、「燕王」のエピソードではどのような解釈がなされていますか。解答欄に合うように三十五字以内で説明しなさい。

問六 ――線部6「ここく来たること、今宵はかりなり」とありますが、その意味の説明として、最も適切なものを次の中から一つ選び、記号で答えなさい。

　ア　今日が初めての日のように感じます。

　イ　次からは別の場所で会いましょう。

　ウ　あなたとはもうお別れです。

　エ　私をもう嫌いになったのですね。

問七 ――線部7「いたく」のここでの意味を本文中から探し、抜き出して答えなさい。

問八 ――線部8「源氏物語」の作者を次の中から一つ選び、記号で答えなさい。

　ア　清少納言　　イ　紀貫之　　ウ　紫式部　　エ　兼好

問九 ――線部9「思ひ寄りけむ」を現代仮名遣いに直し、すべてひらがなで答えなさい。

問十一 ──線部10「夕霧は、バラの花ならぬ、蘭の花を贈ります」とありますが、夕霧が蘭の花を贈った理由として、最も適切なものを次の中から一つ選び、記号で答えなさい。

ア 和歌の内容によって「紫」は血縁を示す色となり、さらに喪服の色という意味も持つようになったことで、同じように祖母を悼む孫として親しくなりたい気持ちを示したかったから。

イ 「紫」には愛する人の死を悲しむという意味があり、喪服の色として用いられるようになったことで、祖母の死をともに悲しもうという思いを伝えられると感じたから。

ウ 和歌の中で、蘭の花を藤袴と表現することで、「紫」色を印象づけ、血縁や喪服を連想させることで、お互いが祖母の死を悲しむ孫同士であることを強調したかったから。

エ 「紫」は喪服のほつれた糸が涙をつなぐ紐の色を意味し、血縁を表す紫草の色でもあったことで、祖母の死を悼み、涙をいらえきれずにいる自分のつらさをわかってほしいと思っていたから。

問十二 ──線部11「私は迷うことなく、後者を選びます」とありますが、その理由として最も適切なものを次の中から一つ選び、記号で答えなさい。

ア 愛する人の死の恐怖を、物語にすることで乗り越えてきた先人たちに、尊敬の念を抱くから。

イ 愛する人の死を悲しみ、その喪に服すことで対象への愛を示す生き方に憧れているから。

ウ 愛する人の死と向き合い、苦しみを乗り越えていこうとする人生に共感するから。

エ 愛する人の死を悼む物語を、藤袴という名称にこめる発想は、自分にないものだから。

英語解答

1 問題A No. 1 エ No. 2 ウ
No. 3 エ

問題B No. 1 ウ No. 2 イ
No. 3 ア

2 問1 was named
問2 interested in
問3 have〔ask〕 問4 Don't

3 問1 ウ 問2 エ 問3 イ
問4 ク

4 問1 tell me what you want to learn
問2 saw a cat sleeping on the red
roof
問3 The boy I met yesterday was
問4 was playing the video game
when I came

5 問1 エ 問2 エ 問3 エ
問4 ウ 問5 イ

6【Part 1】
問1 (A)…エ (B)…エ

問2 1…イ 2…イ 3…エ
【Part 2】
問1 (1) largest (2) scary
(3) free

問2 (例) It was my first time to
feed the lion, so I was very
excited. I didn't feel scared at
all, because the zookeeper was
with me. Koalas are cute, but
they are not exciting. I want
to be strong like lions. I also
like white bears. The website
says the zoo keeps them. I'm
sure I will feel excited to see
them. It will be nice to go to
a zoo with someone who loves
animals. You must take your
sister with you when we go to
the zoo again.

1〔放送問題〕解説省略

2〔書き換え―適語補充〕

問1.「私たちはそのイヌをシロと名付けた」→「そのイヌは私たちにシロと名付けられた」 'be動詞＋過去分詞' の受け身形にする。過去の文で主語が単数なので，be動詞は was。

問2.「日本史は私にとっておもしろい」→「私は日本史に興味がある」 be interested in ～「～に興味がある」

問3.「お名前は何ですか」→「お名前をお伺いしてもよろしいですか」 May I have〔ask〕your name? は，人に名前を尋ねるときの定型表現。

問4.「ここで日本語を話してはいけません」 You must not ～「～してはいけない」は，'Don't ＋動詞の原形' の否定の命令文に書き換えられる。

3〔対話文完成―適文選択〕

問1.「いつ部屋を掃除するの？」―ウ.「夕食後にやります」 when「いつ」で '時' を尋ねている。

問2.「なぜそんなに一生懸命英語を勉強するの？」―エ.「多くの国を訪れたいんです」 why「なぜ」で '理由' を尋ねている。

問3.「ジュースをもう少しもらってもいい？」―イ.「いいですよ。はい，どうぞ」 Can I ～？

は「〜してもいいですか」と許可を求める表現。　some more「もう少し」　Here you are.「はい，どうぞ」

問4．「どこで財布を買ったの？」─ク．「デパートで買いました」　where「どこで」で'場所'を尋ねている。

4 〔整序結合〕

問1．「(私に)何を学びたいか教える」は，'tell＋人＋物事'「〈人〉に〈物事〉を教える」の'物事'の部分に「何を学びたいか」という意味を表す間接疑問(疑問詞＋主語＋動詞)を置く。　Please tell me what you want to learn at this school.

問2．「赤い屋根の上で眠っているネコ」は，'名詞(a cat)＋現在分詞(sleeping)＋語句'の順に並べ，'現在分詞＋語句'が後ろから直前の名詞を修飾する形にする(現在分詞の形容詞的用法)。　I saw a cat sleeping on the red roof.

問3．「私が昨日会った少年」は，'名詞(the boy)＋主語(I)＋動詞(met)…'の順に並べ，'主語＋動詞…'が後ろから直前の名詞を修飾する形にする。このかたまりが文全体の主語となるので，この後に be動詞 was を続ける。　The boy I met yesterday was very tall.

問4．「ビデオゲームをしていた」は過去進行形(was/were＋〜ing)で表せる。「私が帰宅したとき」は'when＋主語＋動詞'の形で，文の後半に置く。　My brother was playing the video game when I came home.

5 〔長文読解総合─説明文〕

≪全訳≫■それぞれの国には独自のルールがあり，それらのいくつかは，あなたを驚かせるかもしれない。■タイでは，軍人だけが迷彩柄の服を着てもいいというルールがある。一般市民がこのルールを破れば，3か月から5年の間，刑務所に入ることになる。なぜそのようなルールがあるのだろうか。多くの人がその服装でデモに参加すると，誰が軍人か見分けることができないため，軍人がデモを統制するのが難しくなる。この理由から，そのようなルールを設けているのだ。■シンガポールでは，路上にゴミを捨てると，1000シンガポールドルを支払わなければならない。円ではいくらになるかご存じだろうか。約8万円だ！　また，チューインガムを販売すると警察に1万シンガポールドルを支払わなければならない。厳しすぎると思わないだろうか。しかし，人々が路上にチューインガムを捨てたら通りの掃除が大変になるので，彼らはこのルールが必要だと考えているのだ。日本では，チューインガムは多くのお店で売られているし，私たちがそれを持っていることも多い。チューインガムを売ることは，日本では悪いことではないが，シンガポールでは悪いことなのだ。だから，この国に行くときは気をつけよう。大金を失う可能性がある。■アメリカ合衆国のいくつかの都市には，私たちが驚くようなルールがある。例えばある都市では，通りを渡っているときにスマートフォンを使うと，警察に50ドルを支払うことになる。約6500円だ。あるいは，最長で15日間，刑務所に入ることになる。この都市では，2000年から2011年にかけて，1万人を超す人々が，通りでスマートフォンを使っているときにけがをした。この問題を解決するために，彼らはこのルールを設けることに決めたのだ。■世界には，多くのさまざまなルールがある。それらを知らずに海外に行くと，トラブルに巻き込まれるだろう。外国に行きたいなら，滞在を楽しむため，出国前にその国のルールを学ばなければならない。

問1＜英問英答＞「タイではなぜ，軍人だけが迷彩柄の服を着ることができるのか」─エ．「軍人が，

誰が軍人ではないか見分けることができるから」　第2段落最後から2文目参照。control の後の it は a demonstration を指す。ここでの tell は「〜がわかる，〜を見分ける」という意味。control「〜を統制する」

問2＜指示語＞下線部の it が何を指すのかが問われている。前に出ている内容で，too strict「厳しすぎる」と考えられる内容を探すと，直前の文の内容が該当する。なお，その前の3文で述べられているのは，路上にゴミを捨てると罰金が課されるという内容なのでアおよびイは不適切。

問3＜語句解釈＞下線部は，シンガポールではチューインガムを売ると1万シンガポールドルを支払わなければならないという話題について述べられている部分。同じ段落の第2，3文より，1000シンガポールドルは約8万円なので，1万シンガポールドルは約80万円になる。

問4＜語句解釈＞the problem「その問題」なので，この前を見る。直前の文に，路上でのスマートフォンの使用により多くのけが人が出ているという問題が挙げられている。

問5＜要旨把握＞筆者の助言は最終段落最終文にある。イ．「外国に行く前に，その国のルールを学びなさい」が，その内容に一致する。

6 〔長文読解総合〕

【Part 1】＜対話文＞≪全訳≫■アサミ（A）：あなたは動物が好き？■スティーブ（S）：うん，でもどうして？■A：私たちの市に，「ミドリ動物園」っていうすてきな動物園があるの。今度の水曜日に行かない？■S：いいね，でも平日は学校があるよね。(A)放課後に行くってこと？■A：いいえ。その日は私たちの学校の創立記念日だから，学校はないのよ。■S：あっ，そうだ！　じゃあ，その日に行こう。■A：よかった。動物園の英語のウェブサイトを見せるわ。■アサミはスティーブにスマートフォンの画面を見せる。■A：これを見て。■S：ああ，このエサやり体験をしてみたいな！ライオンは僕の一番お気に入りなんだ。■A：わかった。じゃあ，予定を変更しないとね。(B)今度の土曜日に行ける？■S：もちろん。どうやって行くの？■A：電車よ。ワカバ駅から電車に乗って，ミドリ駅で降りるの。35分かかるわ。■S：なるほど。何時に会う？■A：動物園は午前10時に開園するから，9時20分にワカバ駅でどうかな？■S：わかった。ああ，わくわくするなあ！

ミドリ動物園のウェブサイトへようこそ！／ミドリ動物園を訪れて，お気に入りの動物たちに会って楽しみましょう！／開園時間／・10時〜17時の間，開園しています。／・来園方法：ミドリ駅で降りると駅前に入口が見えます。／入場料／・大人（13歳以上）：600円／・子ども（7歳〜12歳）：300円／※6歳未満のお子様は無料です。／話題のイベント：エサやり体験／・僕はこの動物園で一番大きなライオンだよ。土曜日と日曜日に，僕にエサをあげてみない？／・君たちの中には，僕を怖いと思う人がいるかもしれないけど，心配しないで。飼育員に従ってやれば，僕は君たちを襲ったりしないよ！／・詳しくは，こちらをクリックしてね！

問1＜適文選択＞(A)アサミに水曜日に動物園に行こうと誘われたスティーブの返答。前後の流れに合うのは，放課後に行くのかと尋ねるエ。　　　(B)ライオンのエサやり体験に興味を持ったスティーブに対してアサミは「予定を変更しないと」と言っている。ウェブサイトより，ライオンのエサやりがあるのは土曜日と日曜日。予定していた水曜日では体験できないので，アサミは土曜日に行けるかと尋ねたのである。

問2＜英問英答＞1．「動物園はどのくらいの間，開園しているか」―イ．「7時間」　ウェブサイ

トの Opening hours の欄参照。開園時間は「10時から17時」である。　2．「動物園はどこにあるか」―イ．「ミドリ駅の近く」　ウェブサイトの Opening hours の欄参照。 in front of ～「～の正面に」　3．「スティーブがライオンのエサやりをするとき，誰がスティーブと一緒にいるか」―エ．「飼育員」　ウェブサイトの The hot event : Feeding experience の欄参照。2つ目の項目から，エサやりをするときは，飼育員に従うことがわかる。

【Part2】＜Eメール＞≪全訳≫こんにちは，スティーブ。／■今日は最高の一日だったね。ライオンにエサをやっているとき，どんな気持ちだった？　あのライオンは一番大きくて，怖そうだったわ。私はコアラが一番好きよ。■私は妹の面倒をみるために家に帰らなければならなかったから，動物園を楽しむ時間があまりなかったわね。申し訳ないわ。あなたがまたそこに行きたいなら，妹を連れていってもいい？　妹は動物が大好きなの。まだ5歳だから，無料で行けるわ。■ところで，あなたはライオンが一番好きだということは知っているわ。どうしてライオンが好きなの？　他に好きな動物はいる？　あなたの好きな動物がいる動物園を探しとくわね。■今日は一緒に来てくれてありがとう。／じゃあね。／アサミより

問1＜適語補充＞(1)・(2)ウェブサイトの The hot event: Feeding experience の欄参照。scary「恐ろしい，怖い」 'look＋形容詞'「～に見える」　(3)ウェブサイトの Fee の最後の文参照。

問2＜条件作文＞≪全訳≫やあ，アサミ。／すてきな動物園に連れていってくれてありがとう。本当に楽しかったよ。／(例)ライオンにエサをあげるのは初めてだったから，とてもわくわくしたよ。まったく怖くなかったよ。飼育員が一緒にいてくれたからね。／コアラはかわいいけど，わくわくしないな。僕はライオンのように強くなりたいんだ。／シロクマも好きだよ。ウェブサイトには，この動物園にはシロクマがいるって書いてあるんだ。それらを見たらきっとわくわくするだろうな。／動物が大好きな人と一緒に動物園に行くのは楽しいだろうね。また動物園に行くときは，ぜひ妹さんも連れてきてね。／ありがとう。／スティーブより

＜解説＞下線部の質問は，「ライオンにエサをやっているとき，どんな気持ちだったか」「妹を連れていってもいいか」「なぜライオンが好きなのか」「他に好きな動物はいるか」の4つ。1つ目の質問には，「わくわくした」や「怖かった」など，2つ目の質問には，「ぜひ連れてきて」「連れてきていい」など，3つ目の質問には，「ライオンはかっこいいから」「動物の中で最も強いと思うから」など，4つ目の質問には，「自分もコアラが好き」「他に好きな動物はいない」などの回答が考えられる。これら4種類の回答をすべて含む文を，自然な流れでつなげる。

数学解答

1 (1) -4　(2) $3y^4$　(3) $\dfrac{x-6y}{3}$

　(4) $\dfrac{3\sqrt{2}}{2}$

2 (1) $y=4x-15$　(2) 4045

　(3) 80　(4) $\dfrac{3}{10}$　(5) ウ

　(6) 6

3 (1) $(2,\ 6)$　(2) $1:4$

4 (1) $\dfrac{1}{4}$　(2) $y=\dfrac{5}{2}x$

5 (1) $101°$　(2) $74°$

6 6π cm

7 (1) 288cm^3　(2) 2 cm

8 ア…6　イ…12　ウ…19　エ…2
　オ…19

---

1 〔独立小問集合題〕

(1)＜数の計算＞与式＝$-9+25\times0.2=-9+5=-4$

(2)＜式の計算＞与式＝$\dfrac{1}{9}x^2y^2\div\dfrac{4}{9}x^2\times12y^2=\dfrac{x^2y^2}{9}\times\dfrac{9}{4x^2}\times12y^2=\dfrac{x^2y^2\times9\times12y^2}{9\times4x^2}=3y^4$

(3)＜式の計算＞与式＝$\dfrac{3(x-3y)-(x+3y)}{6}=\dfrac{3x-9y-x-3y}{6}=\dfrac{2x-12y}{6}=\dfrac{x-6y}{3}$

(4)＜数の計算＞与式＝$\sqrt{4^2\times2}-\dfrac{3}{\sqrt{3^2\times2}}-2\sqrt{2}=4\sqrt{2}-\dfrac{3}{3\sqrt{2}}-2\sqrt{2}=4\sqrt{2}-\dfrac{1}{\sqrt{2}}-2\sqrt{2}=4\sqrt{2}-\dfrac{1\times\sqrt{2}}{\sqrt{2}\times\sqrt{2}}$
$-2\sqrt{2}=\dfrac{8\sqrt{2}}{2}-\dfrac{\sqrt{2}}{2}-\dfrac{4\sqrt{2}}{2}=\dfrac{3\sqrt{2}}{2}$

2 〔独立小問集合題〕

(1)＜等式変形＞両辺に6をかけて，$2(2x-3y)+5(y-3)=0$，$4x-6y+5y-15=0$，$4x-y-15=0$，
　$4x$と-15を右辺に移項して，$-y=-4x+15$，両辺に-1をかけて，$y=4x-15$となる。

(2)＜数の計算＞与式＝$(2023+2022)(2023-2022)=4045\times1=4045$

(3)＜数の計算＞与式＝$a(b^2-64)=a(b^2-8^2)=a(b+8)(b-8)=\dfrac{1}{9}\times(28+8)\times(28-8)=\dfrac{1}{9}\times36\times20=$
80

(4)＜確率—くじ＞当たりくじ3本をA，B，C，はずれくじ2本をD，Eとする。この5本のくじから，同時に2本を引くときの引き方は，(A, B)，(A, C)，(A, D)，(A, E)，(B, C)，(B, D)，(B, E)，(C, D)，(C, E)，(D, E)の10通りある。このうち，2本とも当たりくじであるのは，下線をつけた3通りだから，求める確率は$\dfrac{3}{10}$である。

(5)＜データの活用＞ア…誤。ボールの入った回数の最小値は2回，最大値は8回だから，範囲は，$8-2=6$(回)である。　イ…誤。4回入った生徒が5人で最も多いから，最頻値は4回である。ウ…正。生徒15人のボールの入った回数なので，中央値は，小さい方から8番目の値である。ボールの入った回数は小さい順に，2，2，2，2，3，3，3，3，4，4，4，4，6，8となるから，8番目が3回より，中央値は3回である。　エ…誤。平均値は，$(2\times4+3\times4+4\times5+6+8)\div15=54\div15=3.6$(回)である。

(6)＜二次方程式の応用＞正の数xを2乗するところ，間違えて2倍して，24小さくなったので，2倍した値が2乗した値より24小さい。よって，$2x=x^2-24$が成り立つ。これを解くと，$x^2-2x-24=0$，$(x+4)(x-6)=0$　∴$x=-4$，6　$x>0$より，$x=6$となる。

3 〔関数―一次関数のグラフ〕

(1)<座標>右図で, 点Aは, 2直線 $y=x+4$, $y=-\dfrac{1}{2}x+7$ の交点である。

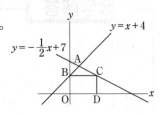

$x+4=-\dfrac{1}{2}x+7$ より, $2x+8=-x+14$, $3x=6$, $x=2$ となり, これを

$y=x+4$ に代入して, $y=2+4$, $y=6$ となるから, A$(2, 6)$ である。

(2)<面積比>右図で, 直線 $y=x+4$ の切片が4だから, 点Bの y 座標は

4である。四角形 BODC が長方形より, BC は x 軸に平行だから, 点

Cの y 座標も4である。点Cは直線 $y=-\dfrac{1}{2}x+7$ 上の点だから, $y=4$ を代入して, $4=-\dfrac{1}{2}x+7$ よ

り, $\dfrac{1}{2}x=3$, $x=6$ となり, 点Cの x 座標は6となる。これより, BC $=6$ である。△ABCは, 辺

BC を底辺と見ると, 2点A, Bの y 座標より, 高さは $6-4=2$ となる。よって, △ABC $=\dfrac{1}{2}\times 6$

$\times 2=6$ である。また, OB $=4$ だから, 〔長方形 BODC〕$=$OB$\times$BC$=4\times 6=24$ となる。したがって,

△ABC:〔長方形 BODC〕$=6:24=1:4$ である。

4 〔関数―関数 $y=ax^2$ と一次関数のグラフ〕

(1)<比例定数>右図で, 点Aは直線 $y=3x+7$ 上の点で, x 座標が -2 だか

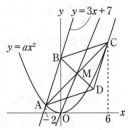

ら, $y=3\times(-2)+7=1$ より, A$(-2, 1)$ である。点Aは放物線 $y=ax^2$ 上

の点でもあるので, $x=-2$, $y=1$ を代入して, $1=a\times(-2)^2$ より, $a=\dfrac{1}{4}$

となる。

(2)<直線の式>右図で, 四角形 ABCD は平行四辺形だから, 2本の対角線

AC, BD の交点をMとすると, □ABCD は点Mについて対称な図形であ

る。よって, □ABCD の面積を2等分する直線は点Mを通る。(1)より, A$(-2, 1)$ である。また,

点Cは放物線 $y=\dfrac{1}{4}x^2$ 上の点で, x 座標が6だから, $y=\dfrac{1}{4}\times 6^2=9$ より, C$(6, 9)$ となる。点Mは

線分 AC の中点だから, x 座標は $\dfrac{(-2)+6}{2}=2$, y 座標は $\dfrac{1+9}{2}=5$ となり, M$(2, 5)$ である。し

たがって, 原点Oを通り, 四角形 ABCD の面積を2等分する直線は, 点Mを通ることより, 傾き

は $\dfrac{5}{2}$ となり, 求める直線の式は, $y=\dfrac{5}{2}x$ である。

5 〔独立小問集合題〕

(1)<平面図形―角度>右図1のように, 直線 l 上の点Bより左に点Dをと

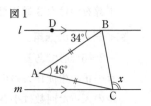

図1

る。△ABC は AB $=$ AC の二等辺三角形だから, ∠ABC $=$ ∠ACB $=(180°$

$-$ ∠BAC$)\div 2=(180°-46°)\div 2=67°$ となる。これより, ∠DBC $=$ ∠DBA

$+$ ∠ABC $=34°+67°=101°$ となる。よって, $l\parallel m$ より錯角が等しいの

で, ∠ $x=$ ∠DBC $=101°$ である。

(2)<平面図形―角度>右図2で, 辺 FG の延長と辺 AC の交点をJとする。

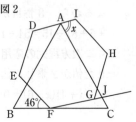

図2

正六角形 DEFGHI の内角の和は $180°\times(6-2)=720°$ だから, ∠EFG $=$

$720°\div 6=120°$ であり, ∠CFJ $=180°-$ ∠BFE $-$ ∠EFG $=180°-46°-120°$

$=14°$ となる。また, △ABC は正三角形だから, ∠FCJ $=60°$ である。

よって, △FCJ で内角と外角の関係より, ∠FJA $=$ ∠CFJ $+$ ∠FCJ $=14°$

$+60°=74°$ となる。DI$\parallel$FJ なので, 錯角より, ∠ $x=$ ∠FJA $=74°$ である。

6 〔平面図形―半円―長さ〕

右図のように，AC＝a(cm)，CB＝b(cm)とすると，AC＋CB＝AB
より，$a＋b＝12$ となる。$\overset{\frown}{AC}$，$\overset{\frown}{CB}$ は，線分 AC，線分 CB を直径とする
半円の弧だから，$\overset{\frown}{AC}＋\overset{\frown}{CB}＝\pi a \times \dfrac{1}{2}＋\pi b \times \dfrac{1}{2}＝\dfrac{1}{2}\pi a＋\dfrac{1}{2}\pi b＝\dfrac{1}{2}\pi(a$

$＋b)＝\dfrac{1}{2}\pi \times 12＝6\pi$ (cm)となる。

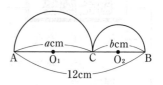

7 〔空間図形―立方体〕

(1)＜体積＞右図1で，BF⊥〔面 EFGH〕だから，
三角錐 F-BEG は，底面を△EFG，高さを
BF とする三角錐と見ることができる。よっ

て，三角錐 F-BEG の体積は，$\dfrac{1}{3} \times △EFG \times$

BF＝$\dfrac{1}{3} \times \dfrac{1}{2} \times 12 \times 12 \times 12＝288$(cm³)である。

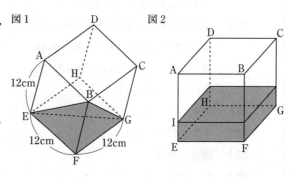

(2)＜長さ＞右図2で，容器を水平な台の上に置
いたので，水面は面 EFGH と平行になる。

水面と辺 AE の交点を I とすると，水の形は，底面を正方形 EFGH，高さを IE とする四角柱となる。
(1)より水の体積は288cm³なので，$12 \times 12 \times IE＝288$ が成り立ち，IE＝2 となる。よって，水面まで
の高さは，2 cm である。

8 〔数と式―一次方程式の応用〕

お菓子を全部で18個買うとき，1 個70円のお菓子Aを x 個とすると，1 個40円のお菓子Bは$18－x$
個となる。代金の合計がちょうど900円になることから，$70x＋40(18－x)＝900$ が成り立ち，$7x＋4(18$
$－x)＝90$，$7x＋72－4x＝90$，$3x＝18$，$x＝6$ となる。このとき，お菓子Aは 6 個，お菓子Bは$18－x＝$
$18－6＝12$(個)となり，お菓子Aは10個以下だから，適する。次に，お菓子Aを11個以上買うときを
考える。お菓子Aは 1 個50円となるので，お菓子Aを y 個，お菓子Bを z 個買うとすると，$50y＋40z$
$＝900$ が成り立ち，$5y＋4z＝90$ となる。y，z は整数だから，$5y$，90 が 5 の倍数より，$4z$ も 5 の倍
数となり，z は 5 の倍数である。$z＝5$ のとき，$5y＋20＝90$，$5y＝70$，$y＝14$ となり，$y≧11$ を満たす
ので適する。$z＝10$ のとき，$5y＋40＝90$，$5y＝50$，$y＝10$ となり，$y≧11$ を満たさないので適さない。
$z≧15$ のときも，同様に適さない。以上より，お菓子Aを11個以上買うとき，お菓子Aは14個，お菓
子Bは 5 個だから，全部で $14＋5＝19$(個)となる。また，お菓子の個数が最も多くなるようにすると
き，1 個の値段が安いお菓子Bを多くすることを考える。お菓子Aは少なくなるので，1 個の値段は
70円である。お菓子Aを a 個，お菓子Bを b 個とすると，$70a＋40b＝900$ が成り立ち，$7a＋4b＝90$
となる。$4b$，90 が 2 の倍数より，$7a$ も 2 の倍数となるから，a は 2 の倍数である。$a＝2$ のとき，14
$＋4b＝90$，$4b＝76$，$b＝19$ となる。お菓子Aが 2 個，お菓子Bが19個より，お菓子の個数は $2＋19＝$
21(個)となる。お菓子Aが11個以上のときの19個より多いので，お菓子の個数が最も多くなるとき，
お菓子Aは 2 個，お菓子Bは19個である。

国語解答

一 問一 ① 合点 ② 衝突 ③ しさ
④ 猛烈 ⑤ ぼうだい

問二 ウ

問三 凪は一度揚がってしまえば歩く必
要すらない[ということ。]

問四 [この話がわかるようになったの
は]私たちが凪に関する種々の知
識を持ち，その知識を使った(26
字)[からである。]

問五 走る方がいい 問六 ア

問七 ア 問八 エ

問九 物事・情報

問十 D 文脈 E スキーマ
F 活性化

二 問一 エ

問二 ・ヤマトタケルがなくなった妻に
焦がれて「私の妻よ」と言った
(28字)[こと。]
・九州の「さつま」に対応し，東
の端は「あづま」という意味だ
った(30字)[こと。]

問三 イ 問四 ア

問五 藤色の袴を着ていた夫がなくなり，
埋葬した袴から蘭が生えてきた
(30字)[ため，蘭を藤袴と呼ぶよ
うになったという解釈。]

問六 ウ 問七 とても 問八 ウ

問九 おもいよりけん 問十 ア

問十一 ウ

一 〔論説文の読解―芸術・文学・言語学的分野―言語〕出典；西林克彦『わかったつもり 読解力が
つかない本当の原因』。

≪**本文の概要**≫言葉としては理解できても，「何の話かがわからなければ，話がわからない」のは，
あらかじめ私たちの中に存在している，その物事に関する種々の知識が使われていないからである。
ある事柄に関する，私たちの中に既に存在しているひとまとまりの知識を，認知心理学では「スキー
マ」と呼ぶ。何の話かが示唆されると，どのスキーマを使えばよいかがわかるので，それを使って文
章を処理していけるのである。私たちの所持している膨大な知識は，一時に意識することはできない。
その場に応じてある部分の知識を持ち出してくることや，全体の知識の一部分にスポットライトを当
てて使えるようにすることを，活性化と呼ぶ。記憶のある領域を事前に活性化しておくと，その部分
の反応が早くなる。何の話かという指示や示唆は，あるスキーマを活性化させる。「何の話」という
ことを，認知心理学では「文脈」と呼ぶ。文脈とは，「物事・情報などが埋め込まれている背景・状
況」のことである。その背景，状況によって，物事の関連がわかるようになるのである。

問一＜漢字＞①理解，納得すること。 ②激しくぶつかり合うこと。 ③それとなく指し示すこ
と。 ④勢いが強く激しいこと。 ⑤非常に大きいこと。

問二＜文章内容＞凪を揚げるには，「街中」のような混み合った場所よりも，「海岸」のような広くて
人のまばらな場所の方がよい。

問三＜文章内容＞凪は，「いちど揚がってしまえば後は歩く必要すら」なくなる。このように，凪は，
一度揚げることに「成功」すると，その後は歩いたり走ったりするような「面倒」はほとんど必要
ない。

問四<指示語>「ちんぷんかんぷん」だった話がわかるようになったのは、この話が「凧を作って揚げる」ことについて述べている、ということがわかり、「あらかじめ私たちに存在」していた「凧に関する種々の知識」が使われたからである。

問五<文章内容>凧の話だということがわかると、私たちの中にあらかじめ存在している「凧に関する知識」が、「凧を揚げる『最初』の段階」という部分と「最初は歩くより走る方がいい」という部分を関連づけ、「一度成功する(揚がる)と」という部分と「面倒は少ない」という部分を関連づけて、話の内容が理解できるようになるのである。

問六<文章内容>「スキーマ」は、「あることがらに関する、私たちの中に既に存在しているひとまとまりの知識」のことである。友人との会話の後で得たアイドルの知識は、「スキーマ」に当たらない。

問七<接続語>「何の話か示唆される」と、スキーマを使って文章を処理していけるのであり、「何のはなしかがわからなければ、話がわからない」のは、どのスキーマを使えばいいか、わからないからである(…一つ目)。「私たちの所持している知識は膨大なもの」なので、「それらを一時に全部使うことなど到底でき」ない(…二つ目)。文章の意味が「ちんぷんかんぷん」だったのは、「文脈」がわからないので、「『スキーマ』の発動のしようがなかったから」である(…三つ目)。

問八<文章内容>何かを「知っているか」と問われて、すぐに「知らない」と答えてしまうことがあるのは、「私たちの意識が知識の宇宙の中で迷子になってしまう」ように、「自分が知っている知識と今目の前で問われていることとが、上手く結びつかな」いことがあるからである。

問九<文章内容>認知心理学でいう文脈とは、単なる「文章の中での文と文との続きぐあい」のことではなく、「『物事・情報などが埋め込まれている背景・状況』なのだと考え」るべきである。

問十<文章内容>冒頭の文章の意味が「ちんぷんかんぷん」で、「訳がわからなかった」のは、「文脈」がわからなくて「『スキーマ』の発動のしようがなかったから」である。だが、「凧を作って揚げる」話だという「文脈」を示されると(…D)、私たちは、無意識かつ自動的に凧に関する「ひとまとまりの知識」すなわち「スキーマ」を持ち出すことができる(…E)。そして私たちは、「活性化」して持ち出せるようになった知識によって「文章の処理」ができるようになり(…F)、文章の内容が理解できるようになる。

二 〔説明文の読解―芸術・文学・言語学的分野―言語〕出典；谷知子『古典のすすめ』。

問一<文章内容>名前は、我が子への両親の「夢や願い」を込めたり(ウ…○)、「愛する人の死や別れ」などの生活の様相と「深く関わって」いたり(イ…○)するものであり、名前を番号のように単なる「他者と区別するため」の記号として使う人と、その言葉が伴う歴史ごと認識する人とでは、「人生そのものが違って」くる(ア…○)。

問二<文章内容>「あづま」という地名の語源には、ヤマトタケルが妻のオトタチバナヒメの「死を悼み、悲しんだ」ときにつぶやいた「私の妻よ」という言葉が、その土地の地名になった、という説と、「九州の『さつま』に対応し、東の端(つま)という意味だった」という説の二通りがある。

問三<文章内容>「防人などの任務を担って東国を離れる人たち」が、ヤマトタケルが妻を慕って呼んだのと同様に「あづま」という言葉をつぶやき、「家族や愛する人たちとの別れを悲しんできた歴史」から考えると、「あづま」という地名は、ヤマトタケルがなき妻を慕ってつぶやいた「吾妻,

はや」という言葉から生じた，とする説の方が，語源の正しさ以上に重要である。

問四＜文章内容＞蘭のことを藤袴というのは，「花弁の色」が「藤」色で，「かたち」が「袴」に似ているからだ，という合理的な理由がある。

問五＜文章内容＞『弘安十年本古今集歌注』では，燕王の妻が，夫の死を悲しんで，夫が着ていた藤色の袴を埋めたところ，埋めた袴から蘭が生えてきた，という故事から，蘭を藤袴と呼ぶようになった，という解釈がなされている。

問六＜古文の内容理解＞男は，「ここへ来たること，今宵ばかりなり」と言って，女に別れを告げた。男との別れを悲しんだ女は，男が蘭の植え込みに懸け残していった藤の刺繍をした袴を，形見としていとおしんだ。

問七＜古語＞「いたし」は，甚だしい，という意味。男に別れを告げられた女は，「とても悲しんだ」のである。

問八＜文学史＞『源氏物語』は，平安時代に紫式部が書いたつくり物語。

問九＜歴史的仮名遣い＞歴史的仮名遣いの語頭以外のハ行は，現代仮名遣いでは原則として「わいうえお」となる。歴史的仮名遣いの助動詞の「けむ」は，現代仮名遣いでは音便化して「けん」となる。

問十＜文章内容＞平安時代の人には「紫草は血縁を表す草」という共通認識があり，「藤袴も紫（藤）色の花なので，あの紫草のように，あなたと私は血縁なのだから，仲良くしましょうと言い寄」る意味が込められている。また，「藤衣は喪服という意味」で，「藤色とは喪服の色を意味している」ので，「ともに祖母の死を悲しむ孫同士であることを手がかりに，玉鬘に近づこうとし」て，夕霧は玉鬘に藤袴と呼ばれる蘭の花を贈ったのである。

問十一＜主題＞「多くの先人たちが死に向き合い，苦しみや悲しみと格闘し，乗り越えてきたことに気づかされ」，愛する人との死別を経験して「悲しいのは，私だけではない」と思えるので，「私」は，蘭に「藤袴」という名をつけていとおしむ人生を選びたいのである。

＝読者へのメッセージ＝

日本語にはいろいろな一人称がありますが，それぞれに歴史があります。「吾（あ）」は主に奈良時代頃に使われたものです。「俺（おれ）」は鎌倉時代頃から使われている古い言葉ですが，一人称としては江戸時代以降から使用されているようです。また，「僕（ぼく）」は一人称としてはかなり新しく，明治時代頃から広く使われるようになったようです。

Memo

Memo

【英　語】

英語・数学・国語　合わせて60分，各20点

1 次の各問いに答えなさい。

問1　次の（　　　）に入る最も適切な語句を**ア**～**エ**からそれぞれ１つずつ選び、記号で答えなさい。

(1)　ニックは風邪で学校を休んだ。
Nick was absent （　　　） school because of a cold.
　　　ア　at　　　　　**イ**　for　　　　**ウ**　from　　　　**エ**　on

(2)　今度の日曜日に買い物に行きませんか。
How about （　　　） shopping next Sunday?
　　　ア　going to　　**イ**　go　　　　**ウ**　go to　　　　**エ**　going

問2　次の日本文の意味になるよう**ア**～**カ**を並べかえた場合、２番目と４番目にくる語句をそれぞれ記号で答えなさい。ただし文頭にくる語も小文字で示してある。

(1)　誰がこの窓を割ったのか知っていますか。
Do （**ア** broke　**イ** window　**ウ** know　**エ** you　**オ** who　**カ** this ）?

(2)　ナンシーは宿題をするために早く帰宅した。
Nancy （**ア** early　**イ** her　**ウ** do　**エ** got　**オ** to　**カ** home ） homework.

(3)　私は英語で書かれたその本を読んだことがない。
I （**ア** the book　**イ** never　**ウ** in　**エ** have　**オ** written　**カ** read ） English.

2 次の英文を読んで、後の問いに答えなさい。

What do you imagine when you think of the seasons? Do you imagine *fireworks in summer or snow in winter? What about foods and drinks? In spring, many people enjoy looking at beautiful cherry blossoms, but they also enjoy eating and drinking *sakura*-flavored snacks. There are always different foods and drinks we can look forward to in each season.

These snacks are usually limited-edition. It means you can only buy them for a short time. You won't find the same snacks in summer that you （　①　） in winter. Limited-edition snacks are very popular because they seem special, and we can enjoy each season more with these snacks.

Seasonal foods and drinks aren't only in Japan, but in other countries too. The food you find in each season is different *from country to country. （　②　）, in Japan, strawberries are often popular in winter and spring. In these seasons, you can find many different strawberry snacks, like strawberry *daifuku*. But in France, strawberries are summer fruit! There are many desserts in France with fresh strawberries, like strawberry *tarts and *parfaits.

Let's look at another example. In fall, pumpkin is popular in Japan and in America. In America, many people look forward to a limited-edition pumpkin coffee drink every fall. The drink is very sweet and delicious. In Japan, you can find many kinds of pumpkin *pudding or pumpkin *cream puffs. There are many more seasonal foods and drinks all over the world.

③Why are these snacks so popular? If people can only buy these special foods and drinks for a short time, they will want to buy many of them and enjoy them before they disappear again. If you can buy these things at any time, they don't seem special. People look forward to these snacks every year. So, let's enjoy each season with these seasonal, limited-edition snacks!

（注）*fireworks　花火　*sakura-flavored　桜風味の
　　　*from country to country　国によって　*tarts　タルト　*parfaits　パフェ
　　　*pudding　プリン　*cream puffs　シュークリーム

問1　（　①　）に入る最も適切なものを次の中から1つ選び、記号で答えなさい。
　　ア　are　　　　　　イ　aren't　　　　　ウ　do　　　　　エ　don't

問2　（　②　）に入る最も適切な語句を次の中から1つ選び、記号で答えなさい。
　　ア　For example　　イ　However　　　ウ　In this way　　エ　Finally

問3　下線部③の答えとして適切でないものを次の中から1つ選び、記号で答えなさい。
　　ア　短期間しか買えないので、特別感があるから。
　　イ　その季節にしか味わえない食べ物だから。
　　ウ　なくなる前に買って楽しもうという気持ちになるから。
　　エ　いつでも買うことができ、毎年楽しめるから。

問4　この本文のタイトルとして最も適切なものを次の中から1つ選び、記号で答えなさい。
　　ア　*Sakura*-Flavored Snacks in Each Season
　　イ　Seasonal Foods and Drinks in Japan
　　ウ　The Most Popular Snack in the World
　　エ　Seasonal Limited-Edition Snacks

問5　次の英文が本文の内容と一致するよう、（　A　）～（　C　）に入る語句の組み合わせとして最も適切なものを次の中から1つ選び、記号で答えなさい。
　Seasonal foods and drinks seem special and people enjoy each （　A　） more with them. Not only Japan but also many other countries have their own （　B　）. In France, people enjoy strawberry tarts in （　C　）, and in America, people enjoy pumpkin coffee in autumn. People look forward to the seasonal foods and drinks every year.

	A	—	B	—	C
ア	seasonal foods	—	season	—	spring
イ	season	—	seasonal foods	—	summer
ウ	seasonal foods	—	season	—	autumn
エ	season	—	seasonal foods	—	winter

【数　学】

1 次の問いについて，**ア～オ**の記号で答えなさい。

問1　$1 - 3^2 \div \left(-\dfrac{3}{2}\right)^3$ を計算しなさい。

ア　$-\dfrac{77}{4}$　　　イ　-3　　　ウ　$-\dfrac{5}{3}$　　　エ　$\dfrac{11}{3}$　　　オ　$\dfrac{64}{27}$

問2　$\dfrac{15-3x}{2}+\dfrac{1-x}{6}$ を計算しなさい。

ア　$\dfrac{23-10x}{3}$　　イ　$\dfrac{23-5x}{3}$　　ウ　$\dfrac{46-5x}{3}$　　エ　$\dfrac{4-x}{2}$　　オ　$\dfrac{5x-23}{3}$

問3　2次方程式 $(x+2)^2-3(x+2)-4=0$ を解きなさい。

ア　$x=-4$　　イ　$x=-2$　　ウ　$x=-3,2$　　エ　$x=-2,3$　　オ　$x=-1,4$

問4　$3x+y=2$，$3x-y=4$ のとき，$9x^2-y^2$ の値を求めなさい。

ア　2　　　　イ　4　　　　ウ　6　　　　エ　8　　　　オ　16

問5　大小2つのさいころを同時に投げて，大きいさいころの出た目の数を a，小さいさいころの出た目の数を b とする。このとき，$\dfrac{b}{a}$ が2以下の自然数となる確率を求めなさい。

ア　$\dfrac{1}{12}$　　　イ　$\dfrac{1}{6}$　　　ウ　$\dfrac{1}{4}$　　　エ　$\dfrac{7}{12}$　　　オ　$\dfrac{29}{36}$

問6　ある2つの関数の式をグラフで表したら，右の図の直線①と直線②のようになりました。直線①と直線②の交点Pの座標が $(-3,2)$ のとき，直線①と直線②を表す関数の式として，正しい組み合わせを答えなさい。

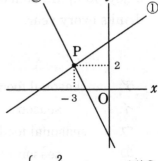

ア　$\begin{cases} y=\dfrac{2}{3}x+4 & \cdots 直線① \\ y=\dfrac{1}{2}x+\dfrac{7}{4} & \cdots 直線② \end{cases}$　　イ　$\begin{cases} y=\dfrac{1}{4}x+3 & \cdots 直線① \\ y=-\dfrac{1}{4}x-4 & \cdots 直線② \end{cases}$

ウ　$\begin{cases} y=-x+3 & \cdots 直線① \\ y=-\dfrac{1}{3}x-3 & \cdots 直線② \end{cases}$　　エ　$\begin{cases} y=3x+3 & \cdots 直線① \\ y=-2x-4 & \cdots 直線② \end{cases}$　　オ　$\begin{cases} y=\dfrac{2}{3}x+4 & \cdots 直線① \\ y=-2x-4 & \cdots 直線② \end{cases}$

問7　ある石の値段は，その重さの2乗に比例する。重さ100gの石の値段が2500円であった。石の重さが20gのときの値段を求めなさい。

ア　50円　　　イ　100円　　　ウ　200円　　　エ　500円　　　オ　1600円

問8　右の図は，正方形ABCDである。辺AB，AD上にそれぞれ点E，Fがあり，辺EDと辺FCの交点をGとする。∠AEG＝66°，∠EGC＝104°のとき，∠DCGの大きさを求めなさい。

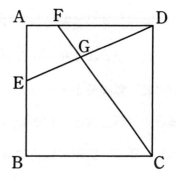

ア　38°　　　イ　48°　　　ウ　52°

エ　68°　　　オ　76°

問9　右の図は，辺ABの中点をD，BE：EC＝4：1となる点をEとした図形である。このとき，AF：FEを最も簡単な整数の比で表しなさい。

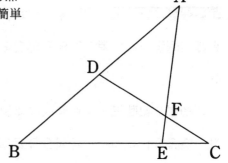

ア　2：1　　　イ　3：1　　　ウ　4：1

エ　5：1　　　オ　6：1

問10　右の図は，Oを頂点とする円錐である。底面の周上の点Aから側面上を通って再びAに戻る線を描く。底面の半径が4cm，OA＝12cmのとき，この線が最小となる長さを求めなさい。ただし，円周率はπとする。

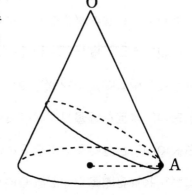

ア　$6\sqrt{3}$cm　　　イ　12cm　　　ウ　$12\sqrt{3}$cm

エ　$12\sqrt{6}$cm　　　オ　24cm

【国語】

一 次の文章を読んで、後の問いに答えなさい。

　人間は自由になるために学ぶ、という話をしましたが、知識を身につけるのは、決して自分のためだけではありません。1 自分が身につけた知識を、みんなで共有することで、その知識は生きた知識となっていきます。その知識をみんなで共有し、共に利益を得ていくことは、私たちが生きていく上で、欠かすことのできない知恵だからです。

　それは、我らホモ・サピエンスが生き残った理由ともつながっています。

　猿から人間に進化してきた七〇〇万年ほどの間で、いろいろな哺乳類が途中で絶滅しています。現在、歴史人類学者がいろいろな仮説を出していますが、その中で有力なのが七万五〇〇〇年ほど前、今のインドシナ半島でものすごく大きな火山の爆発があり、その噴煙で地球全体が暗くなった。そのために一挙に寒冷化し、2 それまで採れていた多くの植物が全滅してしまった。そこで生態系が大きく変わったために、ほかの動物や、多くのホモ属が絶滅した。唯一、その状況を切り抜けたのが、ホモ・サピエンスだったという説です。

　生き残った理由として考えられているのが、彼らは、「そこはダメだ、あっちへ行ったほうがいい」など、お互いの利益のために、水が出るところや暖かい住みかを得られるところなどを、教え合ったのではないかということです。そのようなホモ・サピエンスの生息の痕跡が世界のさまざまな場所に 3 カクサンしているからです。恐らく、お互いに助け合うことで生命を救い合ったのでしょう。

　また、4 ヒト属は、小さくて弱いから、大きな動物とケンカをしても勝つことができません。それを殺して食べることができたのは、共同する知恵があったからです。役割を分担し、共同で動物に立ち向かう。耳のいいやつが「あっちにいる！」と発見して仲間に伝えると、俊敏なやつが前から攻めて牛を追い込み、腕力の強いやつが捕獲する。そうすれば、大きな獲物でも仕留めることができます。やがて言語が生み出され、それを使ってコミュニケーションをし、共同性を高めていった。そうして、上手に危機を切り抜けるこ

とにつながったのです。

共同・協力する力、**5**一緒に困難を乗り切る力というのは、人間が人間として生き延びてきた原動力なのです。これは別の見方をすると、一緒に喜び合える力であり、この力があるからこそ、生きていて楽しいと思えるのです。これがやがては恋愛感情にもつながります。

たとえば、子どものころにやった、**6**鬼ごっこやかくれんぼは、みんなで一緒にするからこそ楽しい遊びです。みんなで知恵を出し合って、新しい自分たちのルールを考えたら、遊びがもっと面白くなります。ときには、年齢の小さい子が交じっていて、「この子はおみそ」などと言ってその子だけ鬼にならないように配慮して、小さな子たちも一緒に遊べるように工夫したかもしれません。遊びは共同しないと楽しく遊べませんから、そういう力をたくさん学ぶことができます。

（　中略　）

この二〇〇〇〜三〇〇〇年で、文字・書物ができ、文化が伝わってきました。

7文化は「この魚はこういうふうに下ごしらえをすれば、毒にあたらずに済む」とか、「こうすれば風が吹いてきても飛ばない」など、長い歴史の中で生み出されてきた人々の知恵やスキルをどれだけの人々とどのように共有するかという努力の中で生み出されたものです。

8文化というのは、たった一人でつくられるものではなく、たくさんの人の中でつくられます。誰かが優れた芸術作品をつくったとしても、周りの人がそれを高く評価しなければ、残っていきません。ですから、文化というのは、いろいろなことを編み出す人と、それを評価して広めていく人との共同作品なのです。

その意味でも、文化の象徴である知識・学問・芸術・スキルを学ぶとき、「僕だけがわかればいい」というのは、正しい文化の伝え方ではないのです。

試験のとき、自分より成績のいいライバルが風邪をひいて休んだら、しめしめと思う、そんな**9**さもしい考え方ではダメです。授業というのは、先生・生徒の一対一の関係で行われるべきものではなく、先生は生徒に向かって、「先生は問いを投げかけるけど、考

えるのはみんなだよ。みんなで共働して考えよう」と言うべきです。

　生徒たちがともに学んで、理解していく。よく理解できていない子には誰かが教えてあげて、学びを共同化していく。仲間に教えることで、その人自身の知識も整理されて、理解が深まります。それが本来の学びのあり方でしょう。

　個人的に本を読んだり、テレビを見たりして情報を入手することも大事ですが、それを独り占めするのは自分にとっても、相手にとっても損なのです。自分が持っている知識、入手した知識を周囲に伝え、みんなで共有していくことで人間は文化的になっていきます。

　あるいは、それを元に議論し合って、友達からも貪欲に学んでいく。そうやってみんなで助け合い、共に賢くなっていく。わからない人がいたら、放っておかずに、みんなで教えてあげるのです。そういう姿勢が人類を救ってきたわけですから。

　10　学ぶことを、個人主義化してはいけません。自分の知識をひけらかして、変に自慢し合うのではなく、共に語り合う、ときにディスカッションすることが大事です。「ねえねえ、知ってる？」「それはちょっと違うんじゃない？」「いや、そんなことはないよ」など、仲間同士で言い合いながら知識を共有していく。そういうことを大事にしながら学んでいってほしいと思います。

　　　　　　（汐見稔幸『人生を豊かにする学び方』による。一部改訂。）

問一　──線部1「自分が身につけた知識を、みんなで共有することで、その知識は生きた知識となっていきます」とありますが、この部分について筆者はどのような説明をしていますか。最も適切なものを次の中から一つ選び、記号で答えなさい。

　　ア　ホモ・サピエンスに属する一人一人が知識や経験を身につけ、その中の誰かが生き残るチャンスに恵まれたことが、絶滅回避につながった。

　　イ　大火山の爆発のような哺乳類の危機的状況を前にして、それぞれが得た知識を持ち寄ることができたので、ホモ・サピエンスは絶滅をまぬがれた。

ウ　火山の大爆発のような緊急事態に際しては、他の哺乳類に比べて体力的に優れていたことで、ホモ・サピエンスは生き延びることができた。

エ　ホモ・サピエンスが獲得した知識や体験は、共同体の中で共有されて豊かなコミュニケーションを形成し、文明の基礎とはまた異なる意義を持った。

問二　――線部2「それまで採れていた多くの植物が全滅してしまった」とありますが、このことが多くのホモ属の絶滅につながったのはなぜだと考えられますか。最も適切なものを次の中から一つ選び、記号で答えなさい。

ア　心の拠り所が少なくなってしまったから。

イ　隠れる場所が少なくなってしまったから。

ウ　空気中に酸素が少なくなってしまったから。

エ　食べるものが少なくなってしまったから。

問三　――線部3「カク散」の「カク」と同じ漢字を含むものを次の中から一つ選び、記号で答えなさい。

ア　今日はカクヤスセールの日だ。

イ　カクチョウ工事を始める。

ウ　国のカイカクが求められる。

エ　物語のカクシンに触れる。

問四　――線部4「ヒト属は、小さくて弱い」とありますが、大きな獣を獲得する上で、筆者が大切だと考えていることに合わないものを次の中から一つ選び、記号で答えなさい。

ア　皆で共同する知恵があったこと。

イ　仕事内容を分担する知恵があったこと。

ウ　特別に腕力のある個体がいたこと。

エ　互いに情報交換することができたこと。

問五　——線部5「一緒に困難を乗り切る力」とありますが、それがどのような心につながると言えますか。当てはまらないものを次の中から一つ選び、記号で答えなさい。

ア　様々な喜びを分かちあう心。

イ　辛い時期にも励ましあって耐える心。

ウ　相手のことを思いやり愛しいと思う心。

エ　相手に関わらず自分自身を強く持つ心。

問六　——線部6「鬼ごっこやかくれんぼ」とありますが、筆者はそれらの遊びのどのようなところに意義を見いだしていますか。最も適切なものを次の中から一つ選び、記号で答えなさい。

ア　皆で共同してルールを作ったり、互いに配慮したりするところ。

イ　もともと力の劣った子どもも参加できる特別ルールがあるところ。

ウ　遊ぶたびに今までにない新しいルールを作り出す創造的なところ。

エ　日本の文化に深くかかわるようなコミュニケーションが必要なところ。

問七　——線部7「文化」とはどのようなものですか。筆者の立場に立った説明として最も適切なものを次の中から一つ選び、記号で答えなさい。

ア　後代のために文字や書物という形で残された人間たちの活動の記録。

イ　人類が獲得してきた様々な知識や技術を後代の人々と共有するための貯蔵庫。

　ウ　生き物や自然についての様々な知識や経験をわかりやすく分類した一覧表。

　エ　文字が発明されたために形を持つに至った過去の全人類が生きた証し。

問八　――線部8「文化というのは、たった一人でつくられるものではなく、たくさんの人の中でつくられます」とありますが、これについて話し合っている次の対話の中の空欄【　Ｘ　】に当てはまる言葉として、最も適切なものを一つ選び、記号で答えなさい。

Ａ　これってどういうことかな？

Ｂ　芸術作品の例は分かりやすいね。

Ｃ　作る人と見る人がいないと、美しい作品は生まれないと言っている。

Ａ　本当にそうなの？　美しい作品は、もともと美しいのではないのかな？

Ｂ　そうでもないらしいよ。マネというフランスの画家の作品は、最初に見た人たちから最低の作品だと嘲笑されたらしいよ。

Ｃ　あ、似た話、私も知っている。ドラクロワの作品は、『絵画の虐殺』って言われたんだよね。でも、今では近代絵画はここから始まったように言う人もいる。

Ａ　そうなのか。見て美しいと思う感性が周りの人にないと、美術作品は生き残れないんだね。なるほど、【　Ｘ　】ってそういうことなんだね。

　ア　個性的作品

　イ　歴史的作品

　ウ　共同作品

　エ　完成作品

問九 ──線部9「さもしい」とありますが、この部分における意味として、最も適切なものを次の中から一つ選び、記号で答えなさい。

ア 目立たない　　　イ 心配である　　　ウ 卑劣である　　　エ 寂しい

問十 ──線部10「学ぶことを、個人主義化してはいけません」とありますが、この筆者の提案に合わないものを次の中から一つ選び、記号で答えなさい。

ア 私の学校には、模試の成績優秀者がクラスで特別講師になるルールがあった。
イ 私の通う予備校は、少人数のグループで学習を進めるプログラムを持っている。
ウ 私は学習塾の自習室で友だちと話し合いながら分からないところを克服した。
エ 私は偏差値を65に上げるために、家で一日六時間の勉強を半年間続けた。

英語解答

1 問1 (1)…ウ (2)…エ　　　　　　　　　　　(3) 2番目…イ　4番目…ア

　　問2 (1) 2番目…ウ　4番目…ア　　**2** 問1　ウ　問2　ア　問3　エ

　　　　(2) 2番目…カ　4番目…オ　　　　　問4　エ　問5　イ

数学解答

問1　エ　　問2　イ　　問3　ウ　　　　問7　イ　　問8　ア　　問9　エ

問4　エ　　問5　ウ　　問6　オ　　　　問10　ウ

国語解答

問一　イ　　問二　エ　　問三　イ　　　　問七　イ　　問八　ウ　　問九　ウ

問四　ウ　　問五　エ　　問六　ア　　　　問十　エ

Memo

【英 語】 (50分) 〈満点：100点〉

1 ［リスニング問題］

これから問題Ａと問題Ｂの２つの種類のリスニング問題を行います。放送をよく聞き、答えはすべて記号で答えなさい。

［問題Ａ］ 問題ＡはNo.1〜No.3まであります。それぞれ英文と、その内容についての英語の質問を２回ずつ読みます。質問に対する答えとして最も適切なものをア〜エの中から１つずつ選び、その記号を解答欄に書きなさい。

No.1　　ア　　　　イ　　　　ウ　　　　エ

 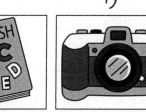 

No.2　ア　A nurse.　　　　　　イ　A dancer.
　　　ウ　A math teacher.　　　エ　An English teacher.

No.3　ア　At six thirty.　　　　イ　At seven.
　　　ウ　At seven thirty.　　　エ　At eight.

［問題Ｂ］ 問題Ｂは２人の生徒の対話文と、その内容についての英語の質問を２回ずつ読みます。質問に対する答えとして最も適切なものをア〜エの中から１つずつ選び、その記号を解答欄に書きなさい。

No.1　ア　At the museum.　　　イ　At the restaurant.
　　　ウ　At Bob's house.　　　エ　At Mika's house.

No. 2

ア　イ　ウ　エ

No. 3　　ア　Bob's aunt.　　　　　イ　Bob's sister.
　　　　　ウ　Bob's cousin.　　　　エ　Bob's classmate.

※　リスニング問題放送文は，英語の問題の終わりに付けてあります。

2　次の各組の英文がほぼ同じ意味になるように、（　　）内に適切な語を入れなさい。

問1　I'm in the music club.
　　　I'm a （　　）（　　） the music club.

問2　Tom and Nick drive to a sushi restaurant.
　　　Tom and Nick go to a sushi restaurant （　　）（　　）.

問3　It has been three years since Meg saw Eric last.
　　　Meg （　　）（　　） Eric for three years.

問4　His bag is larger than mine.
　　　My bag is （　　） than （　　）.

3 次の英文の応答として、最も適切なものを**ア〜ク**の中からそれぞれ1つずつ選び、記号で答えなさい。ただし，同じ記号を使ってはいけません。

問1　I have a stomachache.
問2　Whose pen is this?
問3　Be quiet. Ms. Brown is speaking!
問4　Would you like some more cake?

ア　No, thanks. I'm full.
イ　Then, I will take some medicine.
ウ　No problem. It's my pleasure.
エ　It's mine. Thank you.
オ　I would like to make a cake with you, too.
カ　It's one hundred yen.
キ　Really? You should take a rest.
ク　Oh, sorry. I will.

4 次の（　）内の語句を日本語の意味に合うように、並べ替えなさい。
ただし、文頭の語も小文字にしてあります。

問1　私は今日特にすることはありません。
（ have / do / anything / special / I / don't / to) today.

問2　私は昨日駅の前にある書店へ行きました。
I (of / went / in / to / the station / the bookstore / front) yesterday.

問3　私があなたからもらったリンゴはおいしかったです。
(apples / from / I / the / you / were / got) delicious.

問4　私の両親は私のロンドンでの滞在の間、私に何通かの手紙を送ってくれました。
(me / my / some / sent / during / parents / letters) my stay in London.

5 次の英文を読んで、あとの問いに答えなさい。

　Cheerleading is a popular sport all over the world. It started in the 1880s, in America. American universities had popular sports games like American football games. At one school, called Princeton University, students watching football games began shouting cheers for their team. A cheer is for supporting the team at game. For example, "Let's go team! Let's go!" is a simple cheer. Thomas Peebles graduated from Princeton University and became a football coach at another university. There he told his new school about cheering. Then students started their cheerleading team. Soon, ① many schools followed.

　Cheerleading today is most popular among women, but the first cheerleaders were all men. At first, women couldn't join many school activities, like sports teams or cheerleading teams. (　②　), in the 1920s, women started to join cheerleading teams, and cheerleading soon became very popular among them. By the 1960s and 1970s, 95% of cheerleaders were women. Though men are still in cheerleading, many people today think cheerleading is a women's sport.

　This is not the only thing that changed. At first, cheerleading was very simple, but later it became more ③ complicated. Cheerleaders started doing more dancing and gymnastics. They would do long dance *routines and difficult jumps, *backflips, and *stunts. Cheerleaders would throw teammates up in the air or make human pyramids. When cheerleading started, it just supported teams, but it became a separate sport and cheer *competitions started. There are many big national and international cheer competitions today. These events are very popular, and you can watch some of them on TV.

　Because cheerleading is done mostly by women and has a lot of dancing and colorful uniforms, many people think it is a fun activity for women. However, cheerleading requires a lot of (　④　) and (　⑤　). It is often performed outside, with no mats or special *gear for protection, so it can be dangerous.

（注）　*routine 所定の演技　　*backflip 後方宙返り　　*stunt 大技
　　　　*competition 大会　　*gear 用具一式

問1　① many schools followed. とあるが、具体的な内容として最も適切なものを次の中から1つ選び、記号で答えなさい。
　　ア　Students in other schools started their cheerleading teams.
　　イ　Students in other schools started their American football teams.
　　ウ　Students in other schools started shouting cheers for their teams.
　　エ　Students in other schools started watching football games.

問2　（　②　）に入る最も適切な語を次の中から1つ選び、記号で答えなさい。

ア　Because　　　イ　However　　　ウ　And　　　エ　If

問3　初期のcheerleadingの特徴として最も適切なものを次の中から1つ選び、記号で答えなさい。

ア　human pyramids　　　　イ　backflips

ウ　stunts　　　　　　　　エ　shouting cheers

問4　下線部③のcomplicatedの反意語を、本文中から選び答えなさい。

問5　（　④　）と（　⑤　）に入る最も適切な語を次の中から1つ選び、記号で答えなさい。

ア　strength– uniforms　　　イ　dancing – uniforms

ウ　dancing – games　　　　エ　strength – skills

問6　この本文のタイトルとして最も適切なものを次の中から1つ選び、記号で答えなさい。

ア　The history of American football

イ　How women perform cheerleading

ウ　How cheerleading has changed

エ　Cheerleading in present days

問7　次の英文は本文の要約である。（　①　）～（　④　）に適切な語を入れなさい。ただし、与えられた文字で始めなさい。

　　Cheerleading today is very ①（d　　）from cheerleading one hundred years ago. In the beginning, cheerleaders were always ②（m　　）who helped support sports teams at school games. Today, cheerleading is a unique and difficult sport done mostly by ③（w　　）. It has cheering, dance, and gymnastics. It is popular not only in America but in many countries all ④（o　　）the world. You can see cheerleaders in movies or in big competitions on TV.

6 次の英文と資料を読んで、あとの問いに答えなさい。

【Part 1】 A Japanese student（Hanako）is talking with her ALT（Maria）about a speech contest. They are looking at a *flyer.

Hanako: Hi, Maria. Are you free right now?

Maria: Hi, Hanako. Sure. （　A　）

Hanako: Well, I'm interested in this speech contest. Could you help me with it?

Maria: Of course! I'd be glad to help you.

Hanako: Thank you so much!

Maria: When is it?

Hanako: It's on Sunday, August 29.

Maria: We are now in late June, so we have enough time to prepare for it.

Hanako: Yes, that's right. First, I need to write the speech. After that, will you correct it for me?

Maria: Yes, I will. When will you finish writing it?

Hanako: I think I can finish it by next weekend.

Maria: OK. I look forward to reading it. What is the theme of the contest?

Hanako: Well, there are two themes to choose from. One is "My Dream," and the other is "Save the Environment."

Maria: Which one will you choose?

Hanako: I think I will choose "My Dream" because I want to be a *veterinarian in the future.

Maria: Oh, that's great! I hope you can get 50,000 yen.

Hanako: （　B　）I will try my best to get first place.

（注）　*flyer チラシ　　　*veterinarian 獣医

SPEECH CONTEST
August 29, 2021
Themes:

My Dream   Save the
             Environment

<u>Where:</u> SAKURA AUDITORIUM
              5 minutes walk from Higashi Station

<u>Prizes:</u>

1st - 50,000 yen
2nd - 25,000 yen
3rd - 10,000 yen

*Your speech should be 3 minutes long.

問1　（　A　）,（　B　）に入る最も適切な表現を次の中からそれぞれ1つずつ選び、記号で答えなさい。

（　A　）　ア　What's your name?
　　　　　イ　What about asking your friend for help?
　　　　　ウ　What makes me come here?
　　　　　エ　What can I do for you?
（　B　）　ア　I hope not.　　　イ　Me, too.
　　　　　ウ　That's not true.　エ　Yes, you can.

問2 次の質問の答えとして最も適切なものを次の中から1つずつ選び、記号で答えなさい。

1 How long will it take Hanako to write the speech before showing it to Maria?
   ア About a few days.　　イ About a week.
   ウ About three weeks.　　エ About a month.

2 How long can she speak at the contest?
   ア Three minutes.　　イ Five minutes.
   ウ Seven minutes.　　エ Ten minutes.

3 How long can she prepare for the contest?
   ア About three weeks.　　イ About a month.
   ウ About two months.　　エ About three months.

【Part 2】 Hanako finished writing her speech. Her ALT (Maria) is helping her correct it.

問3 以下の英文は花子が書いたスピーチ原稿のアウトラインです。下線部①〜③はそれぞれ単語が1語抜けています。その語を答えなさい。

My Dream

　My dream is to make animals happy. ① That's why I am going to be a veterinarian when I grow. ② I must do many things order to *achieve this goal. ③ I am *determined to work hard, because I can take care any animal that needs help. Animals are so cute, so I want to be a veterinarian.

（注）　*achieve 達成する　　　*determine 決める

Part 3

問4　以下は、マリア先生から動物に関わる経験を盛り込むようアドバイスを受けて
　　　完成した花子のスピーチです。
　　　　　　　　　　　　の部分に、以下の①〜④の情報を含む花子の経験を述べた英文を
　　　入れて、スピーチを完成させなさい。

＜情報＞

| ①子供のころ家の近くで箱の中に子犬を見つけた。 |
| ②箱にはメッセージが入っており、「誰か飼ってください」と書かれてあったので家へ連れ帰った。 |
| ③両親は飼うことに反対だったが、私の気持ちを察して許してくれた。 |
| ④私の家族はその犬をコロと名づけいっしょに楽しく過ごしたが、悲しい別れがあった。（悲しい別れの内容は自分で創作しなさい。） |

Hello, everyone.

I am going to talk about my dream. My dream is to make animals happy.

There are many people who keep animals. They love their pets and want to live with them as long as they can. I will study hard to become a veterinarian so that I can make both animals and people happy.

Thank you for listening.

これから問題 A と問題 B の 2 つの種類のリスニング問題を行います。

放送をよく聞き、答えはすべて記号で答えなさい。

[問題 A]

問題 A は No. 1 ～ No. 3 まであります。それぞれ英文と、その内容についての英語の質問を 2 回ずつ読みます。質問に対する答えとして最も適切なものをア～エの中から 1 つずつ選び、その記号を解答欄に書きなさい。では、はじめます。

No. 1　>Yesterday was Jun's birthday.　His grandparents gave him a bag.　The present from his parents especially made him happy because he likes taking pictures.　（3秒）

　　Question　（1秒）　What did Jun's parents give to Jun?　<

（3秒）くり返します。（>～<）（3秒）

No. 2　>Yuko's parents are both math teachers.　Her brother works at the hospital.　Yuko likes to help sick people, so she wants to do the same job.　However, her parents want her to become an English teacher because she's good at English.　（3秒）

Question　（1秒）　What does Yuko want to be?　<

（3秒）くり返します。（>～<）（3秒）

No. 3　>Ken usually gets up at seven thirty every morning and leaves home for school at eight. Only on Tuesdays, he gets up at six thirty because he has to get to school at seven to practice soccer before class.　（3秒）

Question　（1秒）　What time does Ken usually leave home on Thursdays?　<

（3秒）くり返します。（>～<）（5秒）

問題Bは2人の生徒の対話文と、その内容についての英語の質問を2回ずつ読みます。質問に対する答えとして最も適切なものをア〜エの中から1つずつ選び、その記号を解答欄に書きなさい。では、はじめます。

\>

Mika: I'm so hungry.   Let's eat our lunch, Bob.

Bob: Oh, Mika, we ordered salad, right?   It's still not here.

Mika: Don't worry.   It will come soon.

Bob: OK, let's eat then.   Oh, I love this hamburger here.

Mika: Me, too.   It's really good.   Well, how was your vacation in London?

Bob: Great.   I was very happy to see my family.   I traveled in France with them and visited many museums.

Mika: That's nice.   Did you see your friends from junior high school?

Bob: Yes.   Look at this picture.   The tall girl with a cap on is Alice and the small boy with a racket is Jack.   They're my good friends.

Mika: They look happy to see you.   Oh, I want to go to your country.

Bob: Oh, I want to give you something from London.   Here you are.

Mika: Thank you.   Wow, I like tea very much.

Bob: My uncle has a shop selling tea leaves.   He and his daughter, Emily, chose it for you.

Mika: I'm really happy.   Please say thank you to them.

Bob: Sure.

Question No. 1   Where are Bob and Mika talking now?   （3秒）

Question No. 2   Which picture did Bob show to Mika?   （3秒）

Question No. 3   Who is Emily?   <

（3秒）くり返します。（>〜<）（3秒）

これでリスニング問題を終わります。２の問題に進みなさい。

【数　学】（50分）〈満点：100点〉

1 次の計算をしなさい。

(1) $-2^2 \div \dfrac{1}{2} \div (-6)^2$

(2) $15x^2y \div (-3x)^2 \times (-6xy^2)$

(3) $1 - x - \dfrac{x-2}{3}$

(4) $\left(\sqrt{5}+2\right)^2 - \dfrac{20}{\sqrt{5}}$

2 次の問いに答えなさい。

(1) 等式 $2(x-y)+4(x+1)=0$ を y について解きなさい。

(2) $x^2+2xy+y^2-4$ を因数分解しなさい。

(3) $x+3y = -\dfrac{2}{3}$, $x+y=3$ のとき，$x^2+4xy+3y^2$ の値を求めなさい。

(4) 4 枚の硬貨を同時に投げるとき，表が 3 枚以上出る確率を求めなさい。

(5) 下の図は，A組とB組の数学の小テストの点数を表した箱ひげ図である。この箱ひげ図から読み取れるものとして正しいものを，次の ア から エ の中から 1 つ選び，記号で答えなさい。

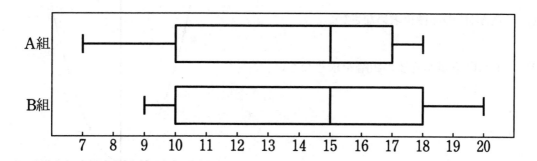

ア A 組とB 組の平均点は 15 点である

イ B 組の点数の散らばりの度合いはA 組の点数の散らばりの度合いより大きい

ウ A 組もB 組も半分以上の生徒が 15 点以上とっている

エ A 組とB 組の第 3 四分位数の値は同じである

(6) 原価 1000 円の品物に x 割の利益を見込んで定価をつけた。売り出すときに定価の x 割引きで売ったところ，90 円損をした。このとき，x の値を求めなさい。

3 下の図において，直線 l は $y=x+b$，直線 m は $y=2x$ のグラフである。
直線 l と y 軸との交点をA，直線 l と直線 m の交点を P$(2,4)$ とする。
このとき，次の問いに答えなさい。ただし，円周率は π とする。

(1) b の値を求めなさい。

(2) △AOP を，y 軸を軸として 1 回転させる。このときにできる立体の体積を求めなさい。

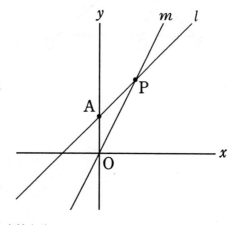

4 下の図は，放物線 $y = \dfrac{1}{2}x^2$ のグラフである。放物線上に x 座標がそれぞれ -4，2 となる点A，Bをとる。このとき，次の問いに答えなさい。

(1) △AOB の面積を求めなさい。

(2) 原点O と線分AB の距離を求めなさい。

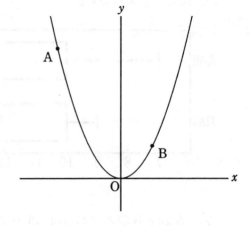

5 次の問いに答えなさい。

(1) 下の図は，∠BCA ＝ 40° の △ABC である。∠CAB の二等分線と辺BC の交点をD，∠ABC の二等分線と線分AD の交点をP とする。∠BDA ＝ 70° のとき，∠PBD の大きさを求めなさい。

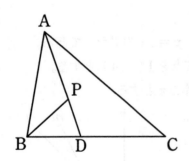

(2)　下の図は，円周を 10 等分するように点A，B，C，D，E，F，G，H，I，J
　　　をとった円である。このとき，∠x の大きさを求めなさい。

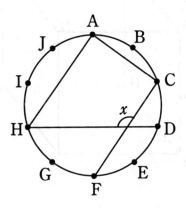

6　下の図は，AB $= 2\sqrt{6}$ cm，∠ABC $= 45°$，∠CAB $= 15°$ の △ABC である。
　　　この △ABC の面積を求めなさい。

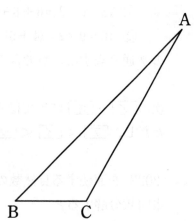

7 右の図は，立方体ABCD－EFGH である。点P は辺AE の中点であり，この立方体の表面積は 144 cm² である。このとき，次の問いに答えなさい。

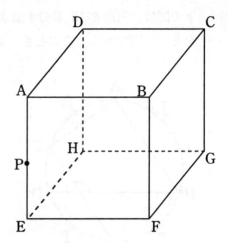

(1) この立方体の一辺の長さを求めなさい。

(2) 点P，F，G を結んでできる図形の面積を求めなさい。

8 自然数を連続する自然数の和で表すことを考える。

例えば， 18 の場合
　① $18=6×3=6+6+6=5+6+7$
　② $18=9×2=(4+5)×2=4+4+5+5=3+4+5+6$
の 2 通り表すことができる。

次の ア ～ オ に当てはまる数をそれぞれ求めなさい。
ただし， ア < イ < ウ とする。

 2022 を連続する自然数の和で表すことを考える。
素因数分解すると

　　$2022 = $ ア $×$ イ $×$ ウ

よって， 2022 を 3 個の連続する自然数の和で表したとき，
最小の自然数は エ となる。

また， 2022 を 4 個の連続する自然数の和で表したとき，
最小の自然数は オ となる。

一 次の文章を読んで、後の問いに答えなさい。

現代においては「待つ」という時間に対して、誰もが不寛容になっていると思われてならない。そう言う私自身がそうなのである。

1東京の山手線はすごいと思う。ほとんど5分と間隔をあけずに、次の電車がやってくる。朝のラッシュ時など、どの駅にも1台ずつ電車が停まっているのではないかと思うほどである。あの長距離を走る新幹線でも、多い時間帯は10分と間隔が空いていない。私たちは、そんな待ち時間に慣れてきてしまった。

かつては、バス停で10分や15分待つのは普通のことであったが、この頃の京都の市バスなどは、次のバスがどこまで来ているかを表示してくれる。ありがたいことだが、乗客が待つという時間に対して、耐える力が①オチているということの証左とも言えよう。

待つというストレスから解放され、便利になったのだから文句を言う筋合いはないのだが、**2**ちょっと待てよと思わなくもない。それは情報を得るスピードに関してである。近年、私たちのまわりで、もっとも大きく変わったのがインターネットの普及であることはまちがいないだろう。インターネット環境が激変し、コンピュータからだけでなく、スマホからも簡単にアクセスでき、私たちは、どこにいてもインターネットにつながっている。

インターネットの普及によって、必要な情報が、とにかくすぐ手にはいるようになった。ある1つの言葉を調べるために、分厚い辞書を本棚から持ちだしてきて、そのページをめくるというような面倒な手続きを経ることなく、目的とする単語にネットはすぐさま接続してくれる。ある事件を調べるために、図書館に行って、関係資料を持ちだすという手間をかけなくとも、ネットの情報でアウトラインを摑(つか)むことは、ほとんどの場合可能になっている。

いまや情報や知識を得るために必要な時間と手間は、ネット普及前に較(くら)べて、比較にならないほどに少なくなっている。まことに手軽になり、高い辞書を買うことも、図書館まで調べに行くことも、ほとんど必要ないまでに手軽になってしまった。

これを駄目だと言う自信は、私にはない。ないが、**3**それでいいのかとも思う。

私が危惧を感じるのは、まず第一に、「知」があまりにも手軽に手に入るという状況は、これからの**4**私たちの「知」へのリスペクト（尊敬）の念に、大きな変更を迫ることになるだろうということである。諸橋轍次(もろはしてつじ)の『大漢和辞典』を引くとき、新村出(しんむらいずる)の『広辞苑』を引くとき、その行間に、私たちははっきりと意識しないまでも、これを営々とした努力の末に完成させた人（あるいは人々）の存在を、かすかに感じているはずである。その②恩恵を注2蒙(こうむ)

っているという意識は、それが必ずしも感謝にはつながらないまでもどこかで感じているだろう。

あっけなく情報が入ってくるネットでは、そして誰がそれを書いたのかがはっきりしないような説明文からは、そのような「知への尊敬」の念はほとんど湧いてこないというのが実感である。「知」というものがなんとなく入ってくるという前提からは、「知」の③カイタクのために自らの人生を賭けてみようなどという若者が生まれるとは考えにくい。

いまーつの問題と私が考えるのは、「知」へのアクセスの注3直截性である。グーグルにせよ、ヤフーにせよ、検索エンジンはまことに見事に、知りたいと思う情報に私たちを直接導いてくれる。時間の無駄もなく、まことに効率的である。

しかし、この「知」への着地の仕方は、実はなんのおもしろみもないと、私などは思うのである。本が欲しい。本屋へ行って、なかなか見つからない一冊の本を探す。図書館でも同じであろう。そんなとき、探しているのは違うものだが、背表紙を見ていてとても興味を引かれて、思わず買ってしまったなどという経験は、多くの人にあったはずだ。

この⑤大も歩けば棒に当たる式の、偶然の出会いという形での「知」への遭遇は、ネット環境下では、まず起こり得ないものだろう。一直線に、いま求めている情報へと私たちを導いてくれる。アマゾンで本を注文すれば、欲しい本だけが見える仕組みになっている。意識の外側にあって、普段は現れてこないのだけれど、背表紙を見ていて不意に自分の別の興味に火がつくといった形での「知」へのアクセスの仕方、実は読書や調べものの楽しみは、こんな思わず入った横道での出会いにこそあるのかもしれないと、私は思っている。

「待つ」という時間に耐えられない為す知識や情報へのアクセスは、効率的ではあろうが、幅というところからはきわめて限定的と言わざるを得ない。読書の豊かさといったものは、そんな寄り道にこそあるのだから。

⑥ケータイメールやツイッターは、独断の注4誹りを④カクゴで言えば、「思考の断片化」を促進するという危険性を持っているのではないか、私は思っている。

誰かからのメールが届くと、打てば響くようにそれに返信をする。すぐまた別の友人からのメールが届く。まったく違った内容であろうが、それにも返信をする。そのような間髪を容れず多くのメールに対応するという習慣は、私たちから一つのことをじっくり考えるという習慣を奪ってしまう危険性を持っている。それはすなわち、〈自己へ向かう〉という大切な時間を奪ってしまうものでもある。

「思考の断片化」も怖ろしいが、気がつかないうちに陥ってしまう、もう少し「ヤバイ」危険性は、⑦既存の考え方の枠の中に自分を押し込めてしまうことなのかもしれない。

できるだけ形容詞を使わないで、自分の感じたことを表現する大切さについてはすでに述べた。自分だけが感じたことを伝えるためには、万人の共通感覚の表象である形容詞に頼らないことは、基本中の基本である。

この形容詞のもっとも現代的なバージョンが、絵文字というものであるかもしれない。絵文字、顔文字など多くのものが使われており、悲しいという表情だけでも、何十種類もあるらしい。時おり人からもらうメッセージにこんな顔文字が入っていたりすると、それはなかなか楽しいものである。

文章のアクセントとしては、その意味はあるのだろうし、思わず頬が⑤綻むということも効果の一つであろうが、いっぽうで⑧感情表現がこのような既成の絵文字によって代替されてしまうことは、やはりまずいのではないかと私は思っている。絵文字にせよ、顔文字にせよ、それらは多くの人たちの、ある感情の最大公約数であろう。形容詞のもっとも一般化されたものと言ってもらいかもしれない。

メールの短さの制限から、そのような顔文字を使うのは、効率的であることはまちがいない。しかし、自分の今の考えや感情を、どの絵文字を使えば、いちばん近いだろうと選ぶ作業は、自分の感情をどう表現しようかというよりは、すでに用意されているパターンのどれに該当するかを択ぶ、当てはめるという作業にすり替わっているのだとも言える。

最大公約数としての絵文字にすり寄るような形で自分の感情を整理してしまうことは、自分という、他にはないはずの存在に対して、あまりにも無責任な対応ではないのかと思うのである。たぶん〈私〉は、それらあらかじめ用意されたどれとも違う「悲しい」をいま感じているはずなのである。それらを掘り起こしてやらなければ、自分が可哀そうではないだろうか。絵文字を受け取って楽しいと思う感情とは裏腹に、私はそんなありきたりのパターンに当てはめられてしまう対応が嫌いでもある。

短い言葉だけで〈用を足す〉生活に慣れ過ぎると、ものごとを基本に立ち返って考えるという習慣に乏しくならざるを得ない。〈用を足す〉だけの短文で、身のまわりの友人や、まして恋人と繋がっていて、ほんとうに大丈夫なのか、と余計な心配をしたくもなるのである。

（　永田　和宏　『知の体力』による。一部改訂。　）

注1　証左　　証拠。
注2　蒙る　　（自分の意思にかかわり無く）他から作用を受ける。

注3 直截 もってまわった表現ではなく、見たり、感じたりしたことをずばりと言い切る様子。

注4 誹り 他人のことを悪く言うこと。

問一 ＝＝線部①③④のカタカナに当たる漢字を楷書で書き、②⑤の漢字の読みをひらがなで答えなさい。

問二 ――線部1「東京の山手線はすごいと思う」とありますが、電車やバスの例は、どのようなことを説明するためのものですか。最も適切なものを次の中から一つ選び、記号で答えなさい。

ア 電車を待つ時間が減ったことで、時間の無駄がなくなったということ。

イ 待つ時間の表示を始め、情報を得るスピードが速くなったということ。

ウ 待つことに対して、私たちに耐える力がなくなってきているということ。

エ 待つというストレスを解消するため、世の中が変化してきているということ。

問三 ――線部2「ちょっと待てよ」とありますが、そのように筆者が言うのはなぜですか。空欄に合うように、a・cは三字、bは九字で本文中よりそのまま抜き出し、次の説明文を完成させなさい。

今はインターネットによって情報が（ a 三字 ）に手に入るが（ b 九字 ）は湧かないし、一直線に欲しい情報にたどり着くので、（ c 三字 ）で何のおもしろみもないと思うから。

問四 ――線部3「それ」の内容を「インターネット」という言葉を用いて、四十字以内で説明しなさい。

問五 ――線部4「私たちの『知』くのリスペクト（尊敬）の念に、大きな変更を迫ることになるだろう」とありますが、それはなぜですか。最も適切なものを次の中から一つ選び、記号で答えなさい。

ア　直接辞書を引くことがないので、辞書を作った人たちの大変だった思いを実感することができなくなるから。

イ　辞書に対して高いお金を払うことがなくなるので、辞書の内容に以前ほどの重みを感じなくなるから。

ウ　ネットの内容は具体的な執筆者がいないこともあるので、尊敬したい対象がイメージできなくなるから。

エ　書籍としての辞書を手にすることがなくなるので、辞書の編集に携わりたいという若者が生まれにくくなるから。

問六　——線部5「犬も歩けば棒に当たる式」について、次の問いに答えなさい。

（1）　ここでの内容と同じであると言えるものを次の中からすべて選び、記号で答えなさい。

ア　友達に誘われて博物館に行き、新しく探究してみたいテーマを発見する。

イ　目的地までの行き方を調べ、寄り道せずにたどりつく。

ウ　毎日、新聞を隅から隅まで欠かさず読む習慣をつける。

エ　図書館で好きな作家の本を借りるついでに、おすすめ本コーナーを見る。

オ　同じ趣味を持つ人のグループではその趣味の情報が得られ、思いが深められる。

（2）　「犬も歩けば棒に当たる式」の良さはどのようなことにあると筆者は考えていますか。三十字以内で答えなさい。

問七　——線部6「ケータイメールやツイッター」について、筆者はどのような考えを持っていますか。本文中から読み取れることとして最も適切なものを次の中から一つ選び、記号で答えなさい。

ア　文字情報を媒介とした、真意が伝わりにくい手段であり、若い世代の人間関係に大きな影響を与えることがある。

イ　素早い反応を要求されがちな手段であるため、じっくりと時間をかけて熟考する機会を失わせるものである。

ウ　決まったパターンを多用することで人間の多様な感情表現を抑制するので、どのような状況でも使用を避けるべきである。

エ　相手からどう思われるかという使用者の不安を増大させるツールであり、使用者自身の感情が二の次にされてしまう危険性がある。

問八　──線部7「既存の考え方の枠」を比喩で表している語句を探し、本文中から五字でそのまま抜き出して答えなさい。

問九　──線部8「感情表現がこのような既成の絵文字によって代替されてしまうことは、やはりまずいのではないか」とありますが、筆者がこのように考えるのはなぜですか。解答欄に合うように、三十字以内で説明しなさい。

問十　「インターネットの普及」について、次の問いに答えなさい。

(1)　生徒A〜Eさんが総務省のホームページを調べてみました。その資料についての彼女たちの会話で間違っている読み取りをしている発言を一つ選び、A〜Eの記号で答えなさい。

A　インターネットって、現代社会では確かに普及しているよね。資料1でも、長い間ずっと8割程度は維持しているし。絶対にデジタル方ができたからだよ。

B　2019年には約9割に迫っているね。そうやって考えると、2012年より10%以上も普及率が上がったってこと？私もインターネットがない生活を考えられないかも。

C　資料2から、地域によってインターネットやスマートフォンの利用率に差があることがわかるね。どちらも南関東の値が一番高いよ。

D　インターネットの利用率とスマートフォンの利用率って比例の関係になっているね。どちらの順位も同じ順番になっていることが読み取れるよ。

E　あと、資料3を見ると、端末としてはやっぱりスマートフォンの利用が一番多いんだね。パソコンも含めて、2019年では半分以上の人が使っているけど、前の年よりもどちらに増えているのとじゃないよね。

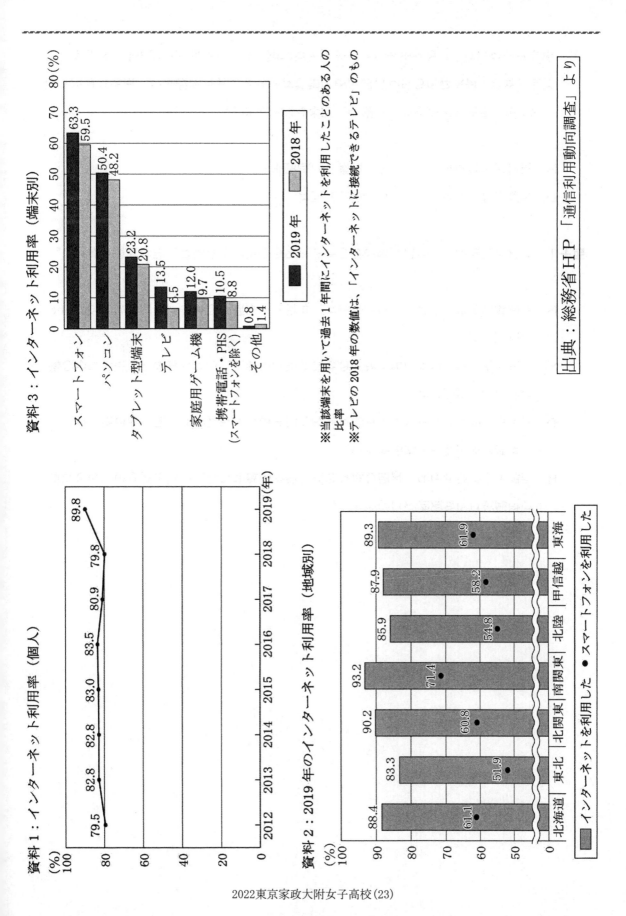

資料3：インターネット利用率（端末別）

■ 2019年　□ 2018年

※当該端末を用いて過去1年間にインターネットを利用したことのある人の比率
※テレビの2018年の数値は、「インターネットに接続できるテレビ」のもの

出典：総務省HP「通信利用動向調査」より

資料1：インターネット利用率（個人）

79.5　82.8　82.8　83.0　83.5　80.9　79.8　89.8

2012　2013　2014　2015　2016　2017　2018　2019（年）

資料2：2019年のインターネット利用率（地域別）

■ インターネットを利用した　● スマートフォンを利用した

北海道 88.4（61.1）
東北 83.3（51.9）
北関東 90.2（60.8）
南関東 93.2（71.4）
北陸 85.9（54.8）
甲信越 87.9（58.2）
東海 89.3（61.9）

⑵ 資料1〜3より、このままインターネットが普及していくと考えられます。その社会の傾向に対し、筆者はどのように考えると思われますか。本文を踏まえ、筆者の考えを最もよく表す慣用句を次から一つ選び、記号で答えなさい。

　ア　流れにさおさす　　　イ　雨降って地固まる

　ウ　光陰矢のごとし　　　エ　急がば回れ

問十一　本文の説明として当てはまらないものを次の中から一つ選び、記号で答えなさい。

　ア　高度情報化社会になったことにより、対応力や決断力のある人が評価される社会へと変化した。

　イ　皆が理解できる感覚を表したものが形容詞であるが、それに頼らない方が自分の感じたことを伝えられる。

　ウ　人とのコミュニケーションで絵文字を利用することには危うい面もあるが、楽しいやり取りを生み出す長所もある。

　エ　他者とつながるとき、文面の長さの制限がある場合には、定型表現から自分の気持ちを選ぶことが便利なこともある。

１ 次の文章を読んで、後の問いに答えなさい。

誰でも知っている古文から始めたいと思います。兼好の『徒然草』の序文です。

つれづれなるままに、日ぐらし、硯にむかひて、心にうつりゆくよしなしごとを、そこはかとなく書きつくれば、あやしうこそものぐるほしけれ。

（これといってすることがないのにまかせて、一日中、硯に向かいながら、心に次々と浮かんでくる、とりとめもないことを、あてもなく書きつけていると、不思議にわけのわからない気分になってくる。）

この一文は、日本人にとってきわめてなじみ深いものと言えるでしょう。『徒然草』は古文の教材としてよく取り上げられますので、冒頭のこの文章を教室で習わなかった人はほとんどないと思います。そして、兼好があまりにも高名なこの一文を創作したことに疑問を持つことは、あまりありません。【 ア 】

しかし、すべてを兼好個人が考えついたものではないのです。

『徒然草』が執筆されたのは、十四世紀前半。その約三百年ど前、『源氏物語』が執筆されたのと同じ頃に活躍した女流歌人和泉式部の歌集（辰翰本和泉式部集）に次のような表現があります。和歌の前に記される詞書の全文です。

つれづれなりし折、よしなしごとにおぼえし事、世の中にあらまほしきこと。

（これといってすることがない時に、とりとめもなく思いついたこと、世の中にあってほしいと思うこと（を詠んで）。）

何をするということもない所在ない様子を表す「 Ａ 」、そしてとりとめもないことという意味の「 Ｂ 」という語を含むこの文章は、『徒然草』序文のかなりの部分と重なり合っています。

同じ和泉式部の歌集（和泉式部正集）には、次のような詞書もあります。

いとつれづれなる夕暮れに、端に臥して、前なる前栽どもを、唯に見るよりはとて、物に書きつけたれば、いとあやしうこそ見ゆれ。さばれ人やは見る（後略）。

（これといってすることがない夕暮れ時に、縁側に横になって目の前にあるいろいろな植え込み〈前栽〉をただ眺めているよりはましだと思って、歌に詠んで紙に書きつけてみると、たいそう妙だと感じられる。えい、というとでもない、ほかの人が見たりはしないのだから。）

ここでは、「つれづれ」「書きつく」「あやし」が『徒然草』と共通しています。

和泉式部はすぐれた和歌を数多く詠んでおり、歌人でもあった兼好が、その歌集を読まなかったとは思えません。【　イ　】

現代だったら、これは盗作として問題になるのかもしれません。盗作とまではいかなくても、似ている語句が多いという理由によって、個性に乏しいとされてしまうかもしれません。

しかし、古典文学ではそんなことはないのです。<u>**1** 先人の用いたことばを取り込むことで自己表現が豊かになる</u>。そういう考え方が支配的だったからです。三百年という時間の隔たりはあっても、「ことばを共有する」という意識によって和泉式部と『徒然草』は強く結ばれています。このことの意義がどんなに大きいかということを、本書を読み進めながら実感していただきたいと思います。【　ウ　】

そして、この「ことばの共有」は<u>**2** 二人の歌人の単線的な関係にとどまりません</u>。

たとえば、和泉式部の生きた時代より後、平安時代後期に成立した『堤中納言物語』の終盤にも、

つれづれに侍る(はべ)ままに、よしないことども書きつくるなり。

とありますし、さらに少し後、『讃岐典侍日記(さぬきのすけにっき)』にも、

つれづれのままによしなし物語、昔今のこと、語り聞かせ<u>**3** 給ひしをり</u>、……

とあります。つまり、平安時代にしばしば用いられた<u>常套的(じょうとうてき)な表現</u>を『徒然草』序文は下敷きにしているのです。繰り返しますが、これはいつも盗んだとか、そういう話ではないのです。

かつてしばしば用いられ人々になじみ深いことばを表現の中に取り込むことで、自分自身も歴史的な流れとの一体感を味わい、そして読者もすんなりと文章を読み進めていくことができるという、ごく前向きな姿勢なのだと言えるでしょう。【　エ　】

以上のような『徒然草』序文と先行文献との関係については『徒然草』の注釈の歴史のなかでしばしば指摘されてきたことですが、本書を手に取ったほとんどの読者の方々はそれを知らなかったのではないでしょうか（私自身も、少なくとも大学生の時は知らなかったと思います）。

文学作品は、過去の作品表現の集積によって成り立っている。すぐれた作品はその上に新しい価値を付与したものだ。

本書では、まず第一にこのりについて考えてみたいのです。

『徒然草』序文の場合、**4**新しい価値とは何でしょうか。それは、「ものぐるほしけれ」という部分だと思います。「ものぐるほしけれ」はさきほど「わけのわからない気分になってくる」などと訳してみましたが、そのようにただならぬ感じを指す形容詞です。ちなみに『旺文社古語辞典［改訂新版］』（一九八八年　松村明・山口明穂・和田利政編）では、

正気を失っているようだ。狂気じみている。なんとなく気が変になりそうだ。

と解説されています。

この場合の「ものぐるほし」が、書かれた文章そのものを言うのか、それとも書いている作者兼好の心理状態を言うのかについては説が分かれているのですが、ここまでの文章では兼好の精神的なありようを主に述べているので、この語も同様であると考えておきたいと思います。「心にうつりゆくよしなしごとを、そこはかとなく書きつく」けていると、それで心の中のもやもやしたものがおさまっていくかと思いきや、そうではなく、ますますなにか異常な感じが高まってしまって、自分でもどうしようもない状況だというのです。

そのように内省的な態度をどこまでも突き詰めていくこと、それが『徒然草』のオリジナリティーでした。

『徒然草』では、日常の出来事や四季折々の自然に触発されて、「人生とは何か」「生きるとは何か」という問いかけが、時に正面切って、時に斜に構えながら発動していきます。それこそ兼好が文学的に達した高みであったと思うのです。そして、人生の意味、人間の存在を思念的に考察しようとする姿勢の深まりという、この作品の本質を象徴的に表しているのが「ものぐるほし」なのです。

「ものぐるほし」ということ自体は『源氏物語』や『枕草子』にも用例があり、決して特殊なことではありません。しかし、それを敢えて**5**このような文脈で使おうとすることに、この作者の（あるいは作品の）特色があります。

くどいようですが、ここまでのことをまとめ直しておきましょう。

『徒然草』の序文は、和泉式部をはじめ C 時代にしばしば用いられた常套的な表現を下敷きとしつつ、そこに自己の D 的態度を示す「ものぐるほし」ということばを付加することによって、常套的表現の持つ共同性を基盤に個性を表出しようとしました。共同性を有することで、読者の共感を増幅させ、かつ個性の部分の差異化もはかられます。個性も際立ってくるのです。詳しくは本論で触れたいのですが、共同性と個性が補完的に紡ぎ出されていくことのなかに、古典文学の真髄が見え隠れしていると言ってよいでしょう。

（　鈴木健一『知ってる古文の知らない魅力』による。一部改訂。　）

注　常套　古くから変わりなく、ありふれていること。

問一　次の一文はどこに入るのがふさわしいですか。本文中の【　ア　】～【　エ　】の中から最も適切なものを一つ選び、記号で答えなさい。

つまり、一個人の独創であるかに見える名文にも、このように先行する表現があって、すべてが新見というわけではないのです。

問二　本文中の空欄　A　・　B　に入る語句をそれぞれ文中から抜き出して答えなさい。ただし、　A　は四字、　B　は六字とします。

問三　――線部1「先人の用いたことばを取り込むことで自己表現が豊かになる」とありますが、「自己表現が豊かになる」こと以外で、先人の言葉を取り入れることの良さが書かれている一文を本文中から探し、最初の五字を抜き出して答えなさい。

問四 ──線部2「二人の歌人の単線的な関係にとどまりません」とありますが、その説明として正しいものを次の中から一つ選び、記号で答えなさい。

ア 和泉式部と兼好の作品に見られる「ことばの共有」が他の作品との間にも読み取れるということ。

イ 多くの先人が用いた表現を和泉式部も兼好も自分の作品の中に取り入れているということ。

ウ 和泉式部の考え方に共感した兼好が、さらに発展的な古典作品を生み出したということ。

エ 「ことばを共有」しているということで、日本文学の歴史の中を生きている実感を持てるということ。

問五 ──線部3「給ひしをり」の歴史的仮名遣いを現代仮名遣いに直し、すべてひらがなで答えなさい。

問六 ──線部4「新しい価値」とありますが、『徒然草』のどのような点に「新しい価値」があると筆者は考えていますか。解答欄に合うように、三十五字以内で説明しなさい。

問七 ──線部5「このような文脈」とありますが、それはどのようなことですか。最も適切なものを次の中から一つ選び、記号で答えなさい。

ア 他の作品でも使われているような意味で「ものぐるほしけれ」を用いているということ。

イ 予想を裏切るような使い方をすることで他の作品にはない表現をしているということ。

ウ 作者にしかわからない感情を他の作品では使われない言葉で表現しているということ。

エ 特別な言葉を使わずに心情を表現することで誰にでもわかりやすく伝えているということ。

問八 本文中の空欄 C ・ D に入る語句を文中からそれぞれ漢字二字でそのまま抜き出して答えなさい。

問九　この後の本文では、次の代の作品との関係について、筆者の考えが述べられます。ここまでの内容を踏まえつつ、この後に続く内容として考えられるものを次の中から一つ選び、記号で答えなさい。

ア　すぐれた作品表現は過去の作品の影響を強く受けるが、特に内省的な態度はその作品の形成とも読み取ることができる。

イ　すぐれた文学作品は、今まで評価されてきた作品を否定する反動的な動きの中で生み出されていく。

ウ　すぐれた文学作品が生み出されると、それが新たな規範となって、後代の作品表現の形成に影響を及ぼす。

エ　すぐれた作品表現が次々に生み出されていくことで、共同性を失いつつも、個性が目に見える形で表れていく。

問十　本文の構成の特徴として当てはまらないものを次の中から一つ選び、記号で答えなさい。

ア　複数の参考文献を取り上げることで、自身の主張が説得力を増すように構成されている。

イ　有名な古典作品を最初に持ち出し、その上で他の作品と比較することで読みやすく構成されている。

ウ　個々の作品を手がかりにして、古典文学全体の真髄を考察していくように構成されている。

エ　複数の作品を例に出し、古典作品における問題点を読み手に投げかける形で構成されている。

問十一　本文中に出てくる作品のうち、平安時代に成立していないものを次の中から一つ選び、記号で答えなさい。

ア　『堤中納言物語』　　　イ　『源氏物語』　　　ウ　『枕草子』

エ　『徒然草』　　　オ　『讃岐典侍日記』

英語解答

1 問題A　No.1…ウ　No.2…ア
　　　　　No.3…エ
　　　問題B　No.1…イ　No.2…エ
　　　　　No.3…ウ

2 問1　member of　　問2　by car
　　問3　hasn't seen
　　問4　smaller, his

3 問1　キ　問2　エ　問3　ク
　　問4　ア

4 問1　I don't have anything special
　　　　to do
　　問2　went to the bookstore in front
　　　　of the station
　　問3　The apples I got from you
　　　　were
　　問4　My parents sent me some
　　　　letters during

5 問1　ア　問2　イ　問3　エ
　　問4　simple　問5　エ　問6　ウ
　　問7　①　different　②　men
　　　　③　women　④　over

6 問1　A…エ　B…イ
　　問2　1…イ　2…ア　3…ウ
　　問3　①　up　②　in　③　of
　　問4　(例) When I was a child, I
　　　　found a puppy on the street
　　　　near my house. It was in a
　　　　box with a message. The
　　　　message said, "Please keep it,"
　　　　so I took it home. My parents
　　　　didn't let me keep it at first,
　　　　but they finally decided to
　　　　keep it because they
　　　　understood my deep love for
　　　　the dog. We named it Koro.
　　　　We had a good time with him.
　　　　Five years later, he got sick,
　　　　so we took him to a hospital,
　　　　but he died. I felt very sad.
　　　　Since then, I've wanted to
　　　　become a veterinarian.

1 〔放送問題〕解説省略

2 〔書き換え―適語補充〕

問1．「私は音楽部に入っている」→「私は音楽部のメンバーだ」　be in the ～ club「～部に入っている」≒a member of ～「～のメンバー，会員」

問2．「トムとニックはすし店へ車で行く」　drive to ～「～へ車で行く」≒go to ～ by car

問3．「最後にメグがエリックと会ってから3年がたった」→「メグはエリックに3年間会っていない」　現在完了の'継続'用法の否定文'have/has not＋過去分詞'に書き換える。　see－saw－seen

問4．「彼のかばんは私のものよりも大きい」→「私のかばんは彼のものよりも小さい」　上の文と下の文で主語が入れかわっているので，larger「より大きい」の反意語 smaller「より小さい」を使って書き換える。than の後は his bag を1語で表すので his「彼のもの」とする。

3 〔対話文完成―適文選択〕

問1．「おなかが痛いんだ」―キ．「本当に？　休んだ方がいいよ」　have a stomachache「おなかが痛い」　take a rest「ひと休みする，休憩する」

問2．「これは誰のペン？」―エ．「私のよ。ありがとう」　whose「誰の」は所有者を尋ねるとき

に使う。

問3.「静かにしなさい。ブラウン先生が話していますよ！」―ク.「ああ，すみません。そうします」 I will の後には繰り返しとなる be quiet が省略されていると考えられる。

問4.「ケーキをもっといかがですか？」―ア.「いいえ，けっこうです。おなかがいっぱいです」 Would you like ～？で「～はいかがですか」とていねいに相手に勧める表現。No, thanks. は「いいえ，けっこうです」と断るときの定型表現。

4 〔整序結合〕

問1.‘主語＋動詞’を I don't have とした後，have の目的語となる「特にすること」を anything special to do とする。このように -thing で終わる代名詞を修飾する形容詞はその後ろに置かれ，さらに to不定詞で修飾する場合（形容詞的用法）は，‘-thing＋形容詞＋to不定詞’の語順になる。

問2.「私は書店へ行きました」は I went to the bookstore。「～の前に」は in front of ～ で表せる。

問3.「リンゴはおいしかったです」The apples were delicious が文の骨組み。「私があなたからもらった」は I got from you と表して The apples の後に置く。

問4.「私の両親は，私に何通かの手紙を送ってくれました」は，‘send＋人＋物’「〈人〉に〈物〉を送る」を用いて，My parents sent me some letters とする。「～の間」は during ～。

5 〔長文読解総合―説明文〕

≪全訳≫■チアリーディングは世界中で人気のあるスポーツだ。それは1880年代にアメリカで始まった。アメリカの大学ではアメリカンフットボールの試合のような人気のあるスポーツの試合があった。プリンストン大学と呼ばれるある学校で，フットボールの試合を見ていた学生たちが自分たちのチームのために大きな声で声援を送り始めた。声援は試合中のチームを応援するためのものだ。例えば，「行こう，チーム！　行こう！」は単純な声援だ。トーマス・ピープルズはプリンストン大学を卒業し，別の大学でフットボールのコーチになった。そこで彼は声援を送ることについて新しい学校に話した。すると学生たちがチアリーディングチームを始めた。まもなく，多くの学校が続いた。■今日のチアリーディングは女性の中で最も人気があるが，最初のチアリーダーは全員男性だった。当初，女性はスポーツチームやチアリーディングチームのような，多くの学校の活動に参加できなかった。しかし，1920年代に，女性がチアリーディングチームに参加し始め，チアリーディングはすぐに女性たちの間でとても人気になった。1960年代から1970年代までは，チアリーダーの95パーセントは女性だった。男性は今でもチアリーディングにいるが，今日の多くの人々はチアリーディングは女性のスポーツだと思っている。■変わったのはこれだけではない。当初，チアリーディングはとても単純だったが，その後より複雑になった。チアリーダーはもっとダンスや体操をし始めた。彼女たちは所定の長いダンスや難しいジャンプ，後方宙返りや大技をした。チアリーダーはチームメイトを空中に投げたり，人間ピラミッドをつくった。チアリーディングが始まったとき，それはただチームを応援するものだったが，独立したスポーツになり，チアの大会が始まった。今日，チアの大きな全国大会や国際大会が多くある。これらのイベントはとても人気があり，そのいくつかはテレビで見ることができる。■チアリーディングはほとんどが女性によって行われ，多くのダンスや派手なユニフォームがあるので，多くの人はそれが女性のための楽しい活動だと思っている。しかし，チアリーディングは多くの体力と技術を必要とする。それは安全のためのマットや特別な用具もなく，よく屋外で行われるので，危険になりうる。

問1＜英文解釈＞follow は「続く，あとを追う」の意味。多くの学校が続いて行ったこととして適

切なのは，直前の文の内容を表すア.「他の学校の学生たちが，自分たちのチアリーディングのチームを始めた」である。

問2 ＜適語選択＞空所の前の女性が多くの学校の活動に参加できなかったことと，空所の後の女性がチアリーディングチームに参加し始めたことは，'逆接'の関係になっている。

問3 ＜要旨把握＞第3段落第6文に，When cheerleading started, it just supported teams「チアリーディングが始まったとき，それはただチームを応援するものだった」とある。ここでのsupport「応援する」は第1段落第4，5文より shout cheers「大きな声で声援を送る」ということだとわかる。

問4 ＜文脈把握＞At first「最初は」→simple「単純な」，later「その後」→complicated「複雑な」という文脈を読み取る。

問5 ＜適語選択＞前にある However「しかし」に着目すれば，その前にある a fun activity と対照的な内容になるとわかる。楽しい活動だが，「体力」と「技術」も必要だという文脈である。require「～を必要とする」

問6 ＜表題選択＞チアリーディングの誕生から，女性の参加，そしてチアリーディングがどう発展していったかまで，全体を通してチアリーディングについて述べられた文章である。そのタイトルとして適切なのは，ウ.「チアリーディングはどのように変わってきたか」。

問7 ＜要約文完成＞＜全訳＞今日のチアリーディングは100年前のチアリーディングとはかなり違っている。最初，チアリーダーは常に学校の試合でスポーツチームを応援するのを手伝った男性たちだった。今日，チアリーディングはほとんどが女性によって行われる，独特で難しいスポーツである。それには声援やダンス，体操がある。それはアメリカだけでなく，世界中の多くの国で人気がある。あなたは映画の中や，テレビの大きな大会でチアリーダーを見ることができる。

  ＜解説＞①第3段落参照。初期のものと比べ，現在のチアリーディングはかなり変わったことが述べられている。be different from ～ で「～と違う，異なる」。   ②第2段落第1文参照。最初のチアリーダーは全員男性だった。   ③第4段落第1文参照。現在チアリーディングはほとんどが女性によって行われている。   ④第1段落第1文参照。 all over the world「世界中で」 'not only *A* but (also) *B*'「*A*だけでなく*B*も」

6 〔長文読解総合—対話文〕

【Part 1】＜全訳＞**1**日本人の生徒（ハナコ）はALT（マリア）とスピーチコンテストについて話している。彼女たちはチラシを見ている。**2**ハナコ（H）：こんにちは，マリア。今，時間ありますか？**3**マリア（M）：こんにちは，ハナコ。ええ。_A私に何かご用かしら？**4**H：あの，私はこのスピーチコンテストに興味があるんです。手伝っていただけますか？**5**M：もちろん！　喜んであなたを手伝うわよ。**6**H：どうもありがとうございます！**7**M：それはいつなの？**8**H：8月29日の日曜日です。**9**M：今は6月の終わりだから，その準備をする時間は十分にあるわね。**10**H：はい，そのとおりです。最初に，私はスピーチ原稿を書く必要があるんです。その後で，私のためにそれを修正してくれますか？**11**M：ええ，するわ。いつそれを書き終えるつもり？**12**H：来週末までに終えられると思います。**13**M：わかった。それを読むのを楽しみにしているわね。コンテストのテーマは何なの？**14**H：ええと，2つのテーマから選ぶんです。1つは「私の夢」で，もう1つは「環境を守る」です。**15**M：あなたはどっちを選ぶつもり？**16**H：私は将来，獣医になりたいので，「私の夢」を選ぼうと思います。**17**M：へえ，それはすごいわね！　あなたが5万円をもらえることを願うわ。**18**H：_B私も

です。1位を取るように最善を尽くすつもりです。／スピーチコンテスト　2021年8月29日／テーマ：私の夢　環境を守る／場所：サクラ公会堂　東駅から徒歩5分／賞金：1位―5万円　2位―2万5000円　3位―1万円／＊スピーチの長さは3分とする。

　問1＜適文選択＞A．ハナコに時間があるかときかれたマリアの返答。この後でハナコは用件を伝えている。What can I do for you ? は，相手に用件を尋ねるときの定型表現。　　　B．マリアに「5万円もらえることを願うわ」と言われたハナコの返答。Me, too. は「私も」という意味。

　問2＜英問英答＞1．「マリアに見せる前に，ハナコがスピーチ原稿を書くのにどれくらいの時間がかかるか」―イ．「約1週間」　第11, 12段落参照。by next weekend「来週の週末まで」より，1週間程度と考えられる。　　2．「コンテストで彼女はどれくらいの間，スピーチをすることができるか」―ア．「3分間」　チラシの最終文参照。　　3．「コンテストのために彼女はどれくらいの間，準備ができるか」―ウ．「約2か月」　第8，9段落参照。今が6月の終わりでコンテストは8月29日である。

【Part2】≪全訳≫ハナコはスピーチ原稿を書き終えた。ALT（マリア）は彼女がそれを修正するのを手伝っている。

　問3＜誤文訂正＞≪全訳≫私の夢／私の夢は動物を幸せにすることです。だから私は大きくなったら獣医になるつもりです。この目標を達成するために私はたくさんのことをしなければなりません。私は助けを必要とする動物の世話をすることができるので，一生懸命勉強する決心をしています。動物はとてもかわいいので，私は獣医になりたいです。

　＜解説＞①grow up で「成長する，大人になる」。　　②in order to ～ で「～するために」。③take care of ～ で「～の世話をする，面倒を見る」。

【Part3】問4＜条件作文＞≪全訳≫こんにちは，みなさん。／私は私の夢について話したいと思います。私の夢は動物を幸せにすることです。／（例）子どものとき，私は家の近くの通りで子犬を見つけました。その犬はメッセージのついた箱に入っていました。メッセージには「この犬を飼ってください」と書かれてあったので，私は犬を家に連れて帰りました。両親は最初，飼うことに反対でしたが，最後には私の犬への深い愛情を理解してくれ，その犬を飼うことにしました。私たちはその犬をコロと名づけました。コロとは楽しい時間を過ごしました。5年後にコロは病気になり，私たちは彼を病院に連れていったのですが，彼は死んでしまいました。とても悲しかったです。それ以来，私は獣医になりたいと思っています。／動物を飼っている人はたくさんいます。彼らは自分のペットが大好きで，ペットたちとできるだけ長く一緒に暮らしたいと思っています。私は動物も人間もどちらも幸せにすることができるように，獣医になるために一生懸命勉強するつもりです。／ご清聴ありがとうございました。

　＜解説＞①の「子供のころ」は when I was little〔a little girl〕，「子犬」は a little〔small〕dog などでも表せる。②の「～と書かれてあった」は「（掲示や本などに）～と書いてある」という意味がある say を用いる。③の「飼うことに反対だった」は，「飼わせてくれなかった」と考えれば，'let＋目的語＋動詞の原形'「～に…させる」や'allow＋目的語＋to不定詞'「～が…するのを許す」の否定文で表せる。「私の気持ち」は my feelings などとする。④の「その犬をコロと名づけ」は 'name＋A＋B'「AをBと名づける」で表せる。悲しい別れの内容は，「病気で死ぬ」die from a disease〔illness, sickness〕や，「交通事故で死ぬ」die〔be killed〕in a traffic accident などが考えられる。

数学解答

$\boxed{1}$ (1) $-\dfrac{2}{9}$ (2) $-10xy^3$

     (3) $\dfrac{-4x+5}{3}$ (4) 9

$\boxed{2}$ (1) $y=3x+2$

     (2) $(x+y+2)(x+y-2)$ (3) -2

     (4) $\dfrac{5}{16}$ (5) ウ   (6) 3

$\boxed{3}$ (1) 2 (2) $\dfrac{8}{3}\pi$

$\boxed{4}$ (1) 12 (2) $2\sqrt{2}$

$\boxed{5}$ (1) $40°$ (2) $126°$

$\boxed{6}$ $6-2\sqrt{3}\,\mathrm{cm}^2$

$\boxed{7}$ (1) $2\sqrt{6}\,\mathrm{cm}$ (2) $6\sqrt{5}\,\mathrm{cm}^2$

$\boxed{8}$ ア…2 イ…3 ウ…337 エ…673
オ…504

$\boxed{1}$〔独立小問集合題〕

(1)＜数の計算＞与式 $=-4\div\dfrac{1}{2}\div36=-4\times2\times\dfrac{1}{36}=-\dfrac{2}{9}$

(2)＜式の計算＞与式 $=15x^2y\div9x^2\times(-6xy^2)=-\dfrac{15x^2y\times6xy^2}{9x^2}=-10xy^3$

(3)＜式の計算＞与式 $=\dfrac{3-3x-(x-2)}{3}=\dfrac{3-3x-x+2}{3}=\dfrac{-4x+5}{3}$

(4)＜数の計算＞与式 $=\{(\sqrt{5})^2+2\times\sqrt{5}\times2+2^2\}-\dfrac{20\times\sqrt{5}}{\sqrt{5}\times\sqrt{5}}=(5+4\sqrt{5}+4)-\dfrac{20\sqrt{5}}{5}=9+4\sqrt{5}-4\sqrt{5}=9$

$\boxed{2}$〔独立小問集合題〕

(1)＜等式変形＞$2x-2y+4x+4=0$, $-2y=-6x-4$, $y=3x+2$ となる。

(2)＜式の計算—因数分解＞与式 $=(x+y)^2-2^2$ と変形して，$x+y=A$ とおくと，与式 $=A^2-2^2=$ $(A+2)(A-2)=(x+y+2)(x+y-2)$ となる。

(3)＜数の計算＞$x^2+4xy+3y^2=(x+3y)(x+y)=\left(-\dfrac{2}{3}\right)\times3=-2$

(4)＜確率—硬貨＞4枚の硬貨をA，B，C，Dとする。4枚の硬貨を同時に投げるとき，硬貨の表裏の出方は全部で，$2\times2\times2\times2=16$（通り）ある。このうち，表が3枚出る場合は，裏が1枚出る場合で，裏となる1枚はA，B，C，Dのいずれかだから，4通りある。表が4枚出る場合は1通りである。よって，表が3枚以上出る場合は $4+1=5$（通り）だから，求める確率は $\dfrac{5}{16}$ となる。

(5)＜データの活用—箱ひげ図＞ア．箱ひげ図では平均点はわからない。 イ…誤。A組の点数の最小値は7点，最大値は18点だから，範囲は $18-7=11$（点）である。一方，B組の点数の最小値は9点，最大値は20点だから，範囲は $20-9=11$（点）である。よって，A組とB組の範囲は等しいので，散らばりの度合いは同じである。 ウ…正。中央値は，A組，B組とも15点だから，どちらのクラスも半分以上の生徒が15点以上とっている。 エ…誤。A組の第3四分位数は17点，B組の第3四分位数は18点で，異なる。

(6)＜二次方程式の応用＞原価1000円の品物に x 割の利益を見込んで定価をつけたから，定価は $1000\left(1+\dfrac{x}{10}\right)$ 円と表せる。売り出すときに定価の x 割引きで売ったから，売り値は $1000\left(1+\dfrac{x}{10}\right)$ $\times\left(1-\dfrac{x}{10}\right)$ 円と表せる。よって，90円損したことから，$1000\left(1+\dfrac{x}{10}\right)\left(1-\dfrac{x}{10}\right)-1000=-90$ が成

り立つ。これを解くと，$(1000-10x^2)-1000=-90$，$-10x^2=-90$，$x^2=9$ ∴$x=\pm3$ $x>0$ より，$x=3$（割）である。

③〔関数―一次関数のグラフ〕

(1)<切片>右図で，直線 $y=x+b$ は P(2, 4) を通るから，$y=x+b$ に $x=2$，$y=4$ を代入して，$4=2+b$ より，$b=2$ である。

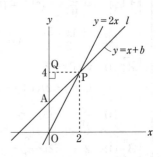

(2)<体積>右図のように，点 P から y 軸に垂線 PQ を引くと，△AOP を y 軸を軸として1回転させたときにできる立体は，△OPQ を y 軸を軸として1回転させてできる円錐から，△APQ を y 軸を軸として1回転させてできる円錐を除いた立体となる。この2つの円錐の底面の半径は，点 P の x 座標が2より，PQ$=2$ である。また，(1)で直線 l の切片が2だから，A(0, 2) であり，OA$=2$ となる。点 P の y 座標が4より，Q(0, 4) だから，OQ$=4$ となる。よって，それぞれ円錐の高さは，OQ$=4$，AQ$=$OQ$-$OA$=4-2=2$ だから，求める立体の体積は，$\frac{1}{3}\times\pi\times2^2\times4-\frac{1}{3}\times\pi\times2^2\times2=\frac{8}{3}\pi$ である。

④〔関数―関数 $y=ax^2$ と一次関数のグラフ〕

(1)<面積>右図のように，辺 AB と y 軸の交点を C として，△AOB$=$△AOC$+$△BOC と考える。2点A，Bは放物線 $y=\frac{1}{2}x^2$ 上の点で，x 座標はそれぞれ-4，2だから，$y=\frac{1}{2}\times(-4)^2=8$，$y=\frac{1}{2}\times2^2=2$ より，A(-4, 8)，B(2, 2) である。よって，直線 AB の傾きは

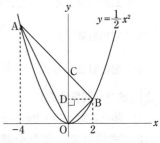

$\frac{2-8}{2-(-4)}=-1$ だから，その式は $y=-x+b$ とおける。これが点 B を通ることから，$2=-2+b$ より，$b=4$ である。これより，C(0, 4) となるから，OC$=4$ である。△AOC，△BOC の底辺を OC と見ると，2点A，Bの x 座標より，△AOC の高さは4，△BOC の高さは2となるから，△AOB$=\frac{1}{2}\times4\times4+\frac{1}{2}\times4\times2=12$ である。

(2)<長さ>右上図のように，点 B から y 軸に垂線 BD を引くと，直線 AB の傾きが-1より，CD$=$BD であり，B(2, 2) より，OD$=$BD$=2$ である。これより，△CBD，△OBD はどちらも直角二等辺三角形なので，∠CBD$=$∠OBD$=45°$ より，∠OBA$=$∠CBD$+$∠OBD$=45°+45°=90°$ となる。よって，原点 O と直線 AB の距離は線分 OB の長さとなる。△OBD は OD$=$BD$=2$ の直角二等辺三角形だから，求める距離は OB$=\sqrt{2}$OD$=\sqrt{2}\times2=2\sqrt{2}$ である。

⑤〔独立小問集合題〕

(1)<平面図形―角度>右図1の△ACD で，内角と外角の関係より，∠CAD$=$∠BDA$-$∠DCA$=70°-40°=30°$ である。線分 AD が∠CAB の二等分線だから，∠CAB$=2$∠CAD$=2\times30°=60°$ となる。△ABC で，∠ABC$=180°-($∠BCA$+$∠CAB$)=180°-(40°+60°)=80°$ となり，線分 BP が∠ABC の二等分線だから，∠PBD$=\frac{1}{2}$∠ABC$=\frac{1}{2}\times80°=40°$ となる。

図1
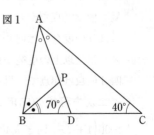

(2)<平面図形—角度>右図2のように，線分 CF，DH の交点を P とし，図2 点 F，H を結ぶ。点 A ～ J は円周を10等分する点だから，$\overset{\frown}{CH}$ の長さは円周の $\dfrac{5}{10} = \dfrac{1}{2}$ であり，半円の弧に対する円周角より，∠PFH $= 90°$ となる。$\overset{\frown}{CH} : \overset{\frown}{DF} = 5 : 2$ より，∠PFH : ∠PHF $= 5 : 2$ だから，∠PHF $= \dfrac{2}{5}$∠PFH $= \dfrac{2}{5} \times 90° = 36°$ である。よって，△FHP で内角と外角の関係より，∠x ＝∠HPC ＝∠PFH＋∠PHF $= 90° + 36° = 126°$ となる。

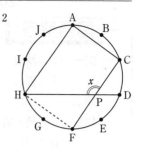

6 〔平面図形—三角形—面積〕

右図のように，点 A から辺 BC の延長に垂線 AD を引くと，∠ABD $= 45°$ より，△ABD は直角二等辺三角形である。これより，AD ＝ BD $= \dfrac{1}{\sqrt{2}}$AB $= \dfrac{1}{\sqrt{2}} \times 2\sqrt{6} = 2\sqrt{3}$ となる。また，∠DAB ＝∠ABD $= 45°$ だから，∠DAC ＝∠DAB－∠CAB $= 45° - 15° = 30°$ より，△ACD は3辺の比が $1 : 2 : \sqrt{3}$ の直角三角形である。よって，CD $= \dfrac{1}{\sqrt{3}}$AD $= \dfrac{1}{\sqrt{3}} \times 2\sqrt{3} = 2$ となり，BC ＝ BD－CD $= 2\sqrt{3} - 2$ となる。したがって，△ABC $= \dfrac{1}{2} \times$ BC $\times$ AD $= \dfrac{1}{2} \times (2\sqrt{3} - 2) \times 2\sqrt{3} = 6 - 2\sqrt{3}$ (cm²) となる。

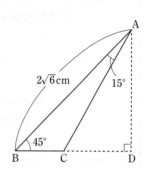

7 〔空間図形—立方体〕

(1)<長さ>右図の立方体で，1辺の長さを x cm とすると，表面積が 144cm² だから，$x^2 \times 6 = 144$ が成り立つ。これを解くと，$x^2 = 24$，$x = \pm 2\sqrt{6}$ となり，$x > 0$ より，$x = 2\sqrt{6}$ (cm) となる。

(2)<面積>右図で，GF⊥〔面 ABFE〕より，∠GFP $= 90°$ だから，△PFG $= \dfrac{1}{2} \times$ FG $\times$ PF である。点 P が辺 AE の中点より，PE $= \dfrac{1}{2}$AE $= \dfrac{1}{2} \times 2\sqrt{6} = \sqrt{6}$ である。△PEF で三平方の定理より，PF $= \sqrt{PE^2 + EF^2} = \sqrt{(\sqrt{6})^2 + (2\sqrt{6})^2} = \sqrt{30}$ となるから，△PFG $= \dfrac{1}{2} \times 2\sqrt{6} \times \sqrt{30} = 6\sqrt{5}$ (cm²) となる。

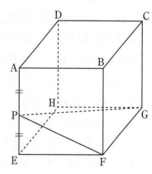

8 〔数と式—数の性質〕

2022を素因数分解すると，$2022 = 2 \times 3 \times 337$ となる。$2022 = 674 \times 3 = 674 + 674 + 674 = 673 + 674 + 675$ より，2022を3個の連続する自然数の和で表したとき，最小の自然数は673となる。また，$2022 = 1011 \times 2 = (505 + 506) \times 2 = 505 + 505 + 506 + 506 = 504 + 505 + 506 + 507$ より，2022を4個の連続する自然数の和で表したとき，最小の自然数は504となる。

国語解答

一 問一 ① 減退 ② おんけい
　　　　③ 開拓 ④ 覚悟 ⑤ ゆる
問二 ウ
問三 a 効率的
　　　　b 「知への尊敬」の念
　　　　c 限定的
問四 インターネットの普及によって必要な情報がすぐに手に入るようになったこと。(36字)
問五 ア
問六 (1)…ア，ウ，エ
　　　　(2) ふだんは意識の外側にある別のものに興味を引かれるということ。(30字)
問七 イ　　**問八** 最大公約数

問九 自分の感情はあらかじめ用意されたどの絵文字とも違うはずだ(28字)［から。］
問十 (1)…A，D (2)…エ
問十一 ア
二 問一 イ
問二 A つれづれ B よしなしごと
問三 かつてしば　　**問四** ア
問五 たまいしおり
問六 ものぐるほしという言葉を使って，内省的な態度を突き詰めていった(31字)［という点。］
問七 イ　　**問八** C 平安　 D 内省
問九 ウ　　**問十** エ　　**問十一** エ

一 〔論説文の読解―社会学的分野―現代文明〕出典；永田和宏『知の体力』。

≪本文の概要≫インターネットの普及により，情報を得るスピードが速くなった。しかし，必要な情報や知識がすぐに手軽に手に入るという状況は，「知への尊敬」の念を失わせる。また，検索エンジンによる「知」へのアクセスの直せつ性は，効率的ではあるが，限定的でもあり，偶然の出会いという形での「知」への遭遇は起こりえない。ケータイメールやツイッターは，思考の断片化を促進し，一つのことをじっくり考える習慣を奪うという危険性や，既存の考え方の枠に自分を押し込めてしまうという危険性を持っている。自分だけが感じたことを伝えるためには，既成の絵文字や顔文字のような，ある感情の最大公約数を用いるべきではない。自分の感情を，すでに用意されている絵文字のパターンに当てはめるという作業で整理してしまうことは，ほかにないはずの自分という存在に対して，あまりにも無責任な対応である。短い言葉だけで用をたす生活に慣れすぎると，物事を基本に立ち返って考えるという習慣に乏しくなる。

問一<漢字>①勢いがへって衰えること。　　②恵み，慈しみのこと。　　③新しい分野，領域，進路などを切り開くこと。　　④危険なことや困難なことなどを予想して，それを受けとめる心構えをすること。　　⑤音読みは「緩慢」などの「カン」。

問二<文章内容>電車が次々に来て，待ち時間がほとんどない山手線や待ち時間のわかる市バスの例は，現代人が「待つという時間に対して，耐える力が減退している」ことを表している。

問三<文章内容>インターネットによる知識や情報へのアクセスは，ネット普及前に比べて時間や手間がかからず「効率的」ではあるが(…a)，あっけなく情報が手に入り，しかも誰が書いたのかわからない説明文からは，「『知への尊敬』の念はほとんど湧いて」こない(…b)。また，インターネットは，「一直線に」得たい情報に導いてくれるため，そこには「偶然の出会いという形での『知』への遭遇」がなく，幅の面では「限定的」なのである(…c)。

問四<指示語>いまや情報を得るために必要な時間と手間が「少なく」なったことを，「駄目」とは言わないが，「インターネットの普及によって，必要な情報が，とにかくすぐ手に入るようになった」状況のままでいいのだろうかとも，「私」は思っている。

問五<文章内容>『大漢和辞典』や『広辞苑』を引くときは，「その行間に，私たちははっきりとは意識しないまでも，これを営々とした努力の末に完成させた人（あるいは人々）の存在を，かすかに感じ」て，「その恩恵を蒙っているという意識」を「どこかで感じて」いる。しかし，インターネットの普及によって成立した「『知』があまりにも手軽に手に入るという状況」では，そうした辞書をつくるまでの努力を感じ取りにくく，「営々とした努力の末」に積み重なってきた「知への尊敬」の念は抱きにくいのである。

問六<文章内容>(1)「犬も歩けば棒に当たる式」とは，「偶然の出会いという形での『知』への遭遇」や，何かの拍子で「不意に自分の別の興味に火がつくといった形での，『知』へのアクセスの仕方」である。友達に誘われてたまたま行った博物館で，新しく研究したいテーマを発見することや（ア…○），新聞を隅から隅まで読むことで今まで関心のなかった分野に興味をひかれること（ウ…○），図書館のおすすめ本コーナーを見て，自分の好きな作家とは別の作家の本と出会うことは（エ…○），「犬も歩けば棒に当たる式」に当たる。　　　　(2)「犬も歩けば棒に当たる式」には，「偶然の出会いという形での『知』への遭遇」によって，「意識の外側」にあって「普段は現れてこない」新たな興味・関心に自分が開かれるという良さがある。

問七<文章内容>ケータイメールやツイッターは，すぐに対応しなければならないという習慣を生み，それは，「私たちから一つのことをじっくり考えるという習慣を奪ってしまう危険性」がある。

問八<表現>ケータイメールやツイッターは，「既存の考え方の枠の中に自分を押し込めてしまう」危険性を持っている。自分の感情表現を，ある感情の「最大公約数」である既成の絵文字によって代替させることは，自分の感情を「すでに用意されているパターンのどれに該当するか」を選んだり，当てはめたりするという作業にすり替えることになるのである。

問九<文章内容>自分の感情は，あらかじめ用意された絵文字の「どれとも違う」ものであり，それを「ありきたりのパターン」に当てはめてしまうことは，「自分という，他にはないはずの存在」に対してあまりにも無責任な対応だといえるのである。

問十(1)<資料>インターネットの普及と，「デジタル庁ができた」ことの関係は，資料からは読み取れない（A…×）。資料2によると，「インターネットの利用率」は，南関東，北関東，東海，北海道，甲信越，北陸，東北の順に高いが，「スマートフォンの利用率」は，南関東，東海，北海道，北関東，甲信越，北陸，東北の順に高く，「どちらの順位も同じ順番になって」はいない（D…×）。(2)<ことわざ>インターネットの普及が進めば，「知への尊敬」の念はますます失われ，「じっくり考える」習慣が失われる傾向も早まるため，「私」は，時間や手間がかかっても，本などで調べることが大切だと考えると思われる。「急がば回れ」は，遠回りなようでも確実な方法を取った方が目的を達成できる，という意味。

問十一<要旨>自分だけが感じたことを伝えるためには，「万人の共通感覚の表象である形容詞に頼らない」ことは，基本中の基本である（イ…○）。「時おり人からもらうメッセージ」に顔文字が入っていたりすると，「それはなかなか楽しいものではある」が，ある感情の最大公約数としての絵文字に自分の感情を整理してしまうことは，「自分という，他にはないはずの存在に対して，あまりにも無責任な対応」である（ウ…○）。「メールの短さの制限」を考えると，悲しい表情だけでも

何十種類もある顔文字を使うのは、「効率的」ではある（エ…○）。

二 〔説明文の読解─芸術・文学・言語学的分野─文学〕出典；鈴木健一『知ってる古文の知らない魅力』。

問一＜文脈＞『徒然草』の序文にある、「つれづれ」「書きつく」「あやし」という語を含む文章は、平安時代の歌人和泉式部の歌集にもあり、兼好法師が「その歌集を読まなかったとは」思えない。つまり、兼好法師個人の「独創であるかに見える名文」にも、「先行する表現があって、すべてが新見というわけではない」のである。現代では、こうした先行表現を参考にすることは、「盗作として問題になるのかも」しれないが、古典文学では盗作にはならない。

問二＜古語＞Ａ．「つれづれ」は、することがなくて退屈だ、所在ない、という意味。　　Ｂ．「よしなしごと」は、つまらないこと、とりとめもないこと。

問三＜文章内容＞先人との「ことばの共有」は、自己表現が豊かになること以外に、「かつてしばしば用いられ人々になじみ深いことばを表現の中に取り込むことで、自分自身も歴史的な流れとの一体感を味わい、そして読者もすんなりと文章を読み進めていくことができるという、じつに前向きな姿勢」でもある。

問四＜文章内容＞「ことばの共有」は、『徒然草』と和泉式部の歌集に見られるだけではなく、『堤中納言物語』や『讃岐典侍日記』にも見られるのである。

問五＜歴史的仮名遣い＞歴史的仮名遣いの語頭以外のハ行は、現代仮名遣いでは原則として「わいうえお」になる。また、歴史的仮名遣いの「を」は、現代仮名遣いでは助詞を除いて「お」になる。

問六＜文章内容＞新しい価値は、「ものぐるほしけれ」の部分である。「ものぐるほし」という言葉を使って、「内省的な態度をどこまでも突き詰めていくこと」が、『徒然草』の「オリジナリティー」である。人生の意味、人間の存在を思念的に考察しようとする姿勢の深まりという『徒然草』の本質を象徴しているのが、「ものぐるほし」という言葉である。

問七＜文章内容＞「ものぐるほし」という言葉自体は、『源氏物語』や『枕草子』にも用例があり、決して特殊な言葉ではないが、それをあえて「精神的なありよう」を述べる言葉として、かつてない文脈で使ったことに、兼好法師や『徒然草』の特色がある。

問八＜文章内容＞『徒然草』の序文に使われている言葉は、和泉式部の歌集や『堤中納言物語』や『讃岐典侍日記』にも見られ、『徒然草』の序文は、「平安時代にしばしば用いられた常套的な表現」を「下敷きにしている」のである（…Ｃ）。また、兼好法師は、「ものぐるほし」という言葉を使うことで、「内省的な態度をどこまでも突き詰めていく」という『徒然草』のオリジナリティーを示そうとしたのである（…Ｄ）。

問九＜文章内容＞古典作品の真髄は、過去にしばしば用いられた「常套的な表現」の持つ共同性を基盤にして著者の個性を表出しようとしたところにある。共同性があることで読者の共感が増幅され、同時に、個性の部分の差異化もはかられる。

問十＜表現＞まず最初に『徒然草』を取り上げ、その後で和泉式部の歌集や『堤中納言物語』など複数の作品を例に出し（ア・イ…○）、文学作品は、過去の作品表現の集積によって成り立っており、優れた作品はその集積のうえに新しい価値を付与したものであることが、読者にわかりやすくていねいに説明されている（ウ…○、エ…×）。

問十一＜文学史＞『徒然草』は、鎌倉時代後期に成立した随筆である。

【英　語】　　　　　　　　　　　　　　　英語・数学・国語 合わせて 60 分，各 20 点

1 次の各問いに答えなさい。

問1　次の（　　）に入る最も適切な語を**ア**〜**エ**からそれぞれ 1 つずつ選び、記号で答えなさい。

(1) 昨日川でつられた魚はとても小さかった。
The fish (　　) in the river yesterday was very small.
　　ア catches　　**イ** caught　　**ウ** catch　　**エ** catching

(2) ここに 8 時までに来てください。
Please come here (　　) eight o'clock.
　　ア by　　　　**イ** until　　　**ウ** at　　　　　**エ** on

問2　次の日本文の意味になるよう**ア**〜**カ**を並べかえた場合、2 番目と 4 番目にくる語をそれぞれ記号で答えなさい。ただし文頭にくる語も小文字で示してある。

(1) 何度北海道に行ったことがありますか。
（ **ア** been　**イ** how　**ウ** have　**エ** times　**オ** many　**カ** you ）to Hokkaido?

(2) 私は彼がなぜそんなに怒ったのかわからない。
I don't（ **ア** angry　**イ** made　**ウ** him　**エ** know　**オ** so　**カ** what ）.

(3) 私が彼女を訪れた時、彼女は寝ていた。
She（ **ア** I　**イ** her　**ウ** sleeping　**エ** visited　**オ** was　**カ** when ）.

2 次の英文を読んで、後の問いに答えなさい。

Coral Reefs

①*Coral reefs are called "the *rainforests of the sea." This is because coral reefs are living things that make water clean just as the trees in the rainforests make air clean. Clean air and clean water are important for a healthy *ecosystem. However, coral reefs are disappearing, so we must protect them. 【ア】

The Great Barrier Reef in Australia is the largest coral reef in the world. It is also one of the *World Natural Heritage Sites. It protects （ ② ） many kinds of fish, but also sea turtles and other sea lives. More than 2 million tourists travel to the Great Barrier Reef to enjoy its beauty every year. 【イ】

In the past ten years, ③80% of coral reefs have *declined. One main reason is careless tourism. Tourists need hotels and restaurants, so there is a lot of *construction near coral reefs. This causes more pollution in the water. The pollution *blocks the sun necessary for the coral reefs to survive. Tourists also leave more plastic waste and are careless when they are swimming and stand on the coral. Another main reason is *climate change. The colorful reefs are slowly losing their color and becoming white. 【ウ】

If we don't act quickly, coral reefs will be lost. In 2000, the Coral Reef Conservation Program was started to solve this problem. This program supports both tourism and fishing, and reduces pollution. As tourists, we should use less water and plastic, and support *reef-friendly local business. Let's do our best to protect "the rainforest of the sea." 【エ】

(注) *coral reef サンゴ礁   *rainforest   熱帯雨林   *ecosystem 生態系
      *World Natural Heritage Sites   世界自然遺産   *decline 死滅する
      *construction 建設   *block さえぎる   *climate 気候
      *reef-friendly サンゴに優しい

問1　下線部①の理由として最も適切なものを次の中から1つ選び、記号で答えなさい。

ア　They help to keep the sea clean.
イ　They keep a lot of water for trees on the land.
ウ　They help to keep the tourists healthy.
エ　They keep the air clean to protect water.

問2　（　②　）に入る最も適切な語句を次の中から1つ選び、記号で答えなさい。

ア　such as　　　イ　not only　　　ウ　for all　　　エ　for example

問3　以下の文を入れるもっとも適切な場所を【ア】～【エ】の中から1つ選び、記号で答えなさい。

This will not stop while the sea temperature keeps rising.

問4　下線部③の理由の説明として最も適切なものを次の中から1つ選び、記号で答えなさい。

ア　ホテルなどの建造物が日光をさえぎってしまうから。
イ　日光が当たると、日焼けしてしまうから。
ウ　気候が変わると旅行者が来なくなるから。
エ　旅行者の不注意な行動で汚染が進むから。

問5　以下の英文は本文の要約である。空欄あ～うに入る語の組み合わせとして最も適切なものを次の中から1つ選び、記号で答えなさい。

Coral reefs are as （　あ　） as the rainforests.　They clean water to protect a （　い　） ecosystem.　However, those reefs are being lost because of careless tourists and climate change, and other reasons.　A program has started to reduce the （　う　）.　We should do our best to protect those reefs.

	あ	—	い	—	う
ア	popular	—	healthy	—	waste
イ	popular	—	clear	—	waste
ウ	important	—	healthy	—	pollution
エ	important	—	clear	—	pollution

【数　学】

1 次の問いについて，適切なものをア～オの記号で答えなさい。

問1　$-2^2 \times (1 - 0.5)^2 \times (-3)$を計算しなさい。

　ア　-6　　　　イ　-3　　　　ウ　$\dfrac{3}{2}$　　　　エ　3　　　　オ　6

問2　$\dfrac{5a-3b}{22} - \dfrac{2a+b}{33}$を計算しなさい。

　ア　$\dfrac{a-b}{6}$　　　　イ　$\dfrac{a-7b}{6}$　　　　ウ　$\dfrac{19a-b}{6}$　　　　エ　$\dfrac{11a-7b}{66}$　　　　オ　$\dfrac{19a-11b}{66}$

問3　$(a+1)^2 - 2(a+1)$を因数分解しなさい。

　ア　$(a+1)(a+1)$　　　　イ　$(a+1)(a-1)$　　　　ウ　$a(a-1)$

　エ　$a(a+1)$　　　　オ　$(a-1)^2$

問4　$x = \sqrt{2} + 1$のとき，$x^2 - 2x - 3$の値を求めなさい。

　ア　-4　　　　イ　-2　　　　ウ　2　　　　エ　$\sqrt{2}+1$　　　　オ　4

問5　1，2，3，4，5のそれぞれ数字が書かれた5枚のカードがある。ここから，1枚ずつ続けて，2枚のカードを取り出し，取り出した順に十の位，一の位として2けたの整数をつくる。このとき，できる2けたの整数が奇数になる確率を求めなさい。

　ア　$\dfrac{1}{3}$　　　　イ　$\dfrac{2}{5}$　　　　ウ　$\dfrac{1}{2}$　　　　エ　$\dfrac{3}{5}$　　　　オ　$\dfrac{2}{3}$

問6　2つの2次方程式$x^2 + ax + 2b = 0$，$x^2 - ax + b + 1 = 0$の解の1つがともに$x = 2$である。このとき，a，bの値を求めなさい。

　ア　$a = 0$，$b = -2$　　　　イ　$a = -1$，$b = -3$　　　　ウ　$a = -1$，$b = 3$

　エ　$a = 1$，$b = 3$　　　　オ　$a = 1$，$b = -3$

問7 2つの関数 $y = -3x + 5$ と $y = ax^2$ において，x の値が3から6まで増加したとき，それぞれの変化の割合が等しくなった。このとき，a の値を求めなさい。

ア $a = -3$ **イ** $a = -\dfrac{1}{3}$ **ウ** $a = 1$ **エ** $a = \dfrac{1}{3}$ **オ** $a = 3$

問8 右の図において，$\angle x$ の大きさを求めなさい。
ただし，$\ell \ /\!/ \ \mathrm{m}$ とする。

ア $60°$ **イ** $62°$ **ウ** $64°$

エ $66°$ **オ** $68°$

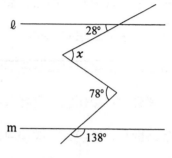

問9 右の図のように，正方形 ABCD とおうぎ形 BAC, DAC を組み合わせた図形がある。この図において，斜線の部分の面積を求めなさい。
ただし，円周率は π とする。

ア $(72\pi - 144)\,\mathrm{cm}^2$ **イ** $(36\pi - 144)\,\mathrm{cm}^2$ **ウ** $36\pi\,\mathrm{cm}^2$

エ $(144 - 36\pi)\,\mathrm{cm}^2$ **オ** $(144 - 72\pi)\,\mathrm{cm}^2$

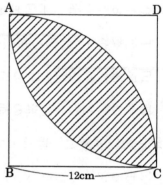

問10 右の図のように，$\mathrm{AD}\ /\!/\ \mathrm{BC}$，$\angle \mathrm{ADC} = \angle \mathrm{BCD} = 90°$ の台形 ABCD がある。また，辺 CD は直線 ℓ に重なっている。この図形を直線 ℓ を軸として1回転させるとき，できる立体の体積を求めなさい。
ただし，円周率は π とする。

ア $48\pi\,\mathrm{cm}^3$ **イ** $60\pi\,\mathrm{cm}^3$ **ウ** $72\pi\,\mathrm{cm}^3$

エ $84\pi\,\mathrm{cm}^3$ **オ** $96\pi\,\mathrm{cm}^3$

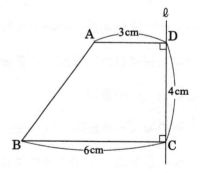

【国語】

1 次の文章を読み、後の問いに答えなさい。

人生は、完璧である必要がない。

工場のコントローラは完璧でなければいけない。自動車の自動運転も完璧でなければいけない。医療技術も、もちろん。

しかし、1人生に寄り添う人工知能は、完璧を目指してはいけない。「ア完璧な人生」は、実のところ完璧じゃないからだ。イ人生の奇跡は、不完全の中にある。

命は守ってほしい。暮らしは楽にしてくれてもいい。でも、人生は放っておきなさい。

2018年の春、「10年後のAIライフ」をテーマにしたショートムービーを見た。大手IT企業が、ウ理想の未来生活を描いたものだ。10年間昏睡状態だった男性が目覚めて、エ「10年後」の生活を目の当たりにするという物語。主人公は、白人の60代と思しき男性だ。舞台は、どこか欧米の都市である。

10年後、人々は、呼ぶと3次元映像でふわりと現れるAI[注1]執事と共に暮らしている。そう、まるで、『アラジン』のランプの魔人のような。

主人公の男性は、すっかり"浦島太郎"になってしまって、娘のマンションに身を寄せている。40代と思しきキャリアウーマンだ。[注2]甲斐甲斐しく面倒を見てくれる娘に胸を熱くした主人公は、出勤する娘を見送った後、AI執事を呼び出して、「花屋に電話してくれたまえ」と頼む。

するとAI執事が、こう応える。「彼女に花を贈るつもりですね」

AI執事は、戸惑うようなわずかな沈黙の後、気遣うように声のトーンを下げて、こう続けたのだ。「女性がサプライズを喜ぶ確率は75％を超えますが、彼女が花束を喜ばない確率は90％を超えます」と。

花束は、娘の[注3]トラウマらしい。AI執事は「理由は、プライバシーの侵害になるので言えません」というセリフでそう匂わせ、父親は花束を贈るのを止めてしまう。

私は、このやりとりに、冷水を浴びせられたような気持ちになってしまった。私なら、この執事は絶対に要らない。

女心を確率で測るなんて、超ナンセンスだ。女は、999人にバラを贈られても嬉しくないのに、たった1人のそれが人生を変えるくらいに嬉しい。そういう生き物なのだから。

今回の花束が、「千本目のバラ」だったかもしれないのに。だとしたら、2彼は、人生の奇跡を一つ、逃してしまったことになる。

【　Ａ　】、娘の「花束トラウマ」の原因は、幼い日に、父親に花束をもらえなかったことが遠因かもしれない。バレエの発表会に、仕事先からギリギリに駆け付けた父親が、約束したはずの花束を持ってこなかった。お友達はみんなパパからの花束に顔をうずめていた。数年前に発表会で4プリマドンナを踊った姉も、パパにもらったのに……。私がプリマドンナじゃないから？　それとも、姉のように美しくないから？

幼い彼女の心に、氷の塊を残した花束の記憶は、やがて、大人になって、恋人と別れる原因になってしまったのかも。彼女の大事な瞬間に、彼が花束を忘れたことが原因で。彼にとっては「ただ1回のうっかり」にしか過ぎなくても、彼女にとっては、コンプレックスに針を刺す、致命的な出来事だったから。

以来、花束を見ると悲しい気持ちになってしまう、のかもしれない。

3だとしたら今こそが、花束の贈り時である。父親だけが、彼女の心の氷の塊を解かす、花束の贈り主になれる。

あるいは、父親とは関係ないトラウマかもしれない。

花束を買いに行った恋人が、事故で帰らぬ人になったのかも。

だとしても、昏睡状態から生還した父親の花束は、凍り付いた彼女の心を解かす①イチョウになるだろう。それ以外の解決法はないというくらいに。

【　Ｂ　】、単純に花束が嫌いなだけで、そのプレゼントが失敗に終わったとしても、②イシコウにかまわない。

花束自体は、4彼女の不興を買うかもしれないが、娘はコンプレックスの③イシタンを

2021東京家政大附女子高校(推薦)(7)

父親にさらけ出すことになる。それは、心の素の部分を、父親に触れさせる行為なのだ。

人間とは不思議なもので、たとえ[5]不力デイナ反応がきっかけだとしても、心をさらけ出した相手とは、心の距離が近くなる。

彼女にとっては、10年間眠っていた父親である。体調くの気遣いもあって、少し遠慮がちな気持ちになっていたかもしれない。そもそも、優しすぎたもの、40がらみのキャリアウーマンが、60代の父親に対する態度としては。

ここは、「余計なことしなくていいから、ぐぐ」くらいに言って、父親がちゃんとして、ちょっと[6]小競り合いがあってもいい。それこそが、二人が、何でも言い合える父と娘に戻れるチャンスなのだから。

小競り合いをきっかけに、10年間の不安を娘がぶちまけて、父親がそれを受け止めたら、二人の絆は一層深くなる。家族には、ときに、ちょっとした胸の痛みがあっていい。絆は、胸の痛みでつなぐものだ。

絆の中には「きず」がある。私は、大切な人に裏切られて苦い思いをしたときには、そう唱えることにしている。

ほうらね、どう推論しても、ここで、主人公は花束を贈るべきだったのだ、まことに[7]小賢しいAI執事に、病院食のように、[5]失敗のない味気ない人生をもらったりしないで。

人生を生きてこなかった、痛みのわからないAIには、この[8]匙加減が難しい。人間の老婆だったら(私のように)、ウインクして、花屋にダイヤルしてあげるのに。その後の展開がどうであれ、二人の絆を深めることを知っているから。

でも、[6]ただの老婆じゃだめだ。人間も、「清く、正しく、美しく、優秀に」生きてきた人には、心の痛みがわからない。このAI執事とそう変わらない。失敗を乗り越えてきた成熟脳じゃないと。

傷ついた痛みと、傷つけた痛み。そのどちらも、溢れるほど知っていないと、人生の役には立たない。

（　黒川　伊保子『人間のトリセツ　一人工知能への手紙』による。一部改訂　）

注1　執事　　　　　身分・地位のある人の家で、家事全般をしきる人。

注2　甲斐甲斐しく　働きぶりが積極的なさま。

注3　トラウマ　　　精神的ショックを受けたために、後まで続く心理的な障害。

注4　プリマドンナ　歌劇やバレエなどのヒロイン役。

注5　ネガティブ　　消極的。

注6　小競り合い　　ちょっとしたもめごと。

注7　小賢しい　　　能力や誠意が伴わないのに、口だけはうまい様子。

注8　匙加減　　　　手加減のこと。

問一　——線部1「人生に寄り添う人工知能は、完璧を目指してはいけない」とありますが、筆者はAIにどのような対応を求めているのですか。最も適切なものを次の中から一つ選び、記号で答えなさい。

ア　女心は確率では計れないので、経験則に基づいた詳細な予測をすることを求めている。

イ　人生に関する問題は、AIとしての自分の能力を超えていると認めることを求めている。

ウ　パーセンテージで回答するのではなく、決断の内容をしっかりと伝えることを求めている。

エ　どのような奇跡的なことが起こりえるかということを、細かく伝えることを求めている。

問二　——線部2「彼」は誰を指していますか。最も適切なものを次の中から一つ選び、記号で答えなさい。

ア　恋人　　イ　浦島太郎　　ウ　主人公　　エ　AI執事

問三　空欄【A】【B】に当てはまる語句を、次の中から一つずつ選び、記号で答えなさい。

A　〔　ア　おそらく　　イ　そもそも　　ウ　たまたま　　エ　必ずしも　〕

B　〔　ア　まるで　　イ　決して　　ウ　たぶん　　エ　たとえ　〕

問四　――線部3「だとしたら今こそが、花束の贈り時である」とありますが、そう言える理由として最も適切なものを次の中から一つ選び、記号で答えなさい。

ア　トラウマの原因が父親だったのなら、その父親からの花束は、娘の心の傷を癒すかもしれないから。

イ　トラウマの原因が姉と比較してしまったことにあるのなら、姉のいない今回は比較しなくて済むから。

ウ　トラウマの原因が恋人との別れにあるなら、親子の愛情の確認が心の空白を埋める可能性があるから。

エ　トラウマの原因が発表会での失敗にあるなら、娘の仕事上の実績が心の傷をカバーすると思われるから。

問五　――線部①「イチジョ」②「イッコウ」③「イッタン」の漢字表記の組み合わせとして適切なものを次の中から一つ選び、記号で答えなさい。

ア　〔　①　―　女　　②　―　行　　③　―　端　〕

イ　〔　①　―　女　　②　―　項　　③　―　目　〕

ウ　〔　①　―　助　　②　―　向　　③　―　端　〕

エ　〔　①　―　助　　②　―　考　　③　―　目　〕

問六　――線部4「彼女の不興を買う」について、各問いに答えなさい。

(1)　「不興」の読み方として適切なものを次の中から一つ選び、記号で答えなさい。

　　ア　ふにう　　　　イ　ふしょう　　　ウ　ふりょう　　　エ　ふきょう

(2)　――線部4の意味として適切なものを次の中から一つ選び、記号で答えなさい。

　　ア　自分のせいで彼女が機嫌を損ねるという意味。
　　イ　彼女のせいで自分が不愉快になるという意味。
　　ウ　安いものなので簡単に購入できるという意味。
　　エ　特別なものなので受け取れないという意味。

問七　――線部5「失敗のない味気ない人生」は、本文中にあるどの語句の言い換えですか。文中の――線部ア～エの中から最も適切なものを一つ選び、記号で答えなさい。

　　ア　完璧な人生

　　イ　人生の奇跡

ウ 理想の未来生活

エ 「10年後」の生活

問八 ──線部6「ただの老婆じゃだめだ」とありますが、その理由の解釈として、適切でないものを次の中から一つ選び、記号で答えなさい。

ア 人から傷つけられたり人を傷つけてしまったりという経験がないと、心が癒される機会がどのように生まれるかを想像できないから。

イ 間違いや失敗をたくさんするような普通の老婆では、微妙な配慮の必要な時にまた間違ったことをしてしまう可能性がとても高いから。

ウ 他人をひどく悲しませてしまったことが身にしみている人でないと、思い切った優しさを発揮する勇気が持てないから。

エ 失敗を数多くして、自分の至らなさや不完全さを思い知った人でないと、失敗を恐れて何も出来なくなってしまうから。

英語解答

1 問1 (1)…イ (2)…ア　　　　　　　　(3)　2番目…ウ　4番目…ア
　問2 (1)　2番目…オ　4番目…ウ　　　2 問1　ア　問2　イ　問3　ウ
　　　(2)　2番目…カ　4番目…ウ　　　　問4　エ　問5　ウ

数学解答

問1　エ　問2　ア　問3　イ　　　　問7　イ　問8　ウ　問9　ア
問4　イ　問5　エ　問6　オ　　　　問10　エ

国語解答

問一　イ　問二　ウ　　　　　　　　問五　ウ　問六　(1)…エ　(2)…ア
問三　A…イ　B…エ　問四　ア　　　問七　ア　問八　イ

【英　語】（50分）〈満点：100点〉

1 ［リスニング問題］

これから問題Aと問題Bの2つの種類のリスニング問題を行います。放送をよく聞き、答えはすべて記号で答えなさい。

［問題A］　問題AはNo.1〜No.3まであります。それぞれ英文と、その内容についての英語の質問を2回ずつ読みます。質問に対する答えとして最も適切なものをア〜エの中から1つずつ選び、その記号を解答欄に書きなさい。

No. 1　　　**ア**　　　　　　　**イ**　　　　　　　**ウ**　　　　　　　**エ**

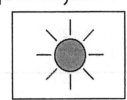 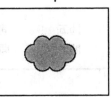  

No. 2　**ア**　By plane.　**イ**　By bus.　**ウ**　By train.　**エ**　By car.

No. 3　**ア**　Mari.　　　　　　　　　　　**イ**　Mari's father.
　　　　ウ　Mari's mother.　　　　　　**エ**　Mari's brother.

［問題B］　問題Bは2人の生徒の対話文と、その内容についての英語の質問を2回ずつ読みます。質問に対する答えとして最も適切なものをア〜エの中から1つずつ選び、その記号を解答欄に書きなさい。

No. 1　**ア**　About Jun's summer vacation.　**イ**　About Yumi's favorite book.
　　　　ウ　About Jun's homework.　　　　**エ**　About Yumi's trip.

No. 2　**ア**　For a week.　　　　　　　　　**イ**　For ten days.
　　　　ウ　For two weeks.　　　　　　　**エ**　For twenty days.

No. 3 　ア　　　　イ　　　　ウ　　　　エ

※　リスニング問題放送文は，英語の問題の終わりに付けてあります。

2　次の各組の英文がほぼ同じ意味になるように、（　　）内に適切な語を入れなさい。

問1　I couldn't read the book because I was very tired last night.
　　　I was （　　） tired （　　） read the book last night.

問2　August 10 is my birthday.
　　　I （　　）（　　） on August 10.

問3　I was very happy to hear the good news.
　　　The good news （　　）（　　） very happy.

問4　Do they teach Chinese at that school?
　　　（　　） Chinese （　　） at that school?

3　次の英文の応答として、最も適切なものをア〜クの中からそれぞれ1つずつ選び、記号で答えなさい。

問1　Can I have some of these cakes?
問2　Oh, I'm so late!　Sorry.
問3　Thank you for inviting me to the party.
問4　I bought a new house and moved into it last week.

　　ア　That's too bad.
　　イ　How is your new life there?
　　ウ　Sure, please help yourself.
　　エ　Thank you.　I will.

オ　Why don't you come with me?
カ　That's all right.
キ　It's our pleasure.
ク　May I open the window?

4　次の（　　）内の語を日本語の意味に合うように、並べ替えなさい。
　　ただし、文頭の語も小文字にしてあります。

問1　彼女は来月あなたに会えるのを楽しみにしています。
　　　(looking / to / she / you / forward / seeing / is) next month.

問2　その店はフランス製のバッグを売っていることで有名です。
　　　The (selling / is / made / bags / shop / for / famous) in France.

問3　このカメラを使うことは私にとって難しいと思います。
　　　I (is / for / think / difficult / me / to / it) use this camera.

問4　雪でおおわれたその山はとても美しいです。
　　　(with / mountain / is / snow / the / very / covered) beautiful.

5　次の英文を読んで、あとの問いに答えなさい。

　　How much time do you spend on social media every day?　Almost everyone has a smart phone, tablet, or computer to use social media.　In 2019, people spent *on average 2 hours a day on social media, using Facebook, Instagram, YouTube, Twitter, LINE, and so on.　Social media can be fun and exciting, but it has also created ①new types of careers: jobs that can make you famous from your own house.

　　The number of followers that you have on platforms such as Instagram and YouTube can now make you famous.　If you have a lot of followers, you can become popular.　Then companies may pay you or send you free items to *advertise their products.　The average price to pay an Instagram *influencer for an advertisement is $0.01 per follower.　So, if you have 10,000 followers, you will get $100 per advertisement.　Instagram is becoming 1 billion dollar business.　It is *estimated to make $8 billion this year.　It is no surprise that many young people want to become famous Instagrammers or YouTubers.

　②This seems like a wonderful way to make money and become famous, but there is also a dark side.　Many people who try to become Social Media Influencers are very young, so they are not ready for some problems.　One of the biggest and most dangerous problems is *cyber bullying.　③Cyber bullying (messages / others / to hurt / sending / means).　Cyber bullying can happen to anyone.　Many people feel that they can say anything on the Internet because they are not doing it face-to-face.　These people can say a lot of bad things.　The people who received these messages are hurt by those words.　There have been news stories of young people who have been damaged because of cyber bullying.　There is no protection from cyber bullying once you are on the Internet.　We must do something for this problem.

　You may want to become famous on social media.　In fact, some people can be popular and rich.　(④), you may have serious problems.　Everyone should be careful about using social media.

（注）* on average　平均して　　　*advertise　宣伝する
　　　 *influencer　影響を与える人　*estimate　見積もる
　　　 *cyber bullying　インターネット上のいじめ

問1　下線部①の内容として最も適切なものを次の中から 1 つ選び、記号で答えなさい。
　　ア　followers of SNS
　　イ　YouTubers or Instagrammers
　　ウ　jobs of SNS companies
　　エ　advertisement companies

問2　下線部②の内容として最も適切なものを次の中から 1 つ選び、記号で答えなさい。
　　ア　ＳＮＳで有名な会社が商品を宣伝すること。
　　イ　ＳＮＳで有名になり、商品を宣伝することで収入を得ること。
　　ウ　ＳＮＳで有名になるために、会社で宣伝の仕事をすること。
　　エ　ＳＮＳで有名になった後、8 億円かけて会社を作ること。

問3　下線部③の（　　　）内の語句を文脈が通るよう並べ替えなさい。

問4　下線部④に入れる適切な語句を次の中から１つ選び、記号で答えなさい。
　　ア　However　　イ　For example　　ウ　In this way　　エ　At last

問5　この本文のタイトルとして、最も適切なものを次の中から１つ選び、記号で答えなさい。
　　ア　A dark side of social media
　　イ　Advertisement in social media
　　ウ　How to become famous on social media
　　エ　Two sides of social media

問6　次の質問に英語で答えなさい。
　　Why do people think that they can say anything on the Internet?

問7　以下の英文が本文の要約になるよう、空所に単語を入れなさい。
More and more people are using social media everyday.　This has（　①　）new social media jobs.　If you have many（　②　）, you can make a lot of（　③　）from your own house.　However, there is a danger in social media.　Cyber bullying has become a big（　④　）in recent years. We should protect social media users.

6　次の英文と資料を読んで、あとの問いに答えなさい。

［英文A］
　高校生の Yuki と留学生の Melissa が、来週行われるワークショップについて話しています。以下の会話と資料を読んで、あとの問いに答えなさい。

　Melissa:　Yuki, would you like to go to a culture workshop with me next week?　Here's the *flyer.
　Yuki:　Oh, sure.　That sounds like fun!　What can we do at the workshop?
　Melissa:　Well, there are two workshops.　I can't decide which one to choose. We can go to a flower arrangement one, or a taiko drumming one.
　Yuki:　They both seem very interesting.

Melissa: I think so, too. However, the flower arrangement workshop is more expensive than the taiko drumming workshop.

Yuki: Oh, then let's go to the taiko drumming workshop. But wait … what day is it on?

Melissa: It's on Wednesday. July 19th from 5 pm-7 pm.

Yuki: I'm only free on Saturdays. Why don't we go to the flower arrangement workshop even though it's more expensive?

Melissa: OK, that's fine with me. Let's meet at the Sakura Hall at 8:30 am.

Yuki: Great! See you then!

(注) *flyer　ちらし

---

summer
Culture Workshop

"Ikebana"	"Taiko"
flower arrangement	taiko drumming
When:	**When:**
July 15th (Sat)	July 19th (Wed)
9am - 11am	5pm - 7pm
Where:	**Where:**
Sakura Hall	Kita Gymnasium
10 minutes walk from	5 minutes by bus from
Sakura Station	Kita Station
Participation fee:	**Participation fee:**
3,000 yen	1,000 yen
Great opportunity to experience Japanese beauty!	*Great opportunity to experience Japanese sound!*

We hope to see you there!

問1　本文や資料の内容と一致するものを次の中から<u>2つ</u>選び、記号で答えなさい。

　　ア　Yuki found the workshops on the Internet.

　　イ　Melissa wanted to join Taiko workshop.

　　ウ　Taiko workshop is held in the morning.

　　エ　Yuki was interested in both of the workshops.

　　オ　They chose Ikebana because it is cheaper.

　　カ　Yuki is busy on Wednesdays.

問2　　次の質問の答えとなる文を完成させなさい。

（1）　How long does it take to walk to Sakura Hall from the station?

　　　　— It takes (　　　　　　　　　　　　　　　　　).

（2）　What can they experience at Ikebana workshop?

　　　　— They can experience (　　　　　　　　　　　　　　　　　　　).

[英文B]

　　Yuki　と　Melissa は、ワークショップ当日に携帯電話で話をしています。

Melissa:	I think I'm lost.　Can you help me get to Sakura Hall?
Yuki:	Sure.　Where are you now?
Melissa:	I'm at the police box near the station.
Yuki:	Is that at the north exit or south exit?
Melissa:	It's near the (　①　).
Yuki:	OK, so walk through the station and go to the north exit.　From there, walk straight for two blocks.
Melissa:	OK.　Do I turn left or right?
Yuki:	Turn left at the (　②　).
Melissa:	OK, I see it.　How far do I walk?
Yuki:	Walk for about two minutes.　At the traffic light, there is a (　③　). Walk past it.　You will see a pre-school on your left. Sakura Hall is behind it.
Melissa:	Thank you.　I'm almost there.
Yuki:	You're welcome.　See you soon!

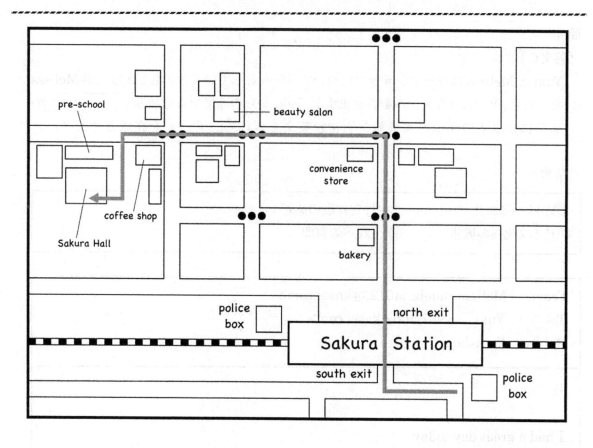

問3 地図中の矢印は Melissa が歩いた道を示しています。下線部①〜③の空欄に入る
語句として最も適切なものを、次の中からそれぞれ1つずつ選び記号で答えなさ
い。

ア police box   イ coffee shop   ウ station

エ convenience store   オ south exit   カ north exit

問4

［英文C］

Yuki と Melissa はワークショップについてメールをしています。もしあなたが Melissa だったら、どのようなメールを書きますか。Yuki からの返信をよく読み、＿＿＿＿＿＿の部分に、以下の4つの＜情報＞を含む英文を入れて、メールを完成させなさい。

＜情報＞

①Yuki へのお礼	②生け花体験の感想
③日本文化への興味	④Yuki への質問

From: Melissa <melissa0123@kasei.com>

To: Yuki <987yuki@kasei.com>

Subject: Workshop!

Hi Yuki,

I had a great day today!

I'll wait for your answers. Thank you.

Melissa

From:　　Yuki　　<987yuki@kasei.com>

To:　　　Melissa <melissa0123@kasei.com>

Subject: Re:Workshop!

Hi Melissa,

It was my pleasure.　I also enjoyed doing the workshop with you!

Taiko drumming would be a great activity, but it is too active.　I think *sado*, or Japanese tea ceremony would be fine because it is a relaxing activity.　You would enjoy it a lot!　Have you tried it before?

In fact, my mother is a *sado* teacher.　She has taught many students from other countries.　You can join her lesson anytime.

Yuki

[リスニング問題放送文]

（チャイム）

【2秒】

　　これから、問題Aと問題Bの2つの種類のリスニング問題を行います。放送をよく聞き、答えはすべて記号で答えなさい。【3秒】

問題A　【3秒】

　　問題AはNo.1〜No.3まであります。それぞれ英文と、その内容についての英語の質問を2回ずつ読みます。質問に対する答えとして最も適切なものをア〜エの中から1つずつ選び、その記号を解答欄に書きなさい。では、始めます。【3秒】

No.1　Ken and Aya want to play tennis in the park tomorrow, so they are worried about the weather. The Weather report says it will be rainy tomorrow morning, but it will be sunny tomorrow afternoon.

【3秒】

Question : How will the weather be tomorrow morning?

[5秒]

No.1　Ken and Aya want to play tennis in the park tomorrow, so they are worried about the weather. The Weather report says it will be rainy tomorrow morning, but it will be sunny tomorrow afternoon.

[3秒]

Question : How will the weather be tomorrow morning?

[10秒]

No.2　John lives in Tokyo. He likes to go to many places in Japan. Last Sunday, he went to Osaka. Usually people go to Osaka by train or bus, but he used a car. He was very tired from driving , so next time he will take a plane.

[3秒]

Question : How did John go to Osaka last Sunday?

[5秒]

No.2　John lives in Tokyo. He likes to go to many places in Japan. Last Sunday, he went to Osaka. Usually people go to Osaka by train or bus, but he used a car. He was very tired from driving, so next time he will take a plane.

[3秒]

Question : How did John go to Osaka last Sunday?

[10秒]

No.3　There are four people in Mari's family. Yesterday they got up early to go to the zoo. Mari got up at 6:30. Her father got up earlier than Mari. Her mother got up at 6:40. Her brother got up after Mari.

[3秒]

Question : Who got up the earliest in Mari's family ?

[5秒]

No.3　There are four people in Mari's family. Yesterday they got up early to go to the zoo. Mari got up at 6:30. Her father got up earlier than Mari. Her mother got up at 6:40. Her brother got up after Mari.

[3秒]

Question : Who got up the earliest in Mari's family ?

[10秒]

問題Bは2人の生徒の対話文と、その内容についての英語の質問を2回ずつ読みます。質問に対する答え
として最も適切なものをア〜エの中から1つずつ選び、その記号を解答欄に書きなさい。では、始めます。

[3秒]

A：Good morning, Jun.

B：Good morning, Yumi.　I haven't seen you for a long time.　Where were you?

A：I was in Australia for two weeks.

B：Wow？　Why did you go there?

A：I was there on vacation.　I really enjoyed it.

B：What did you do in Australia?

A：I like swimming, so I went to the beach every day.

B：Really?　How was the weather there?

A：It was sunny and hot.　In Australia it is summer now.

B：I see.　I want to go there someday.

A：You should.　Well, these are for you, Jun.

B：Oh, these pens are so cute. Thank you.

A：You're welcome.

　[3秒]

Question 1　What are they talking about?

[5秒]

Question 2　How long was Yumi in Australia?

[5秒]

Question 3　What did Jun get from Yumi?

[10秒]

＜繰り返し＞

問題B[3秒]

問題Bは2人の生徒の対話文と、その内容についての英語の質問を2回ずつ読みます。質問に対する答え
として最も適切なものをア〜エの中から1つずつ選び、その記号を解答欄に書きなさい。では、始めます。

[3秒]

A：Good morning, Jun.

B：Good morning, Yumi.　I haven't seen you for a long time.　Where were you?

A：I was in Australia for two weeks.

B：Wow？　Why did you go there?

A：I was there on vacation.　I really enjoyed it.

B：What did you do in Australia?

A : I like swimming, so I went to the beach every day.

B : Really?　How was the weather there?

A : It was sunny and hot.　In Australia it is summer now.

B : I see.　I want to go there someday.

A : You should.　Well, these are for you, Jun.

B : Oh, these pens are so cute. Thank you.

A : You're welcome.

　［3秒］

Question 1　　What are they talking about?

［5秒］

Question 2　　How long was Yumi in Australia?

［5秒］

Question 3　　What did Jun get from Yumi?

［10秒］

これでリスニングテストを終わります。

1 次の計算をしなさい。

(1) $(12-2)\times\left(-\dfrac{1}{5}\right)-(-3^2)$

(2) $\left(\dfrac{1}{4}xy\right)^2\div\left(\dfrac{3}{2}x\right)^2\times9y^2$

(3) $\sqrt{27}-\dfrac{3}{\sqrt{12}}-2\sqrt{3}$

(4) $\dfrac{23x-5y}{3}-\dfrac{15x-3y}{2}$

2 次の問いに答えなさい。

(1) 等式 $\dfrac{2}{3}a+3=\dfrac{1}{2}(b+8)$ を b について解きなさい。

(2) $(2x+3)(2x-3)-(x+2)(3x-2)$ を因数分解しなさい。

(3) x の2次方程式 $x^2+4ax+a^2+3=0$ の解の1つが $x=1$ のとき，a の値を求めなさい。

(4) y が x の2乗に比例し，$x=-2$ のとき $y=2$ である。$x=4$ のときの y の値を求めなさい。

(5) 3人の女子 A さん，B さん，C さんと2人の男子 D さん，E さんの中から，2人の委員を選ぶとき，委員の中に少なくとも1人は男子が選ばれる確率を求めなさい。

(6) A さんは，100 円玉を 1 日 1 回，1 枚または 2 枚を空の貯金箱に入れた。90 日後に中身を確認したところ，全部で 14100 円入っていた。このとき，100 円玉を 2 枚入れたのは何回あったかを求めなさい。

3 右の表で，たて，よこ，ななめに並ぶ 3 つの数の和がすべて等しくなるようにすべてのマス目に数字をうめたとき，x，y にあてはまる数をそれぞれ求めなさい。

y	11	
	x	
12		8

4 下の図において，点 A の座標は $(6,8)$，点 B の座標は $(0,10)$ であり，四角形 OABC は平行四辺形である。このとき，次の問いに答えなさい。

(1) 点 C の座標を求めなさい。

(2) x 軸上の正の部分に点 P をとり，その点 P の x 座標を a とする。△PBC の面積が平行四辺形 OABC の面積と等しくなるようにするとき，a の値を求めなさい。

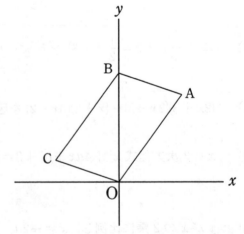

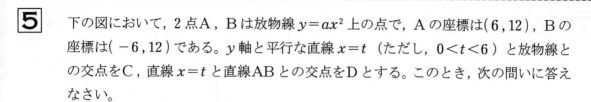

5 下の図において，2点A，Bは放物線 $y=ax^2$ 上の点で，Aの座標は$(6, 12)$，Bの座標は$(-6, 12)$である。y軸と平行な直線 $x=t$ （ただし，$0<t<6$）と放物線との交点をC，直線 $x=t$ と直線ABとの交点をDとする。このとき，次の問いに答えなさい。

(1) a の値を求めなさい。

(2) BD＝CD となるとき，t の値を求めなさい。

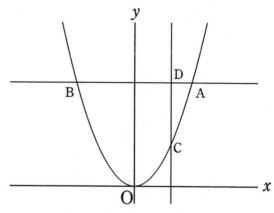

6 下の図において，$\angle x$ の大きさを求めなさい。ただし，同じ印の角の大きさは等しいものとする。

(1)

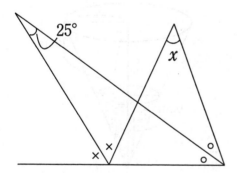

(2)

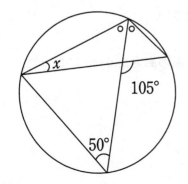

7 下の図のように，三角形の3つの辺にそれぞれ接する円があり，この円の半径を x cm とする。このとき， x の値を求めなさい。

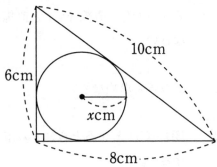

8 下の図1のように，底面の円の半径が6 cm で，高さが12 cm のふたのない円すいの形をした容器をさかさまに立て，4 cm の高さまで水を入れる。水面は円すいの底面の円と平行である。このとき，次の問いに答えなさい。ただし，円周率は π とする。

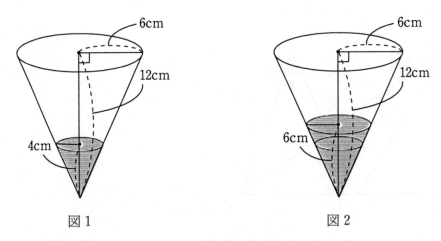

図1　　　　　　　　　　図2

(1)　図1において，容器に入っている水の体積を求めなさい。

(2)　図1の状態からさらに水を入れると図2のように水面の高さが 6 cm になった。このとき，入れた水の体積を求めなさい。

【国語】（五〇分）〈満点：一〇〇点〉

注意 句読点、記号等はすべて字数に数えます。

I 次の文を読んで、後の問いに答えなさい。

　ひとは意味にこだわりつつ生きる。そのことで他の生き物にはない文化というものを生みだしてきた。けれども、意味の組織を編むというのは、じつは意味になりえた別の何かを隠すというかたちでしかなされない。意味というフィルターでスクリーニングするのだから、網に引っかからないものは存在しないことになるという意味でだけではない。意味を編むということは、編まれた意味の①テッショウにとってあっては困るような欲望を「無意識」へと抑え込んでおくということでもある。だから、夢がしばしばそうであるように、本人にとって重大な意味をもつ「あらぬ」欲望を隠すために、どうでもいいようなことを前面に出す。ひとにとってほんとうにのっぴきならない欲望は、ときとして自分がしたいと思っていることがらの脇か背後にあるものなのである。「（わたし）をほんとうに編んでいるものをわたしたちはまだ知らない。

　幼子から耆いひとまで、共通しているのは、ことがらには一つしか真理がないこと、そしてその真理はいまあきらかに「われ」の側にあるという確信だろう。

┌───┐
│納得はゆかないが受け容れざるをえない、理不尽でもそうするよりほかない……。そんな│
│思いを渋々ためこんでゆくうち、ひとは「理解」にもいろいろなかたちがあることに気づく│
│ようになる。言葉で言えば、分かる、解る、判る、思い知る、②克服する、納得するといった│
│かたち。│
└───┘

　これらをいま一つずつ正確に定義しなおすことはできないが、「理解」のこうした多様な位相を、2（問い）と（答え）の多様な対応関係として描きなおすことはできる。

　「正解」はつねに一個しかないと考えられている。だから、答えが出ないといらいらする。けれども、問いには③複数の解がある場合がある。こう考えても解けるし、ああ考えても解ける、そんな問いである。たとえば「光は粒子でもあるし波動でもある両義的な存在だ」という説。しかし、対立する二つの解がともに主張されないという例もある。「世界に果てがあるか」という問いは、あると考えても、ないと考えても【 Ｘ 】した説明がつかない。物

2021東京家政大附女子高校(18)

理学にはこの種の問題が多い。「世界は何のために存在するのか？」「世界に始めと終わりはあるのか？」などという③デアオク的な問いともなれば、そもそも人間には根拠のある答えは出せない。

もっと身近な問題ならそれほどやさしいかというと、むしろ逆である。生きてゆくうえでほんとうに大事なことには、たいてい答えがない。たとえば〈わたし〉とはだれかということ、ひとを翻弄する愛と憎しみの理由、そして生きることの意味。④これらの問いは答えではなくて、問うこととそれにたいするうちに同じの意味のほとんどがある。これらの問いとは一生、あがいてもないというでもないと格闘するしかない。問いつづけることが答えることだと言ってもいいくらいだ。

しかも、これらの問いくのかかわり方は、時とともに変わりもする。若い頃に、もし答えが出なければ生きてゆけないとまで思いつめていた問題が、歳を重ねるとともに褪せて見えてくることがある。理解は時間とともに進行してゆくものだから、あのときはわからなかっただけれどいまだったらわかるということも生じる。あるいは逆に、何かが見えてしまうとそれが他に④波及していって、いままで自明だと思っていたことのすべてが問いの対象くと裏返ってしまうこともある。ありとあらゆるものを一から問いなおさなければならなくなり、そうして世界を見る眼それじたいが変わってゆく。そのあいだにはもちろん激しい抗いもある。だから、⑤理解はシクサクに進んでゆくほがない。そしてそのうち、すぱっと割り切れる論理ではなく、噛んでも噛んでも噛み切れない論理のほうが真実に近いといった感覚が、知らぬまに身になじみだす……。

けれどももっと大事なのは、わからないけれど、【　Ａ　】ということだけは【　Ｂ　】ということではないだろうか。あるいは、わかったつもりになっているが、まだ【　Ｃ　】ことがあるとわかるということ。問題にいっそう近づくことはそういうことだ。もっと言えば、生きるうえでほんとうに大事なことは、わからないものに囲まれたときに、答えがないままそれにどう正確に処するかの智恵というものだろう。他国との政治上の駆け引き、地域社会でのもめごと、介護をめぐる家族のなかの諍い、子育てをめぐる迷いやためらいといったものが、そういう正解のない問題の⑤テンケイ例だ。

若いあいだは、わからないものをなんとしてもわかろうとする。⑥わからないまま放置しているということに耐えられない。だから、⑦わかりやすい物語にすぐに飛びつく。医師がそうではないと言っても、「わたし、アダルトチルドレンなんです」と頑なに主張する。若いひとたちは（なんとえらそうには言えないのだが）、思いどおりにならないもの、思いどおりにならない理由がわからないものに取り囲まれて、苛立ちや焦り、不満や違和感で息が詰まりそうになっている。だから、その鬱屈を突破するために、自分が置かれている状況をわかりやすい論理にくるんでしまおうとする。その論理に立てこもろうとする。

一例だけ挙げてみる。ピアスから援助交際まで、身体を傷つけたり、身体を商品にするような若者の風俗をめぐってマスコミが騒ぎだしたときに、⑧多くの若者は「この身体はわたしのものだ。だから、それをどうしようとわたしの勝手である」というロジックのうちに立てこもった。「大人」たちはそれを居直りと受けとめたが、このロジックとは「大人の社会」そのもののロジックだった。土地について、財産について、家庭内のことについては、自分の子どもについても、「大人」たちは「これはわたしの所有物である。だから、それをどう取り扱おうと、どう処分しようと、わたしの自由である」と、あたりまえのように主張してきた。このロジックを若いひとたちはただ正確にコピーしたにすぎない。が、かれらにほんとうに必要だったのは、自分たちが皮膚で感じていることを、「大人」のそれとは別の、きちんとした論理に仕上げることであったはずだ。抵抗というものは、そうしてはじめてしかかたちをとりうる。

わからないものに囲まれて鬱いでいるときに、それをすぐわかろうとするのではなく、それをこれまでとは違う地点から同じようにおいてみること、そしてそこから自分の鬱屈を、別の、もっと壁牢な論理でとらえなおすこと。問いはそういうかたちではじまるべきだと思う。

（鷲田清一『わかりやすいはわかりにくい？』一部改訂）

注　スクリーニング　選別すること。

問一 ──線部①③⑤のカタカナに当たる漢字を楷書で書き、②④の漢字の読みをひらがなで答えなさい。

問二 ──線部1「〈わたし〉をほんとうに編んでいるもの」とはどのようなものですか。文中から二十一字で抜き出しなさい。

問三 文中の□□□について、次のように話しました。次の会話文の空欄（　Ⅰ　）・（　Ⅱ　）に当てはまるものを後のア〜オの中からそれぞれ一つ選び、記号で答えなさい。

A 「理解」にはいろいろな意味があることはわかったよ。少し気になったんだけれど、その中に「分かる」「解る」「判る」って同じ読みの言葉が三つもあるでしょう。これってどう違うのかな？

B 辞書を調べてみると、現在では「分かる」を用いるのが一般的で、「解る」や「判る」は基本的には公用文では使わないらしいよ。それにね、「分かる」は多くの意味を含むけれど、「解る」と「判る」は細かくわけると意味が異なるんだ。

A へえ。それってどんな風に異なっているの？

B 例えば「解る」は「日本語が解る」や「数学がよく解る」のように用いることができるよ。また「判る」は「善悪が判る」「犯人が判る」「身元が判る」のような使い方ができるんだ。

A そうなんだ。この例文から考えると、「解る」は（　Ⅰ　）、「判る」は（　Ⅱ　）時に使うんだね。

ア 相手の事情を受け止める

イ 事実がはっきりする

ウ　自分の意志を明確に示す

エ　新たな知識に触れる

オ　物事の内容や意味を認識する

問四　——線部2「〈問い〉と〈答え〉の多様な対応関係」とはどういうことですか。最も適切なものを次の中から一つ選び、記号で答えなさい。

ア　どの問いにも様々な答えが許容され、正確さが求められているということ。

イ　どのような問いも何らかの一つの答えに必ず収束されているということ。

ウ　問いと答えの関係が絶え間なく新しい対応関係を生み出しているということ。

エ　一つの問いに対して、必ずしも一つの答えが対応しているということ。

問五　——線部3「複数の解がある」とありますが、「複数の解」が求められないものを次の中から一つ選び、記号で答えなさい。

ア　昆虫の足は何本か。

イ　人間は生まれつき平等か。

ウ　□×□＝8の□に当てはまる数字はいくつか。

エ　ニワトリと卵どちらが先に世の中に現れたのか。

問六　文中の空欄【　Ｘ　】には「初めから終わりまで、一つの態度をつらぬくこと」という意味の四字熟語が入ります。解答欄に当てはまるように漢字で答えなさい。

問七 ──線部4「これらの問いは、答えではない、問うということそれじたいのうちに問うの意味のほとんどがある」とはどういうことですか。次の文の空欄に当てはまる内容を（ Ⅰ ）は十八字、（ Ⅱ ）は五字程度で文中より抜き出しなさい。

これらの問いは、（ Ⅰ ）なので、（ Ⅱ ）としても問い続ける必要があるということ。

問八 ──線部5「理解はジグザグに進んでゆくほかない」のはなぜですか。最も適切なものを次の中から一つ選び、記号で答えなさい。

ア どのような問題も様々な要因が重なり合って起きるものであり、さらにその中で自分自身も変化してしまうため、理解というもの自体思っている以上に時間がかかるから。

イ 理解できたと思うことも再び問い直す必要が出てきたり、また、わからなかったことも時間が経てばわかったりするなど、理解というものは一方向に進むものではないから。

ウ 個人の内面に関わるような問題はその時の感情に左右されやすく、問題の本質を理解するのに時間がかかってしまうため、そもそもすぐに解決できるものではないから。

エ 様々な問題は答えだけでなく、その経緯も総合的に考える必要があるため、ある程度の経験を積んだ年齢にならなければ自分で理解する力を身につけることが難しいから。

問九 文中の空欄【 Ａ 】～【 Ｃ 】には「わかっている」「わかっていない」のどちらかが入ります。「わかっていない」はどこに入りますか。正しいものを次の中から一つ

選び、記号で答えなさい。

ア　Aのみ　　　イ　Bのみ　　　ウ　Cのみ

エ　AとB　　　オ　AとC　　　カ　BとC

問十　──線部6「わからないまま放置していることに耐えられない」とありますが、わからないものがあった時に大切なことは何であると筆者は述べていますか。文中から二十二字で抜き出し、初めと終わりの五字で答えなさい。

問十一　──線部7「わかりやすい物語」とはどのような物語のことですか。最も適切なものを次の中から一つ選び、記号で答えなさい。

ア　明快な説明をすることで問題の責任を取るべき人をはっきりさせるような物語。
イ　論理的な根拠を提示して、世間の大多数の人を納得させるような物語。
ウ　何らかの正解や理由を与え、自分の不満や焦りを解消してくれるような物語。
エ　何事にもわかりやすい答えを要求することで生み出されるような物語。

問十二　──線部8「多くの若者は『この身体はわたしのものだ。だから、それをどうしようとわたしの勝手である』というロジックのうちに立てこもった」について、次の問いに答えなさい。

(1)　「『この身体はわたしのものだ。だから、それをどうしようとわたしの勝手である』というロジック」は何の例として挙げられていますか。文中から八字で抜き出し答えなさい。

(2) 「多くの若者」は何のためにこのロジックを用いたのですか。解答欄の言い方に合うように三十五字以内で答えなさい。

(3) 「多くの若者」について、筆者はどのように考えていますか。最も適切なものを次の中から一つ選び、記号で答えなさい。

ア　彼らの考え方は大人の社会の論理をそのまま真似しているだけであるが、本来は彼らに必要な論理を求めるべきである。

イ　彼らの考え方は若者特有の衝動的なものでしかなく、年齢を重ねていけば自然と大人のような論理的な振る舞いをするようになる。

ウ　彼らの考え方は自分の心理的な葛藤を解消するための身勝手なものにも見えるが、反抗という形を取っただけの一つの成長過程に過ぎない。

エ　彼らの考え方は苛立ちや不満感を根本的に解消するものではないので、早急に若者にふさわしい論理を見つけなければ追い詰められてしまう。

二

次の文を読んで、後の問いに答えなさい。

『イソップ物語』は、古代ギリシアのイソップが紀元前六世紀頃作ったと言われている作品です。なのに、どうしてこんなに日本人に親しまれているんでしょうか？　四五〇年も前にすでに日本語に翻訳され、日本人に受け入れられたからです。（中略）

でも、なぜそんな昔に『イソップ物語』が日本語に翻訳される必要があったのか？　天文一八年（一五四九）、ポルトガルの宣教師たちがキリスト教の布教のために日本にやって来た。ところが、日本人に布教するためには日本語が分からなくては手も足も出ない。宣教師たちは、日本語をマスターすべく『日葡辞書』を作ったり、日本の『平家物語』をローマ字にしたりして、日本語と日本文化を吸収しようとつとめた。一方、彼らの親しんでいた古典『イソップ物語』を日本語に翻訳して日本人に倫理的教訓を与えようとしたのです。それが、『イ

ソップ物語』翻訳の動機です。

『伊曾保物語』は、日本人に大変もてはやされ、[2]江戸時代には、仮名で書いた『伊曾保物語』が出回っています。浦島太郎の話や桃太郎の話と同じように、江戸の庶民たちに親しまれていたんですね。日本の津々浦々まで伝播し、『伊曾保物語』の話が、土地土地で人物名を変えただけで伝承されたりしています。日本人の作った古典ではないけれど、日本人が自国の作品と同じように愛読した、それが、この本で『伊曾保物語』をとり上げる理由です。

（中略）

ところで、[3]『伊曾保物語』は、なぜこれほどまでに庶民の心をひきつけたのか？ これが、明らかにしたいテーマです。

『伊曾保物語』は、内容上、二部構成です。前半は、作者イソップの生涯を記した「イソップが生涯の物語」、後半は、彼の作った寓話のうち七〇編が抜粋され、「イソップが作り物語の抜書き」として収められています。では、まず寓話に注目してみます。こんな話があります。

ある時、ロバと狐が一緒にピクニックをして道を歩いていた。すると、運の悪いことに強敵の獅子に行き合わせ、互いに目と目を見合わせた。狐は思った。「今は逃れ難ければ、降参し[4]返り忠して我が命を継がうずる」。「返り忠」とは、裏切ること。誰を裏切るのか？ 狐は獅子の前にいき、尾を垂れて頭を地につけてこう言う。「いかに我らが希王聞かせられい、某が命を助けさせらるるならば、かの驢馬を御身の手の曲に廻らやうに致さうずる」。友だちのロバを獅子の手に入るように差し出すから、自分の命は助けてくれと闇取引をしています。友を裏切る狐。「手の曲に廻る」というのは、当時の慣用句で、「手中に入れる」「自由自在にする」という意味です。獅子は答える。「確かにその通りにせい。そしたら、お前を赦してやらう」。しめしめ、狐はロバのところへ戻って捕罠を仕掛けた辺りへ連れて行った。ロバはたやすく罠にかかってしまった。[5]この後が面白い。「そこで、獅子は『早、驢馬は逃るる道がない。まづ狐を』と思うて飛び掛って、忽ちに食ひ殺し、次に驢馬をも食うた』。驢馬と狐の事」という話です。

話の後には「下心（＝隠されている意味）」として、寓話の意味が記されています。「身の為ばかりを思うて、他人に仇をなす者は、その報いを逃がるることが叶はぬ。結句人より先に

難に遇ふこと多い」。仲間を裏切って自分だけ利益を得ようとする人間は、結局自分のほうが先に身を滅ぼす、というのです。確かに、寓話とその後に記された教訓が見事にマッチしているので、説得力が倍増しています。

6 寓話そのものも、簡潔だけれど、実に鮮烈です。たとえば「蠅と獅子王の事」。一匹の蠅が獅子のところに行って、不遜にも言い放った「そなたは身（＝わたし）よりも強うはない。それによって某（＝拙者）は貴所（＝あなた様）をものとも思はぬ。これを口惜しう思はせられれば、出て勝負を決しさせられ」。「某」は、今でも時代劇などで自分を指す言葉として使っていますね。「貴所」は、相手をさす尊敬語。7 身の程知らずの蠅としては、獅子に敬語なんぞを使ってしまうところが笑えます。獅子は、この挑戦を受けて立ち、穴から出ます。「蠅めはどこに居るぞ」と言うと、蠅は獅子の鼻先に取り付いて「これは何と（＝これは、どうです！）」。獅子は怒って蠅を追いかけ、「我と鼻を岩石にうちあてて、したたかに疵を被って」すごすごと穴に戻った。「蠅はそればから勝鬨を挙げて」帰らうとしたところ、「木陰の蜘蛛の網にかかって」怨ち蜘蛛に食われてしまったという話。【 X 】といった事を伝えるための寓話。短いけれど、実に生き生きとしている。読者が魅了されるはずです。

【 A 】『伊曾保物語』の教えは誰に向かって発せられているのか？ いままでに挙げた寓話からも推測できるように、そのほとんどが、あなた・私といった一般庶民へのメッセージです。支配者への教えではありません。有名な「犬が肉を含んだ事」の話だってそうです。肉片をくわえた犬が川に写った自分の姿を見て、川の中の犬のほうが大きな肉片をくわえているように見えた。それで、川の中に首を突っ込んでそれを奪おうと思って口を開けた途端に、持っていた肉片もポッチャン。教えは「貪欲に引かれ、不足なことに頼みをかけて我が手に持ったものを8取りはづすなといふことぢや」。欲張って、さらに上のものを手に入れようとしたとたんに、現在持っている大切な物をも失ってしまう。自分に与えられた物で満足し、それを大切にすることこそ、大事だというのです。それは、普通の人間が幸せに生きるための要諦です。支配者が心すべきことが書かれているわけではない。向こう三軒両隣に住む、ごく普通の人間に向けられた教訓です。だからこそ、庶民たちはひきつけられ、自分たちの生きる指針としたのです。でも、イソップは、どうして支配者への教えをほとんど

記すことがなかったのか？

　実は、作者のイソポは奴隷でした。『伊曾保物語』前半は、イソポの生涯を語っています。それによると、イソポは、ヨーロッパのヒリシアという国で生まれた。その国が戦争に負けて、彼も奴隷として売り買いされた。彼の容貌はこの世に二人といないほど醜い【　Ｂ　】、彼には素晴らしい知恵が授けられていた。容貌の醜さ、奴隷という劣悪な条件をものともせず、イソポは自分に授けられた知恵を生かして生き抜いていった人物だったのです。

　「驢馬と狐の事」の話も、人を騙す人間に出会ってひどい目にあった体験から生み出された教訓、「蝿と獅子王の事」の話も、おごることによって手痛いしっぺ返しを食うこと体験し、「犬が肉を含んだ事」の話も、自分に与えられた運命を甘受して生きる以外になかった体験からにじみ出た処世訓に違いありません。ここでとり上げることのできなかったたくさんの教訓は、すべて彼が悲惨な境遇を乗り越えていく過程で会得していった血と涙の結晶だったのです。だからこそ、深く鋭く真実をついているのです。それらの教訓を抽象的に語ったのでは、面白くもなんともない。『伊曾保物語』の卓越した所は、注2珠玉の教訓を動物たちを主人公にした物語の形で語ったことです。そのため、子供の頃に聞いたり読んだりした『イソップ物語』の話は、大人になっても色あせることなく、忘れられない話として心に刻みこまれているのです。

（　山口仲美　『日本語の古典』　一部改訂　）

注１　勝鬨　　　勝ったときにあげる喜びの声。
注２　珠玉　　　すぐれているもの、美しいもののたとえ。

問一　──線部１「なぜ、そんな昔に『イソップ物語』が日本語に翻訳される必要があったのか」とありますが、その答えとして最も適切なものを次の中から一つ選び、記号で答えなさい。

　ア　『イソップ物語』を日本語に訳し、日本人に教訓を与えようとしたから。

　イ　『イソップ物語』を通じ、日本語と日本文化を吸収しようとしたから。

ウ 『イソップ物語』は、日本人が親しんでいた古典であるから。

エ 『イソップ物語』で、キリスト教を布教しようとしたから。

問二 ──線部2「江戸時代」に成立した作品の中で、次の説明に当てはまる作品名を答えなさい。

北関東・東北・北陸地方をめぐり、旅の見聞をつづった紀行文

問三 ──線部3「『伊曾保物語』は、なぜこれほどまでに庶民の心をひきつけたのか」とありますが、その理由として当てはまるものを次の中から二つ選び、記号で答えなさい。

ア 四五〇年も前にすでに日本語に翻訳されていた作品だから。

イ 支配者に対しての教えをほとんど記していなかったから。

ウ 教訓を納得させるのにふさわしい寓話が用いられていたから。

エ 日本各地に伝わり人物名を変えながら語り継がれてきたから。

オ 庶民たちが身近に感じられるような内容であったから。

問四 ──線部4「返り忠して」とは、具体的にどうすることですか。解答欄の言い方に当てはまるように十字以内で答えなさい。

問五 ──線部5「この後が面白い」とありますが、どのような点が面白いのですか。三十字以内で説明しなさい。

問六 ──線部6「寓話そのものも、簡潔だけれど、実に鮮烈です」とは、どういうことですか。最も適切なものを次の中から一つ選び、記号で答えなさい。

ア 寓話は、弱いものが強いものに立ち向かう物語が多く、最後は必ず正義が勝つという、わかりやすい話であること。

イ 寓話は、身近な物事がテーマになっていて読みやすいが、様々なことを疑似体験できるため、人生を豊かにしていくものであるということ。

ウ 寓話は、簡潔に要点がまとめられているからこそ、内容の鮮やかさがより際立っているということ。

エ 寓話は、短編であるのにありありと場面を想像でき、作者のメッセージもよく伝わってくるような生き生きとした話であるということ。

問七 ──線部7「身の程知らずの蠅」とありますが、どのようなことが「身の程知らず」なのですか。最も適切なものを次の中から一つ選び、記号で答えなさい。

ア 多勢の蠅で勝負を仕掛けずに一匹で勝負に臨んだこと。

イ 小さな蠅が強者である獅子に勝負を持ちかけたこと。

ウ 百獣の王である獅子に対して敬語を使わないこと。

エ 偶然勝負に勝っただけなのに偉ぶっていること。

問八 文中の空欄【 Ｘ 】には「蠅と獅子王の事」の寓話から読み取ることができるメッセージが入ります。最も適切なものを次の中から一つ選び、記号で答えなさい。

ア 大勝負に勝っても、おごってはいけない。落とし穴が待ち構えている

イ 力が弱い者は無理をせず強い者に従うべきだ。その方が幸せになれる

ウ　人生は予想外のことが起きるものだ。常に最悪の事態を想定すべきだ

エ　難しい挑戦だとしても諦めてはいけない。いつかは必ず成功できる

問九　文中の空欄【　Ａ　】【　Ｂ　】に当てはまる語の組み合わせとして正しいものを次の中から一つ選び、記号で答えなさい。

ア　〔　Ａ　また　　　　Ｂ　なぜなら　〕

イ　〔　Ａ　では　　　　Ｂ　しかも　　〕

ウ　〔　Ａ　ところで　　Ｂ　だが　　　〕

エ　〔　Ａ　あるいは　　Ｂ　そして　　〕

問十　――線部8「取りはづなといふことや」を現代仮名遣いに直し、すべてひらがなで答えなさい。

問十一　――線部9「『イソップ物語』の話は、大人になっても色あせることなく、忘れられない話として心に刻み込まれている」とありますが、その理由を「体験」・「教訓」の二語を用いて三十五字以内で答えなさい。

問十二　次の文章は「イソップ物語」の一話です。この話から読み取れることわざを後の選択肢から一つ選び、記号で答えなさい。

「アリとハト」

　のどのかわいたアリが、泉にきて水をのもうとしましたが、泉におちておぼれそうになりました。そばの木にとまっていたハトがそれを見て、木の葉を一まいもぎとって泉の上になげてやりました。アリはそれにのって、たすかりました。そのとき、そばにいた鳥さしがもち竿を用意してハトをとらうとしました。それを見たアリは、鳥さしの足をさしました。鳥さしはいたかったものですから、もち竿をなげだしましたので、ハトはにげることができました。

（　『イソップのお話』　河野与一　編訳　）

注　　鳥さし　　　鳥をつかまえることを仕事とする人。

ア　火のないところに煙は立たぬ

イ　親しき中にも礼儀あり

ウ　情けは人の為ならず

エ　災いを転じて福となす

英語解答

1 問題A　No. 1…ウ　No. 2…エ
　　　　　No. 3…イ
　　　問題B　No. 1…エ　No. 2…ウ
　　　　　No. 3…ア

2 問1　too, to　　問2　was born
　　問3　made me　　問4　Is, taught

3 問1　ウ　問2　カ　問3　キ
　　問4　イ

4 問1　She is looking forward to
　　　　seeing you
　　問2　shop is famous for selling
　　　　bags made
　　問3　think it is difficult for me to
　　問4　The mountain covered with
　　　　snow is very

5 問1　イ　　問2　イ
　　問3　means sending messages to
　　　　hurt others
　　問4　ア　　問5　エ
　　問6　Because they are not doing it

face-to-face
　　問7　① created　② followers
　　　　③ money　④ problem

6 問1　エ，カ
　　問2　(1)　10 minutes
　　　　(2)　Japanese beauty
　　問3　①…オ　②…エ　③…イ
　　問4　(解答例) Thank you for joining
　　　　the *ikebana* workshop with
　　　　me. The flowers were very
　　　　beautiful and *ikebana* made
　　　　me relaxed. I got more and
　　　　more interested in Japanese
　　　　culture. I want to try another
　　　　activity to experience
　　　　Japanese culture. Do you
　　　　have any idea? I prefer a
　　　　relaxing activity like *ikebana*.
　　　　What is *taiko* drumming like?

1 〔放送問題〕解説省略
2 〔書き換え―適語補充〕
問1．「昨夜はとても疲れていたので，その本を読めなかった」→「昨夜，その本を読むには疲れすぎていた」　'too ～ to …' 「…するには～すぎる，～すぎて…できない」の形にする。
問2．「8月10日は私の誕生日だ」→「私は8月10日に生まれた」　be born で「生まれる」。主語はＩで，生まれたのは過去のことなので was born とする。
問3．「そのよい知らせを聞いて私はとてもうれしかった」→「そのよい知らせは私をとてもうれしくさせた」　上の to ～ は「～して，したので」と '感情の原因' を表す副詞的用法。下は The good news が主語なので，'make＋目的語＋形容詞' 「～を…(の状態)にする」の形にする。過去の文なので動詞は made，目的語は me 「私を」。
問4．「彼らはあの学校で中国語を教えていますか」→「あの学校では中国語が教えられていますか」　下は Chinese「中国語」が主語なので，'be動詞＋過去分詞' の受け身形に書き換える。主語が単数名詞で現在の文なので be動詞は is，teach の過去分詞は taught。　teach－taught－taught
3 〔対話文完成―適文選択〕

問1．「このケーキを食べてもいいですか？」―ウ．「もちろんです，ご自由にどうぞ」　Can I ～？で「～してもいいですか」と‘許可’を求める表現。ここでは help oneself「自由に取って食べる〔飲む〕」ことを勧めるウが適する。

問2．「ああ，すごく遅れちゃった！　ごめんね」―カ．「大丈夫だよ」　相手は遅刻したことを謝っているので，ここでは気にしていないことを示すカが適する。

問3．「パーティーにお招きいただきありがとうございます」―キ．「こちらこそお迎えできて光栄です」　相手が招待されたことを感謝しているので，招いた側としても来てもらえてうれしいということを伝えるキが適する。

問4．「新しい家を購入して，先週そこに引っ越したんだ」―イ．「そこでの新生活はどう？」　相手が新居に引っ越したと言っているので，その感想を尋ねるイが適する。

4 〔整序結合〕

問1．look forward to ～ing で「～するのを楽しみにする」。「彼女は～を楽しみにしています」は She is looking forward to ～ と表し，‘～’に入る「あなたに会えるのを」は seeing you とする。

問2．be famous for ～ で「～で有名だ」。「その店は～で有名です」→The shop is famous for ～ で始め，selling「～を売っていること」を続ける。selling の目的語となる「フランス製のバッグ」は，「フランスでつくられたバッグ」と読み換えて，過去分詞の形容詞的用法で bags made in France と表す。

問3．I think「私は～と思います」の後に‘it is ～ for … to ―’「…が（…にとって）―することは～だ」の形を続ける。‘～’は difficult「難しい」，‘…’は me，‘―’は use this camera。

問4．「その山はとても美しいです」→The mountain is very beautiful. が文の骨組み。「雪でおおわれた」は，過去分詞の形容詞的用法で covered with snow と表して mountain の後に置く。

5 〔長文読解総合―説明文〕

≪全訳≫**1**あなたは毎日ソーシャルメディアにどのくらいの時間を費やしているだろうか。ほぼ全ての人がソーシャルメディアを利用するためにスマートフォンやタブレット端末，パソコンを所有している。2019年には，人々は1日に平均2時間をソーシャルメディアに費やし，フェイスブック，インスタグラム，ユーチューブ，ツイッター，ラインなどを利用した。ソーシャルメディアは楽しくてわくわくするものでもあるが，新たなタイプの仕事もつくり出してきた――自宅にいながらにして有名になれる仕事である。**2**インスタグラムやユーチューブなどのプラットフォーム上にいるあなたのフォロワーの人数によって，今やあなたは有名になることができる。たくさんのフォロワーがいると，人気者になれる。すると企業がお金を払ってくれたり，自社製品を宣伝するために無料の品物を送ってくれたりする場合がある。インスタグラムのインフルエンサー（影響を与える人）に広告料として支払われる平均の金額は，フォロワー1人につき0.01ドルである。ということは，1万人のフォロワーがいれば，広告ごとに100ドルもらえるのだ。インスタグラムは10億ドル規模のビジネスとなりつつある。今年は80億ドルの収益が出ると見積もられている。多くの若者が有名なインスタグラマーやユーチューバーになりたがるのも当然である。**3**これはお金を稼いで有名になるためのすばらしい方法のように見えるが，暗い面もある。ソーシャルメディアのインフルエンサーになろうとする人の多くはとても若いので，彼らはいくつかの問題に対して心構えができていない。最大にして最も危険な問題の1つは，インターネット上

のいじめである。③インターネット上のいじめとは，他人を傷つけるようなメッセージを送ることである。インターネット上のいじめはどんな人にも起こりうる。インターネット上ではどんなことでも言えると思っている人が多いが，それは面と向かってそうしているわけではないからである。こういう人たちはひどいことをたくさん言えるのだ。こういったメッセージを受け取った人たちは，その言葉によって傷つく。インターネット上のいじめのせいで被害を受けてきた若い人たちに関するニュースの話題がこれまでにいくつかあった。いったんインターネット上に出ると，インターネット上のいじめから守ってもらうことはできない。我々はこの問題に対処しなければならない。❹あなたはソーシャルメディアで有名になりたいと思っているかもしれない。実際，人気者になってお金持になれる人もいる。しかし，深刻な問題を抱えることになるかもしれない。ソーシャルメディアの利用に関しては皆が注意するべきなのである。

問1＜語句解釈＞第2段落によると，新しいタイプの仕事とは，SNS上で人気を得ることで，広告収入などを得ることである。そのようなSNSサービスを利用して情報を発信したり知名度を得たりする人を表すイ．「ユーチューバーやインスタグラマー」がその職業にあてはまる。

問2＜指示語＞下線部は，第2段落に述べられた，SNS上で有名人となり，広告収入を得たりスポンサー企業からサンプル商品をもらったりするという活動を指す。

問3＜整序結合＞mean(s)「～を意味する」に注目し，cyber bullying とはどういうものかを説明する文にする。Cyber bullying means「インターネット上のいじめとは～を意味する」で始め，sending message「メッセージを送ること」を続ける。残りは副詞的用法の to不定詞として to hurt others「他人を傷つけるために」とまとめて sending message の後に置く。

問4＜適語(句)選択＞SNSを利用して有名になり裕福になれる人もいるが，その反面深刻な問題に巻き込まれる人もいる，と対照的な内容をつなぐ部分なので However「しかしながら」が適する。

問5＜表題選択＞第1，2段落ではSNSを利用して有名になり，お金を稼げるチャンスがあると述べている。一方，第3段落では，インターネット上で誹謗中傷にさらされる危険があり，現状ではその解決策はないと述べている。最終段落では，SNSには長所と短所があるとし，利用にあたって注意を促している。以上より，エ．「ソーシャルメディアの2つの側面」が標題として最もふさわしい。

問6＜英問英答＞「なぜ人々はインターネット上でならどんなことでも言えると思っているのか」―「面と向かってそうしているのではないから」　第3段落第6文参照。

問7＜要約文完成―適語補充＞≪全訳≫ますます多くの人々が毎日ソーシャルメディアを利用している。このことは新しいソーシャルメディアの仕事をつくり出してきた。フォロワーが大勢いれば，自宅からたくさんの仕事をつくり出すことができる。しかし，ソーシャルメディアには危険がある。インターネット上のいじめは近年大きな問題となってきている。我々はソーシャルメディアの利用者を守るべきである。

　＜解説＞①第1段落最終文参照。ソーシャルメディアは新たな仕事を created「つくり出した」とある。　　②・③第2段落第2文以下参照。大勢の followers「フォロワー」がいれば，その人気のおかげで「お金」を稼げるとある。　　④第3段落第3文参照。インターネット上のいじめは大きな problem「問題」だとある。

6 〔長文読解総合─対話文〕

[英文A]≪全訳≫**1**メリッサ(M)：ユキ，来週私と一緒にカルチャーワークショップに行かない？これがそのちらしだよ。**2**ユキ(Y)：うん，もちろんだよ。楽しそうだね！　そのワークショップでは何ができるの？**3**M：ええとね，2つのワークショップがあるの。どちらを選べばいいか決められないんだ。生け花のワークショップか，太鼓のワークショップに行けるんだけどね。**4**Y：どっちもすごくおもしろそうだね。**5**M：私もそう思う。でもね，生け花のワークショップは太鼓のワークショップよりも費用が高いの。**6**Y：ああ，じゃあ太鼓のワークショップに行こうよ。でも待って…それは何曜日にあるの？**7**M：水曜日だよ。7月19日の午後5時から午後7時だって。**8**Y：私は土曜日しか空いてないの。そっちの方が高くても，生け花のワークショップに行かない？**9**M：わかった，私はそれでかまわないよ。午前8時30分にサクラホールで待ち合わせよう。**10**Y：いいわね！　じゃあそのときにね！／夏季　カルチャーワークショップ／「生け花」　フラワーアレンジメント／日時：7月15日(土)　午前9時～午前11時／場所：サクラホール　サクラ駅から徒歩10分／参加費：3000円／日本の美を体験できるすばらしい機会です！／「太鼓」　太鼓演奏／日時：7月19日(水)午後5時～午後7時／場所：キタ体育館　キタ駅からバスで5分／参加費：1000円／日本の音を体験できるすばらしい機会です！／会場でお会いしましょう！

問1＜内容真偽＞ア．「ユキはこのワークショップをインターネットで見つけた」…×　第1，2段落参照。メリッサにちらしを見せられた。　　イ．「メリッサは太鼓のワークショップに参加したかった」…×　第3段落参照。どちらにすべきか決められずにいた。　　ウ．「太鼓のワークショップは午前中に行われる」…×　ちらし参照。　　エ．「ユキは両方のワークショップに興味を持った」…○　第4段落に一致する。　　オ．「生け花の方が安いので，2人は生け花を選んだ」…×　第5段落参照。　　カ．「ユキは，水曜日は忙しい」…○　第7，8段落に一致する。

問2＜英問英答─適語句補充＞(1)「駅からサクラホールまで歩くとどのくらいかかるか」─「(　　　)かかる」　ちらし参照。10 minutes「10分」かかる。　　(2)「生け花のワークショップで何を体験できるか」─「(　　　)を体験できる」　ちらし参照。Japanese beauty「日本の美」を体験できる。

[英文B]≪全訳≫**1**メリッサ(M)：私，迷子になっちゃったみたい。サクラホールまで行くのに力を貸してくれる？**2**ユキ(Y)：もちろんだよ。今どこにいるの？**3**M：駅の近くの交番のところにいるよ。**4**Y：北口かな，それとも南口？**5**M：南口の近くだよ。**6**Y：わかった，じゃあ駅を通り抜けて北口へ行って。そこからまっすぐ2ブロック歩いてね。**7**M：了解。左か右に曲がるの？**8**Y：コンビニエンスストアで左に曲がって。**9**M：うん，それが見えるよ。どのくらい歩くのかな？**10**Y：2分くらい歩くよ。信号のところに，喫茶店があるの。それを通過して。左側に幼稚園が見えてくるよ。サクラホールはその裏手だよ。**11**M：ありがとう。もうすぐ着くよ。**12**Y：どういたしまして。じゃあ後でね！

問3＜適語(句)選択─図を見て答える問題＞①駅を通過して北口へ移動するように指示しているので，今は south exit「南口」側の交番付近にいるとわかる。　　②駅から2ブロック歩いて左折する角にあるのは convenience store「コンビニエンスストア」。　　③左折後，幼稚園の手

前にある施設は coffee shop「喫茶店」。

[英文C]≪全訳≫送信者：メリッサ〈melissa0123@kasei.com〉／宛先：ユキ〈987yuki@kasei.com〉／件名：ワークショップ！／こんにちは，ユキ。／今日はすばらしい1日だったよ！／(例) 一緒に生け花のワークショップに参加してくれてどうもありがとう。花はとても美しく，生け花のおかげでリラックスできました。ますます日本文化に興味が出てきたよ。日本の文化を体験できる別の活動にも挑戦してみたいな。何かいいアイデアはある？　生け花のようにリラックスできる活動がいいな。太鼓の演奏ってどんな感じなのかな？／あなたの返事を待ってます。よろしくね。／メリッサ

送信者：ユキ〈987yuki@kasei.com〉／宛先：メリッサ〈melissa0123@kasei.com〉／件名：Re：ワークショップ！／こんにちは，メリッサ。／どういたしまして。あなたと一緒にワークショップに参加できて，私も楽しかったよ！／太鼓の演奏はすばらしい活動だと思うけど，活動的すぎるかな。私は茶道がいいと思うの，それはリラックスできる活動だからね。茶道ならすごく楽しめると思うよ！これまでに茶道に挑戦したことはある？／実は，私の母が茶道の師範なの。母は外国から来た生徒さんも大勢教えてきたんだよ。母のレッスンにいつでも参加してくれていいよ。／ユキ

問4＜条件作文＞①「ユキへのお礼」は Thank you for ～ の形で書けばよい。②「生け花体験の感想」は，美しさに感動したことにふれるとよい。またユキからの返信でメリッサが a relaxing activity を求めていることがわかるので，生け花のおかげでリラックスできたといった内容を盛り込むとよい。③「日本文化への興味」は生け花を体験したことにより，ますます日本文化に興味が出てきたと述べ，次の④「ユキへの質問」につなげる。ユキの返信で，リラックスできる活動として茶道を挙げ，体験するように勧めていることから，メリッサは生け花以外に日本文化を体験できる活動は他にないかと尋ねたと推測できる。

数学解答

1 (1) 7   (2) $\dfrac{1}{4}y^4$ (3) $\dfrac{\sqrt{3}}{2}$

(4) $\dfrac{x-y}{6}$

2 (1) $b=\dfrac{4}{3}a-2$ (2) $(x-5)(x+1)$

(3) -2 (4) 8   (5) $\dfrac{7}{10}$

(6) 51回

3 $x=9,\ y=10$

4 (1) $(-6,\ 2)$ (2) $\dfrac{15}{2}$

5 (1) $\dfrac{1}{3}$ (2) 3

6 (1) 50°   (2) 20°

7 2

8 (1) $\dfrac{16}{3}\pi\,\mathrm{cm}^3$ (2) $\dfrac{38}{3}\pi\,\mathrm{cm}^3$

---

1 〔独立小問集合題〕

(1)<数の計算>与式 $=10\times\left(-\dfrac{1}{5}\right)-(-9)=-2+9=7$

(2)<式の計算>与式 $=\dfrac{1}{16}x^2y^2\div\dfrac{9}{4}x^2\times9y^2=\dfrac{x^2y^2}{16}\times\dfrac{4}{9x^2}\times9y^2=\dfrac{1}{4}y^4$

(3)<平方根の計算>与式 $=\sqrt{3^2\times3}-\dfrac{3}{\sqrt{2^2\times3}}-2\sqrt{3}=3\sqrt{3}-\dfrac{3\times\sqrt{3}}{2\sqrt{3}\times\sqrt{3}}-2\sqrt{3}=3\sqrt{3}-\dfrac{3\sqrt{3}}{6}-2\sqrt{3}=$

$\dfrac{6\sqrt{3}}{2}-\dfrac{\sqrt{3}}{2}-\dfrac{4\sqrt{3}}{2}=\dfrac{\sqrt{3}}{2}$

(4)<式の計算>与式 $=\dfrac{2(23x-5y)-3(15x-3y)}{6}=\dfrac{46x-10y-45x+9y}{6}=\dfrac{x-y}{6}$

2 〔独立小問集合題〕

(1)<等式変形>両辺を 2 倍して，$\dfrac{4}{3}a+6=b+8$，右辺と左辺を入れかえて，$b+8=\dfrac{4}{3}a+6$，8 を右

辺に移項して，$b=\dfrac{4}{3}a+6-8$，$b=\dfrac{4}{3}a-2$ となる。

(2)<因数分解>与式 $=4x^2-9-(3x^2-2x+6x-4)=4x^2-9-(3x^2+4x-4)=4x^2-9-3x^2-4x+4=x^2$
$-4x-5=(x-5)(x+1)$

(3)<二次方程式の応用>$x^2+4ax+a^2+3=0$ に解の 1 つの $x=1$ を代入すると，$1^2+4a\times1+a^2+3=0$
が成り立つ。これを解くと，$1+4a+a^2+3=0$，$a^2+4a+4=0$，$(a+2)^2=0$　∴$a=-2$

(4)<関数—y の値>y が x の 2 乗に比例するとき，比例定数を a とおくと，その式は $y=ax^2$ と表せる。

関数 $y=ax^2$ で，$x=-2$ のとき $y=2$ であることから，$2=a\times(-2)^2$ が成り立ち，$2=4a$，$a=\dfrac{1}{2}$ と

なる。よって，関数 $y=\dfrac{1}{2}x^2$ で，$x=4$ のとき，$y=\dfrac{1}{2}\times4^2=8$ である。

(5)<確率—選び方>3 人の女子と 2 人の男子の合計 5 人の中から，2 人の委員を選ぶとき，1 人目の
委員は 5 人のうちから 1 人選ぶ 5 通りあり，2 人目の委員は，残りの 4 人のうちから 1 人選ぶ 4 通
りあるが，1 人目と 2 人目の委員が逆であっても選んだ 2 人にかわりがないので，2 人の委員の選
び方は全部で，$\dfrac{5\times4}{2}=10$（通り）ある。このうち，少なくとも 1 人の男子が選ばれるのは，3 人の
女子から 1 人と，2 人の男子から 1 人を選ぶときの，$3\times2=6$（通り）か，2 人の男子から 2 人とも
選ぶときの 1 通りで，$6+1=7$（通り）ある。よって，求める確率は $\dfrac{7}{10}$ である。

(6)<一次方程式の応用>貯金箱に100円玉を入れた90回のうち，2枚入れた回数をx回とすると，1枚入れた回数は$90-x$回となる。よって，貯金箱に入れた金額の合計が14100円であることから，$200x+100(90-x)=14100$が成り立つ。これを解くと，$2x+(90-x)=141$，$x+90=141$，$x=51$となる。したがって，100円玉を2枚入れた回数は51回である。

③ 〔方程式—連立方程式の応用〕

右図のように，下段中央の数をa，上段右端の数をbとする。たて中央列の3つの数の和と，下段の3つの数の和が等しいことから，$11+x+a=12+a+8$が成り立ち，これを解くと，$11+x=20$ ∴$x=9$ 同様に，上段の3つの数の和と，ななめ右上がりの3つの数の和が等しいことから，$y+11+b=12+x+b$が成り立ち，$x=9$を代入すると，$y+11+b=12+9+b$となり，これを解くと，$y+11=21$ ∴$y=10$

y	11	b
	x	
12	a	8

④ 〔関数—一次関数〕

(1)<点の座標>右図のように，平行四辺形OABCの対角線OB，ACの交点をMとすると，点Mは対角線OB，ACの中点であるから，2点O，Bの座標より，点Mのx座標は0，y座標は，$\frac{10}{2}=5$である。ここで，点Cの座標を(m, n)とおくと，A(6, 8)，M(0, 5)より，$\frac{m+6}{2}=0$，$\frac{n+8}{2}=5$が成り立ち，$m+6=0$より，$m=-6$，$n+8=10$より，$n=2$となる。よって，C(−6, 2)である。

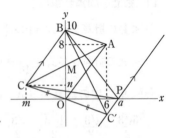

(2)<aの値—等積変形>右上図のように，辺COの延長上にOC＝OC′となる点C′をとると，△OBC＝△C′BOより，△C′BC＝2△OBC＝□OABCとなり，点C′は原点について，点Cと点対称な点である。よって，(1)で，C(−6, 2)より，C′(6, −2)である。これより，△PBC＝□OABCとなるとき，△PBC＝△C′BCとなるから，PC′∥BCである。2点B，Cの座標より，直線BCの傾きは$\frac{10-2}{0-(-6)}=\frac{4}{3}$だから，直線PC′の傾きも$\frac{4}{3}$で，その式は$y=\frac{4}{3}x+b$とおける。これに点C′の座標を代入すると，$-2=\frac{4}{3}\times6+b$，$-2=8+b$，$b=-10$となるので，直線PC′の式は$y=\frac{4}{3}x-10$である。したがって，これにP($a$, 0)を代入すると，$0=\frac{4}{3}a-10$，$\frac{4}{3}a=10$，$a=\frac{15}{2}$となる。

⑤ 〔関数—関数$y=ax^2$と直線〕

(1)<aの値>右図のように，A(6, 12)は放物線$y=ax^2$上の点だから，$12=a\times6^2$より，$12=36a$，$a=\frac{1}{3}$である。

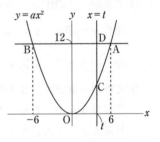

(2)<tの値>B(−6, 12)，D(t, 12)より，BD＝$t-(-6)=t+6$と表せる。また，(1)より，点Cは放物線$y=\frac{1}{3}x^2$上の点で，x座標がtだから，$y=\frac{1}{3}t^2$より，C(t, $\frac{1}{3}t^2$)となり，CD＝$12-\frac{1}{3}t^2$と表せる。よって，BD＝CDとなるとき，$t+6=12-\frac{1}{3}t^2$が成り立ち，これを解くと，$3t+18=36-t^2$，$t^2+3t-18=0$，$(t-3)(t+6)=0$より，$t=3$，-6となるが，$0<t<6$より，$t=3$である。

⑥ 〔独立小問集合題〕

(1)<図形―角度>右図1のように，点A〜Eを定め，∠ACD＝∠BCD ＝a°，∠ABD＝∠EBD＝b° とおく。△ABC の頂点Bにおける外角より，∠x＋2a°＝2b° だから，∠x＝2b°−2a° となる。また，△DCB の頂点Bにおける外角より，25°＋a°＝b° だから，b°−a°＝25° となる。よって，∠x＝2(b°−a°)＝2×25°＝50° である。

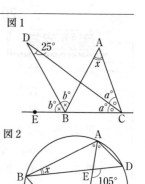

図1

(2)<図形―角度>右図2のように，円周上の点をA〜Dと定め，弦 AC，BD の交点をEとする。$\overparen{AB}$ に対する円周角より，∠ADB＝∠ACB＝50° だから，△ADE の頂点Eにおける外角より，∠DAE＝∠DEC−∠ADE ＝105°−50°＝55° となる。これより，∠BAE＝∠DAE＝55° となり，∠DAB ＝∠BAE＋∠DAE＝55°＋55°＝110° である。よって，△ABD の内角の和より，∠x＝180°−(50°＋110°)＝20° である。

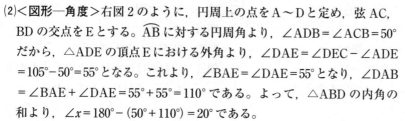

図2

7 〔平面図形―三角形と内接円―長さ〕

右図のように，三角形の3つの頂点をA，B，Cとし，△ABC の3辺にそれぞれ接する円の中心をO，3辺との接点をP，Q，Rとする。中心Oと3つの頂点をそれぞれ結ぶと，△OAB＋△OBC＋△OCA＝△ABC となる。ここで，△OAB＝$\frac{1}{2}$×AB×OR＝$\frac{1}{2}$×6×x＝3x，△OBC ＝$\frac{1}{2}$×BC×OP＝$\frac{1}{2}$×8×x＝4x，△OCA＝$\frac{1}{2}$×CA×OQ＝$\frac{1}{2}$×10×x＝5x と表せる。また，△ABC＝$\frac{1}{2}$×BC×AB＝$\frac{1}{2}$×8×6＝24 である。よって，3x＋4x＋5x＝24 が成り立ち，12x＝24，x＝2 である。

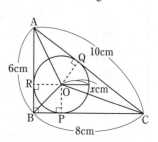

8 〔空間図形―円錐〕

(1)<体積―相似>右図1のように，円錐の形をした容器の底面の円の中心をO，頂点をA，底面の円の周上の点をBとする。また，水面の円の中心をPとし，円Pと母線 AB との接点をCとすると，△OAB∽△PAC で，相似比は，12：4＝3：1 より，PC＝$\frac{1}{3}$OB＝$\frac{1}{3}$×6＝2 となる。よって，図1において，容器に入っている水の体積は，$\frac{1}{3}$×π×2^2×4＝$\frac{16}{3}$π (cm³)である。

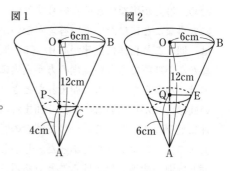

図1　図2

(2)<体積―相似>右上図1の状態からさらに水を入れた右上図2の水面の円の中心をQとし，円Qと母線 AB との接点をEとすると，△OAB∽△QAE で，相似比は，12：6＝2：1 より，QE＝$\frac{1}{2}$OB ＝$\frac{1}{2}$×6＝3 だから，図2において，容器に入っている水の体積は，$\frac{1}{3}$×π×3^2×6＝18π である。よって，図1の状態から図2の状態になるまでに入れた水の体積は，18π−$\frac{16}{3}$π＝$\frac{54}{3}$π−$\frac{16}{3}$π＝$\frac{38}{3}$π (cm³)である。

国語解答

一 問一 ① 秩序 ② しょうふく
③ 哲学 ④ はきゅう
⑤ 典型

問二 本人にとって重大な意味をもつ
「あらぬ」欲望

問三 Ⅰ…オ Ⅱ…イ 問四 エ

問五 ア 問六 [首]尾一貫

問七 Ⅰ 生きてゆくうえでほんとうに
大事なこと
Ⅱ 答えがない

問八 イ 問九 オ

問十 これまでと〜てみること

問十一 ウ

問十二 (1) わかりやすい論理
(2) 思いどおりにならない理由
がわからないものに取り囲

まれたふさぎを突破する
(35字) [ため。]
(3)…ア

二 問一 ア 問二 おくのほそ道

問三 ウ，オ

問四 狐がロバを裏切る[こと。]

問五 自分だけ助かろうとたくらんだ狐
が先に食われてしまった点。
(28字)

問六 エ 問七 イ 問八 ア

問九 ウ

問十 とりはずすなということじゃ

問十一 悲惨な体験から得た教訓を動物
たちを主人公にした物語として
語ったから。(34字)

問十二 ウ

一 〔論説文の読解—哲学的分野—哲学〕出典；鷲田清一『わかりやすいはわかりにくい？——臨床哲学講座』。

≪本文の概要≫人間は普通，事柄には一つしか真理がなく，問いの正解も一つだけと考える。そのため，答えが出ないといらいらするが，問いには複数の解がある場合がある。生きていくうえで本当に大事なことにはたいてい答えがないが，生きることの意味など生きていくうえで大事なことの問いは，問うこと自体に意味があり，この問いへの関わり方は，時とともに変化する。そしてそのうち，なかなか理解できない論理の方が真実に近いという感覚が，身についてくる。けれども，より大事なのは，わからないものに囲まれたとき，答えがないままそれにどう正確に処するかの智恵である。若い間は，わからないものに取り囲まれると，焦りや不満で息が詰まりそうになって，わかりやすい論理に飛びつこうとする。かつて若者の行動がマスコミに指摘されたとき，若者が飛びついた論理は，大人の社会のロジックであった。しかし，若者に必要だったのは，自分たちが感じたことを大人の論理とは別の論理に仕上げることである。わからないものに取り囲まれたときに必要なのは，これまでとは違う地点からそれを問い直し，別の堅牢な論理でとらえ直すことなのである。

問一＜漢字＞①物事の正しい道筋や順序のこと。 ②相手の意見や説得などを承知して，それに従うこと。 ③人生や世界の根源にある原理などを追求する学問のこと。 ④物事の影響が少しずつ広がること。 ⑤同類の中で，その特性を最もよく表しているもののこと。

問二＜文章内容＞「意味を編む」ということは，すでに編まれた意味の秩序にとって「あっては困るような欲望を『無意識』へと抑え込んでおく」ということでもある。「〈わたし〉をほんとうに編んでいるもの」は，「〈わたし〉」が心の底では満たしたいと思っている欲望であり，その「本人にとって重大な意味をもつ『あらぬ』欲望」を隠すために，人間は「どうでもいいようなことを前面に出す」のである。

問三＜文章内容＞Ⅰ．「解る」は，日本語や数学といった学問などの内容を理解するという意味で用

いられる。　Ⅱ.「判る」は，善悪の区別がつく，犯人が特定される，身元がはっきりするなど，事実や事情が明らかな状態になるという意味で用いられる。

問四＜文章内容＞「問い」に対する正しい「答え」は，普通一つしかないと考えられている。しかし，物事を「理解」する「位相」が多様であるように，一つの「問い」に一つの「答え」だけが対応しているとはかぎらないのである。

問五＜文章内容＞「人間は生まれつき平等か」や「ニワトリと卵どちらが先に世の中に現れたのか」という問いは，「対立する二つの解がともに主張しきれない」ので，複数の解が求められる（イ・エ…○）。「□×□＝8 に当てはまる数字はいくつか」という問いも，数字の組み合わせは一つに定まらないので，複数の解が求められる（ウ…○）。これらに対して，「昆虫の足は何本か」という問いは，昆虫の足はすでに六本と定義されているので，複数の解は存在しないことになる（ア…×）。

問六＜四字熟語＞「首尾一貫」は，最初から最後まで方針や態度が変わらずに筋が通っていること。「世界に果てがあるか」という問いは，「ある」の場合も「ない」の場合も，筋の通った説明がつかないものである。

問七＜文章内容＞「〈わたし〉とはだれかということ」や「ひとを翻弄する愛と憎しみの理由」や「生きることの意味」といった「生きてゆくうえでほんとうに大事なこと」には（…Ⅰ），「たいてい答えがない」ものだが（…Ⅱ），それでも，「一生，ああでもないこうでもないと格闘」して問い続けるしかないのであり，そう問い続けること自体が，それらの問いの「答え」になるのである。

問八＜文章内容＞「理解は時間とともに進行」していくものだから，若い頃にわからなかったことでも歳（とし）を重ねればわかる場合もあるが，その一方で「何かが見えてしまう」と「いままで自明だと思っていたことのすべてが問いの対象」となってしまうこともある。そうして物事を「見る眼（め）」自体が変わっていき，新たな理解を生むので，理解は一方向にのみ進むわけではないのである。

問九＜文章内容＞問い続けているうちに「すぱっと割り切れる論理」よりも，「噛んでも噛んでも噛み切れない論理のほうが真実に近いといった感覚」が身についてくるのも大事だが，もっと大事なのは，わからないけれども，自分が「わかっていない」ということだけは（…A），自分自身で「わかっている」ということである（…B）。また，自分ではわかったつもりになっているが，まだ「わかっていない」ことがあると自覚していることも，大事である（…C）。

問十＜文章内容＞若い間は「わからないものをなんとしてもわかろうとする」ので，「自分が置かれている状況をわかりやすい論理にくるんでしまおうとする」が，大切なのは，わからないものを「すぐわかろうとする」のではなく，「これまでとは違う地点から問いなおしてみること」である。

問十一＜文章内容＞若い人たちは，「思いどおりにならないもの，思いどおりにならない理由がわからないもの」に取り囲まれると，「苛立ちや焦り，不満や違和感で息が詰まりそう」になるので，「自分が置かれている状況」をわかりやすく理解できる論理や答えに飛びつこうとするのである。

問十二＜文章内容＞(1)若者の風俗をめぐる話は，若い人たちが「思いどおりにならないもの，思いどおりにならない理由がわからないもの」に取り囲まれたときに，自分の状況を「わかりやすい論理」にくるんで，その論理に立てこもろうとする例である。「ロジック」は，論理のこと。　(2)若者は，「わかりやすい論理」によって，「思いどおりにならないもの，思いどおりにならない理由がわからないもの」に取り囲まれることによる「苛立ちや焦り，不満や違和感で息が詰まりそう」になるといった「鬱ぎ」を突破しようとしたのである。　(3)若者たちが飛びついた「わかりやすい論理」は，「『大人の社会』そのもののロジック」を「ただ正確にコピーした」ものにすぎなかった。若者に「ほんとうに必要だったのは，自分たちが皮膚で感じていること」を，「大人」のロジックとは別の「きちんとした論理に仕上げること」だった。

二 〔説明文の読解─芸術・文学・言語学的分野─文学〕出典；山口仲美『日本語の古典』。

問一＜文章内容＞キリスト教の布教のために日本にやってきたポルトガルの宣教師たちは，『イソップ物語』を「日本語に翻訳して日本人に倫理的教訓を与えようとした」のである。

問二＜文学史＞『おくのほそ道』は，江戸時代に成立した松尾芭蕉の俳諧紀行文。

問三＜文章内容＞『伊曾保物語』の寓話は，「寓話とその後に記された教訓とが見事にマッチして」おり，寓話だけよりも「説得力が倍増」しているのである（ウ…○）。また，教訓も「支配者が心すべきこと」ではなく，「ごく普通の人間に向けられた教訓」であり，それらの教訓を「動物たちを主人公にした物語の形」でわかりやすく語っているので，「庶民たちはひきつけられ」たのである（オ…○）。

問四＜文章内容＞狐は，自分だけが助かろうとして，「ロバを獅子の手に入るように差し出す」という闇取引をして，「友」であるロバを裏切った。

問五＜文章内容＞ロバは，狐の仕掛けた「括罠」にかかったが，獅子は，もうロバは逃げられないから「まづ狐を」食べようと思い，先に狐を食べてしまった。自分だけが助かろうと企てた狐の方が先に食べられてしまったという点が，この話の結末のおもしろいところといえる。

問六＜文章内容＞寓話の「蠅と獅子王の事」では，「某」や「貴所」という代名詞を用いた会話の場面があったり，蠅が獅子の鼻先に取りついている様子が描かれているなど，読者が場面を容易に想像できるような描写がされている。『伊曾保物語』の寓話は，「短いけれど，実に生き生き」と教訓を伝えているので，読者を「魅了」するのである。

問七＜文章内容＞「身の程知らず」は，自分の能力や身分をわきまえない，という意味。蠅は，自分の小ささや弱さをわきまえず，自分よりも大きくて強い獅子に，自ら勝負を挑んでいった。

問八＜文章内容＞蠅は，自ら挑んでいった獅子との勝負には勝ったが，帰ろうとしたところで，「蜘蛛の網」にかかって，蜘蛛に食われてしまった。イソポは「おごることによって手痛いしっぺ返しを食う」という自らの体験を，強敵に勝ったからといって得意になって油断してはいけないという教訓にし，「蠅と獅子王の事」という寓話に託して伝えたのである。

問九＜接続語＞A．『伊曾保物語』の寓話は，「短いけれど，実に生き生きと」しており，読者を魅了するものだが，それはそれとして，寓話に含まれる「教えは誰に向かって発せられているのか？」を考えてみる。　B．イソポの「容貌はこの世に二人といないほど醜い」ものであったが，イソポには「素晴らしい知恵が授けられて」いた。

問十＜歴史的仮名遣い＞歴史的仮名遣いの「づ」「ぢ」は，現代仮名遣いでは，「ず」「じ」になる。また，歴史的仮名遣いの語頭以外のハ行は，現代仮名遣いでは原則として「わいうえお」になる。

問十一＜文章内容＞『伊曾保物語』の教訓は，イソポが「悲惨な境遇を乗り越えていく過程で会得していった血と涙の結晶」であり，それゆえに「深く鋭く真実をついて」いる。『伊曾保物語』の卓越したところは，それらの優れた「教訓を動物たちを主人公にした物語の形で語ったこと」にある。

問十二＜ことわざ＞「情けは人の為ならず」は，他者に親切にすればその人のためばかりではなく，いずれは自分にもよい報いとなって戻ってくる，という意味。ハトはアリを助けた報いを受けて，アリによって鳥さしから逃げることができた。「火のないところに煙は立たぬ」は，根拠が全くない所にうわさは立たない，という意味。「親しき中にも礼儀あり」は，親しい間柄であっても礼儀は重んじるべきだ，という意味。「災いを転じて福となす」は，災難をうまく活用して自分が幸せになるようにする，という意味。

Memo

Memo

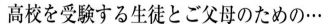

定価1430円（税込）

当社発行物の無断使用は固くお断りいたします。御使用の前はまずご相談ください。

　当社発行物には500点余の首都圏中・高過去問をはじめ、6点の学校案内、そのほかいくつかの情報誌などがございます。その多くが年度版で、限られたスタッフが来るべき受験シーズン前に余裕を持って受験生へ届けられるよう、日夜作業にあたり出版を重ねております。

最近、通塾生ご父母や塾内部からの告発によって、いくつかの塾が許諾なしに当社過去問を複写（コピー）し生徒に配布、授業等にも使用していることが発覚し、その一部が紛争、係争に至っております。過去問には原著作者や管理団体、代行出版等のほか、当社に著作権がございます。当社としましては、著作権侵害の発覚に対しては著作権を有するこれらの著作権関係者にその事実を開示して、マスコミにリリースする場合や法的な措置を取る場合がございます。その事例としましては、毎年当社過去問の発行を待って自由にシステム化使用していたＡ塾、個別教室でコピーを生徒に解かせ指導していたＢ塾、冊子化していたＣ社、生徒の希望によって書籍の過去問代わりにコピーを配布していたＤ塾などがあります。

　当社発行物の全部もしくは一部を無断使用することは固くお断りいたします。

　当社コンテンツの中にはリーズナブルな設定で紙面の利用を許諾している塾もたくさんございますので、ご希望の方は、お気軽にご相談くださいますようお願いします。同時に、当社発行物を無断で使用している会社などにつきましての情報もお寄せいただければ幸いです。

株式会社 声の教育社

スーパー過去問の 解説執筆・解答作成スタッフ（在宅）募集！ ※募集要項の詳細は、10月に弊社ホームページ上に掲載します。

2025年度用

高校スーパー過去問

■編集人　声の教育社・編集部
■発行所　株式会社　声の教育社
〒162-0814 東京都新宿区新小川町8-15
☎03-5261-5061代 FAX03-5261-5062
https://www.koenokyoikusha.co.jp

禁無断使用・転載

※本書の内容についての一切の責任は当社にあります。内容・解説・解答その他の質問等は文書にて当社に御郵送くださるようお願いいたします。

カコを追いかけ
ミライをつかめ

「今の説明、もう一回」を何度でも

web過去問

ストリーミング配信による入試問題の解説動画

 声の教育社  詳しくはこちらから

東京家政大学附属女子高等学校

別冊 解答用紙

丁寧に抜きとって、別冊
としてご使用ください。

★合格者最低点

一般

2024 年度	2023 年度	2022 年度	2021 年度
特進 E　197	特進 E　200	特進 E　200	特進 E　218
進学 i　194	進学 i　180	進学 i　163	進学 i　164

解けると
春が来るんだね。

【国語】

一

問一	問二	問三	問四	問五

問六	問七	問八（順不同）	問九

【英語】

1

問1		問2		
(1)	(2)	(1)	(2)	(3)

2

問1	問2	問3	問4	問5

【数学】

1

問1	問2	問3	問4	問5

問6	問7	問8	問9	問10

推定配点

〔英語〕 1 2 各2点×20　20点
〔数学〕 各2点×10　20点
〔国語〕 問一～問九 各2点×10　20点

計 60点

英語解答用紙　No.1

| 番号 | | 氏名 | | 評点 | ／100 |

1

問題A

	No. 1	No. 2	No. 3

問題B

	No. 1	No. 2	No. 3

2

問1 ＿＿＿＿＿　＿＿＿＿＿　　　　問2 ＿＿＿＿＿／＿＿＿＿＿

問3 ＿＿＿＿＿／＿＿＿＿＿　　　　問4 ＿＿＿＿＿　＿＿＿＿＿

3

問1	問2	問3	問4

4

問1 ＿＿＿＿＿＿＿＿＿＿＿＿＿＿＿ school.

問2 ＿＿＿＿＿＿＿＿＿＿＿＿＿＿＿ .

問3 It ＿＿＿＿＿＿＿＿＿＿＿＿＿ English.

問4 ＿＿＿＿＿＿＿＿＿＿＿＿＿＿＿ drink.

5

問1 ＿＿＿＿＿　　　問2 ＿＿＿＿＿　　　問3 ＿＿＿＿＿

問4 ＿＿＿＿＿　　　問5 ＿＿＿＿＿

6

【Part 1】

問1　(A) ＿＿＿＿＿　　　(B) ＿＿＿＿＿

問2　1 ＿＿＿＿＿　　2 ＿＿＿＿＿　　3 ＿＿＿＿＿

【Part 2】

問1　(1) ＿＿＿＿＿　　(2) ＿＿＿＿＿　　(3) ＿＿＿＿＿

| **6** | 【Part 2】
問 2 | Hi Lucy

Thank you for visiting the coffee shop with me today.

Best wishes,

Kota |

| 推定配点 | 1〜4　各２点×18　　5　各４点×5
6　Part1　各４点×5　Part2　問１　各４点×３　問２　12点 | 計
100点 |

数学解答用紙

| 番号 | | 氏名 | | 評点 | /100 |

解　答　欄

1
(1)
(2)
(3)
(4)

2
(1) $y=$
(2)
(3)
(4)
(5) kg
(6) 円

解　答　欄

3
(1) $y=$
(2)

4
(1) A(,)
(2) $x=$

5
(1) 度
(2) 度

6 cm^2

7
(1) cm

8
(2) cm^3

ア	イ	ウ	エ	オ

(注) この解答用紙は実物を縮小してあります。B4用紙に143％拡大コピーすると、ほぼ実物大で使用できます。(タイトルと配点表は含みません。)

推定配点

1〜8　各5点×20　8は完答	
計	100点

国語解答用紙

番号　　　氏名　　　　評点　／100

一

問一　A　　　B　　　C　　　D

問二

問三　　　　　問四

問五

問六

問七　　　　問八

問九　①　　②　みる　③　　④　かれる　⑤　やか

二

問一　①　　②

問二　(1)　　　(2)

問三

問四

問五　A　　　B

問六　　　問七

問八

問九　(1)　　(2)

（注）この解答用紙は実物を縮小してあります。A3用紙に152%拡大コピーすると、ほぼ実物大で使用できます。（タイトルと配点表は含みません）

推定配点

一　問一、問二　各3点×5　問三〜問五　各4点×4　問六　6点
問七、問八　各4点×2　問九　各2点×5
二　問一　各2点×2　問二　各3点×2　問三　6点　問四　4点
問五　各3点×2　問六〜問八　各4点×3　問九　(1) 3点　(2) 4点

計　100点

番号　　氏名　　評点　／60

(注) この解答用紙は実物を縮小してあります。B４用紙に137％拡大コピーすると、ほぼ実物大で使用できます。(タイトルと配点表は含みません)

【国語】

一

問一	問二	問三	問四	問五

問六	問七	問八	問九	問十

【英語】

1

問1
(1)
(2)

問2
(1) 2番目 4番目
(2) 2番目 4番目
(3) 2番目 4番目

2

問1	問2	問3	問4	問5

【数学】

1

問1	問2	問3	問4	問5

問6	問7	問8	問9	問10

推定配点

〔英語〕 20点
〔数学〕 20点
〔国語〕 20点

1 2 各2点×10 20点
問一〜問十 各2点×10 10点

２０２３年度　　　　東京家政大学附属女子高等学校

英語解答用紙　No.1

番号 ｜ 氏名 ｜ 評点 ／100

1

問題A

No. 1	No. 2	No. 3

問題B

No. 1	No. 2	No. 3

2

問1 ＿＿＿＿＿　＿＿＿＿＿　　　　問2 ＿＿＿＿＿　＿＿＿＿＿

問3 ＿＿＿＿＿　　　　　　　　　　問4 ＿＿＿＿＿

3

問1	問2	問3	問4

4

問1　Please ＿＿＿＿＿＿＿＿＿＿＿＿＿＿＿＿＿＿＿＿＿ at this school.

問2　I ＿＿＿＿＿＿＿＿＿＿＿＿＿＿＿＿＿＿＿＿＿＿＿＿＿＿ .

問3　＿＿＿＿＿＿＿＿＿＿＿＿＿＿＿＿＿＿＿＿＿＿＿ very tall.

問4　My brother ＿＿＿＿＿＿＿＿＿＿＿＿＿＿＿＿＿＿＿ home.

5

問1 ＿＿＿＿＿　　　　問2 ＿＿＿＿＿　　　　問3 ＿＿＿＿＿

問4 ＿＿＿＿＿　　　　問5 ＿＿＿＿＿

6

【Part 1】

問1　(A) ＿＿＿＿＿　　　(B) ＿＿＿＿＿

問2　1 ＿＿＿＿＿　　　2 ＿＿＿＿＿　　　3 ＿＿＿＿＿

【Part 2】

問1　(1) ＿＿＿＿＿　　　(2) ＿＿＿＿＿　　　(3) ＿＿＿＿＿

6 【Part 2】
問2

Hi Asami,

Thank you for taking me to the nice zoo. I really enjoyed it.

Thanks,

Steve

推定配点	1～4　各2点×18　　5　各4点×5 6　Part1　各4点×5　Part2　問1　各4点×3　問2　12点	計 100点

２０２３年度　　東京家政大学附属女子高等学校

数学解答用紙

番号　　　　氏名　　　　　　　　　評点　／100

解　答　欄

3
(1) A（　，　）
(2) ：

4
(1) $a=$
(2) $y=$

5
(1) 度
(2) 度

6 cm

7
(1) cm³
(2) cm

8

ア	イ	ウ	エ	オ

(注) この解答用紙は実物を縮小してあります。B4用紙に143%拡大コピーすると、ほぼ実物大で使用できます。(タイトルと配点表は含みません)

解　答　欄

1
(1)
(2)
(3)
(4)

2
(1) $y=$
(2)
(3)
(4)
(5)
(6) $x=$

推定配点

1〜8　各5点×20　〔8は完答〕

計　100点

二〇二三年度　東京家政大学附属女子高等学校

国語解答用紙

番号	氏名	評点	/100

一

問一　① ② ③ ④ ⑤

問二　□

問三　□□□□□□□□□□□□□□□□□□　ということ。

問四　この話がわかるようになったのは　□□□□□□□□□□□□□□□□□□　からである。

問五　□□□□□　　問六　□　　問七　□

問八　□　　問九　□□□□□

問十　D □　E □□□□　F □□□

二

問一　□

問二　□□□□□□□□□□□□□□□□　こと。
　　　□□□□□□□□□□□□□□□□　こと。

問三　□　　問四　□

問五　□□□□□□□□□□□□□□□□□□□□　ため、間を藤椅と呼ぶようになったという解釈

問六　□　　問七　□□□　　問八　□

問九　□□□□□　　問十　□□□　　問十一　□

推定配点

一　問一　各2点×5　問二　4点　問三・問四　各5点×2　問五　4点
　　問六　5点　問七　3点　問八　5点　問九　4点　問十　各3点×3
二　問一　4点　問二　各5点×2　問三・問四　各4点×2　問五　5点
　　問六　4点　問七　3点　問八　5点　問九　各2点×2　問十・問十一　各4点×2

計　100点

2022年度　東京家政大学附属女子高等学校　推薦

解答用紙

| 番号 | | 氏名 | | 評点 | /60 |

（注）この解答用紙は実物を縮小してあります。B4用紙に139%拡大コピーすると、ほぼ実物大で使用できます。（タイトルと配点表は含みません。）

【国語】

一

問一	問二	問三	問四	問五

問六	問七	問八	問九	問十

【英語】

1

問1		問2		
(1)	(2)	(1)	(2)	(3)
		2番目	4番目	2番目	4番目	2番目	4番目

2

問1	問2	問3	問4	問5

【数学】

1

問1	問2	問3	問4	問5

問6	問7	問8	問9	問10

推定配点

〔英語〕 ① ② 各2点×10 20点
〔数学〕 20点 各2点×10 20点
〔国語〕 問一～問十 各2点×10 20点

計

60点

２０２２年度　　　東京家政大学附属女子高等学校

英語解答用紙　No.1

番号		氏名		評点	／100

1

問題A

No.1	No.2	No.3

問題B

No.1	No.2	No.3

2

問1 ＿＿＿＿＿＿　＿＿＿＿＿＿

問2 ＿＿＿＿＿＿　＿＿＿＿＿＿

問3 ＿＿＿＿＿＿　＿＿＿＿＿＿

問4 ＿＿＿＿＿／＿＿＿＿＿

3

問1	問2	問3	問4

4

問1 ＿＿＿＿＿＿＿＿＿＿＿＿＿＿＿＿＿ today.

問2 I ＿＿＿＿＿＿＿＿＿＿＿＿＿＿＿ yesterday.

問3 ＿＿＿＿＿＿＿＿＿＿＿＿＿＿＿＿ delicious.

問4 ＿＿＿＿＿＿＿＿＿＿＿＿＿＿ my stay in London.

5

問1 ＿＿＿＿＿＿　　問2 ＿＿＿＿＿＿

問3 ＿＿＿＿＿＿　　問4 ＿＿＿＿＿＿

問5 ＿＿＿＿＿＿　　問6 ＿＿＿＿＿＿

問7 ① d＿＿＿＿＿＿　② m＿＿＿＿＿＿　③ w＿＿＿＿＿＿　④ o＿＿＿＿＿＿

6

問1 A ＿＿＿＿＿＿　　B ＿＿＿＿＿＿

問2 1 ＿＿＿＿＿＿　2 ＿＿＿＿＿＿　3 ＿＿＿＿＿＿

問3 ① ＿＿＿＿＿＿　② ＿＿＿＿＿＿　③ ＿＿＿＿＿＿

6　　問4

推定配点	1～4　各2点×18　　5　問1～問6　各3点×6　問7　各2点×4　　6　問1　各2点×2　問2，問3　各4点×6　問4　10点	計
		100点

２０２２年度　東京家政大学附属女子高等学校

数学解答用紙

| 番号 | | 氏名 | | 評点 | /100 |

解答欄

1

(1)	
(2)	
(3)	
(4)	

2

(1)	$y=$
(2)	
(3)	
(4)	
(5)	
(6)	$x=$

3

(1)	$b=$
(2)	

4

(1)	
(2)	

5

(1)	度
(2)	度

6

(1)	cm²

7

(1)	cm

8

(2)	cm²

8

ア	イ	ウ	エ	オ

(注) この解答用紙は実物を縮小してあります。Ｂ４用紙に143％拡大コピーすると、ほぼ実物大で使用できます。(タイトルと配点表は含みません)

推定配点		計
1〜8 各5点×20 〔8は完答〕		100点

二〇二二年度　　東京家政大学附属女子高等学校

国語解答用紙

番号　　　　　氏名　　　　　　　　　　評点　　／100

一

問一　①　　　②　　　③　　　④　　　⑤　　む

問二

問三　a　　　　b　　　　c

問四

問五

問六　(1)

(2)

問七　　　　問八

問九　　　　　　　　　　　　　　から。

問十　(1)　　　(2)　　　問十一

二

問一　　　　問二　A　　　B

問三　　　　問四　　　問五

問六　　　　　　　　　　　　　　という点。

問七　　　　問八　C　　　D

問九　　　　問十　　　　問十一

（注）この解答用紙は実物を縮小してあります。A3用紙に154%拡大コピーすると、ほぼ実物大で使用できます。（タイトルと配点表は含みません）

推定配点

一　問一　各2点×5　問二・問三　各3点×4　問四　4点　問五　3点
問六　(1)(2)　各2点×2　問七〜問九　各3点×2　問九　5点
問十　(1)(2)　各2点×6　問十一　4点

二　問一〜問五　各3点×6　問六　5点
問十一　3点　問六　5点　問七〜問九　各3点×4
問十　4点　問五　各3点×2　問十一　3点

計

100点

２０２１年度　東京家政大学附属女子高等学校　推薦

解答用紙

| 番号 | | 氏名 | | 評点 | /60 |

（注）この解答用紙は実物を縮小してあります。Ａ３用紙に167％拡大コピーすると、ほぼ実物大で使用できます。（タイトルと配点表は含みません）

【国語】

問一	問二	問三		問四	問五
		A	B		

問六		問七	問八
（1）	（2）		

【英語】

1

問1						
（1）	（2）	（1）		（2）		（3）
		2番目	4番目	2番目	4番目	2番目	4番目

2

問1	問2	問3	問4	問5

【数学】

問1	問2	問3	問4	問5

問6	問7	問8	問9	問10

推定配点

〔英語〕20点　〔数学〕20点　〔国語〕20点

[英語] 1 2 各2点×10
[数学] 問1〜問10 各2点×10
[国語] 問一〜問八 各2点×10

計
60点

英語解答用紙　No.1

| 番号 | | 氏名 | | | 評点 | ／100 |

1　問題A

	No.1	No.2	No.3

問題B

	No.1	No.2	No.3

2

問1　(　　　　　　　)/(　　　　　　　)　問2　(　　　　　　)(　　　　　　)

問3　(　　　　　　　)(　　　　　　　)　問4　(　　　　　)/(　　　　　)

3

問1	問2	問3	問4

4

問1　_____ next month.

問2　The _____ in France.

問3　I _____ use this camera.

問4　_____ beautiful.

5

問1　_____　問2　_____

問3　Cyber bullying _____ .

問4　_____　問5　_____

問6　_____ .

問7　① _____　② _____　③ _____　④ _____

6

問1　(_____・_____) ※順不同

問2　（1）It takes _____ .

　　　（2）They can experience _____ .

問3　① _____　② _____　③ _____

6　問4

Hi Yuki,
I had a great day today!

I'll wait for your answers. Thank you.
Melissa

推定配点	① 〜 ④　各２点×18 ⑤　問１〜問６　各３点×６　問７　各２点×４ ⑥　問１〜問３　各４点×７　問４　10点	計 100点

２０２１年度　東京家政大学附属女子高等学校

数学解答用紙

番号　氏名　評点　／100

推定配点

解　答　欄	
1 (1)	
(2)	
(3)	
(4)	
2 (1)	$b=$
(2)	
(3)	$a=$
(4)	$y=$
(5)	
(6)	回

解　答　欄	
3	$x=$ 　, $y=$
4 (1)	C(　, 　)
(2)	$a=$
5 (1)	$a=$
(2)	$t=$
6 (1)	度
(2)	度
7	$x=$
8 (1)	cm^3
(2)	cm^3

推定配点

$\boxed{1}$〜$\boxed{8}$

各5点×20

100点　計

二〇二一年度　東京家政大学附属女子高等学校

国語解答用紙

番号　氏名　評点　／100

推定配点

一

問一 ① ② ③ ④ ⑤
問二
問三 Ⅰ Ⅱ
問四
問五
問六 Ⅰ
問七 首
問八 問九
問十
問十一
問十二 (1) (2) (3)

二

問一 (1) (2) (3)　問二　問三
問四　問五
問六 問七
問八 問九
問十
問十一
問十二

推定配点

□一
問一　各2点×5
問二〜問四
　各3点×5
問五　5点
問六〜問十
　各3点×5

□二
問一 (1) 3点
　(2) 5点
　(3) 3点
問二〜問十一
　各3点×12
問十二 3点

□三
問一〜問四
　5点
問五 5点
問六〜問十
　各3点×5
問十一 5点
問十二 3点

100点　計

○首都圏最大級の進学相談会

1都3県の有名校が参加!!

第43回 中・高入試
受験なんでも相談会

[主催] 声の教育社

[会場] 新宿住友ビル三角広場

| 地上順路 → |
| 地下順路 ┈┈┈► |

[日時]
6月22日(土)…中学受験のみ
6月23日(日)…高校受験のみ

交通 ●JR・京王線・小田急線「新宿駅」西口徒歩8分
●都営地下鉄大江戸線「都庁前駅」A6出口直結
●東京メトロ丸ノ内線「西新宿駅」2番出口徒歩4分

| 中学受験 | 午前・午後の2部制 |
| 高校受験 | 90分入れ替え4部制 |

特設ページ

入場予約6/8〜(先行入場抽選5/31〜)
当日まで入場予約可能(定員上限あり)
詳しくは弊社HP特設ページをご覧ください。

新会場の三角広場は天井高25m、換気システムも整った広々空間

●参加予定の中学校・高等学校一覧

22日(中学受験のみ)参加校

麻布中学校
跡見学園中学校
鷗友学園女子中学校
大妻中学校
大妻多摩中学校
大妻中野中学校
海城中学校
開智日本橋学園中学校
かえつ有明中学校
学習院女子中等科
暁星中学校
共立女子中学校
慶應義塾中等部(午後のみ)
恵泉女学園中学校
晃華学園中学校
攻玉社中学校
香蘭女学校中等科
駒場東邦中学校
サレジアン国際学園世田谷中学校
実践女子学園中学校
品川女子学院中等部
芝中学校
渋谷教育学園渋谷中学校
頌栄女子学院中学校
昭和女子大学附属昭和中学校
女子聖学院中学校
白百合学園中学校
成城中学校
世田谷学園中学校
高輪中学校
多摩大学附属聖ヶ丘中学校
田園調布学園中等部
千代田国際中学校
東京女学館中学校
東京都市大学付属中学校
東京農業大学第一中等部
豊島岡女子学園中学校
獨協中学校
ドルトン東京学園中等部
広尾学園中学校
広尾学園小石川中学校
富士見中学校
本郷中学校
三田国際学園中学校
三輪田学園中学校
武蔵中学校
山脇学園中学校
立教女学院中学校

早稲田中学校
和洋九段女子中学校
青山学院横浜英和中学校
浅野中学校
神奈川大学附属中学校
カリタス女子中学校
関東学院中学校
公文国際学園中等部
慶應義塾普通部(午後のみ)
サレジオ学院中学校
森村学園中等部
横浜女学院中学校
横浜雙葉中学校
光英VERITAS中学校
昭和学院秀英中学校
専修大学松戸中学校
東邦大学付属東邦中学校
和洋国府台女子中学校
浦和明の星女子中学校
開智未来中学校

23日(高校受験のみ)参加校

岩倉高校
関東第一高校
共立女子第二高校
錦城高校
錦城学園高校
京華商業高校
国学院高校
国際基督教大学高校
駒澤大学高校
駒場学園高校
品川エトワール女子高校
下北沢成徳高校
自由ヶ丘学園高校
潤徳女子高校
杉並学院高校
正則高校
専修大学附属高校
大成高校
大東文化大学第一高校
拓殖大学第一高校
多摩大学目黒高校
中央大学高校
中央大学杉並高校
貞静学園高校
東亜学園高校
東京高校

東京工業大学附属科学技術高校
東京実業高校
東洋高校
東洋女子高校
豊島学院・昭和鉄道高校
二松学舎大学附属高校
日本大学櫻丘高校
日本大学鶴ヶ丘高校
八王子学園八王子高校
文華女子高校
豊南高校
朋優学院高校
保善高校
堀越高校
武蔵野大学附属千代田高校
明治学院高校
桐朋学園高校
東海大学付属相模高校
千葉商科大学付属高校
川越東高校
城西大学付属川越高校

22・23日(中学受験・高校受験)両日参加校

【東京都】
青山学院中等部・高等部
足立学園中学・高校
郁文館中学・高校・グローバル高校
上野学園中学・高校
英明フロンティア中学・高校
江戸川女子中学・高校
学習院中等科・高等科
神田女学園中学・高校
北豊島中学・高校
共栄学園中学・高校
京華中学・高校
京華女子中学・高校
啓明学園中学・高校
工学院大学附属中学・高校
麹町学園女子中学・高校
佼成学園中学・高校
佼成学園女子中学・高校
国学院大学久我山中学・高校
国士舘中学・高校
駒込中学・高校
駒沢学園女子中学・高校
桜丘中学・高校
サレジアン国際学園中学・高校
実践学園中学・高校
芝浦工業大学附属中学・高校

芝国際中学・高校
十文字中学・高校
淑徳中学・高校
淑徳巣鴨中学・高校
順天中学・高校
城西大学附属城西中学・高校
聖学園中学・高校
城北中学・高校
女子美術大学付属中学・高校
巣鴨中学・高校
聖徳学園中学・高校
成蹊中学・高校
成城学園中学・高校
青稜中学・高校
玉川学園 中学部・高等部
玉川聖学院中等部・高等部
中央大学附属中学・高校
帝京中学・高校
東海大学付属高輪台高校・中等部
東京家政学院中学・高校
東京家政大学附属女子中学・高校
東京成徳大学中学・高校
東京電機大学中学・高校
東京都市大学等々力中学・高校
東京立正中学・高校
桐朋中学・高校
桐朋女子中学・高校
東洋大学京北中学・高校
トキワ松学園中学・高校
中村中学・高校
日本工業大学駒場中学・高校
日本学園中学・高校
日本大学第一中学・高校
日本大学第二中学・高校
日本大学第三中学・高校
日本大学豊山中学・高校
日本大学豊山女子中学・高校
富士見丘中学・高校
藤村女子中学・高校
文化学園大学杉並中学・高校
文京学院大学女子中学・高校
文教大学付属中学・高校
法政大学中学・高校
宝仙学園中学・高校共学部理数インター
明星学園中学・高校
明治学院中学・高校
明治大学付属中野中学・高校
明治大学付属八王子中学・高校

明治大学付属明治中学・高校
明法中学・高校
目黒学院中学・高校
目黒日本大学中学・高校
目白研心中学・高校
八雲学園中学・高校
安田学園中学・高校
立教池袋中学・高校
立正大学付属立正中学・高校
早稲田実業学校中等部・高等部
早稲田大学高等学院・中学部
【神奈川県】
中央大学附属横浜中学・高校
桐光学園中学・高校
日本女子大学附属中学・高校
法政大学第二中学・高校
【千葉県】
市川中学・高校
国府台女子学院中学・高等部
芝浦工業大学柏中学・高校
渋谷教育学園幕張中学・高校
昭和学院中学・高校
麗澤中学・高校
【埼玉県】
浦和実業学園中学・高校
開智中学・高校
春日部共栄中学・高校
埼玉栄中学・高校
栄東中学・高校
狭山ヶ丘高校・付属中学校
昌平中学・高校
城北埼玉中学・高校
西武学園文理中学・高校
東京農業大学第三高校・附属中学校
獨協埼玉中学・高校
武南中学・高校
星野学園中学・高校・星野高校
立教新座中学・高校
【愛知県】
海陽中等教育学校

※上記以外の学校や志望校の選び
方などの相談は